Dr. Petra Lachmann:
  Texte und Fotos

Otto Gremblewski-Strate:
  Fotos und Text des Kapitels
  »Unterwasserfotografie«

BLV Verlagsgesellschaft mbH
München Wien Zürich
80797 München

© 1995 BLV Verlagsgesellschaft mbH,
München

Umschlaggestaltung: Studio Schübel,
München

Lektorat: Dr. Friedrich Kögel
Herstellung: Hermann Maxant
Layout: Bücherwerkstatt
Irmgard v. Ertzdorff
DTP: Satz + Layout Fruth GmbH
Druck- und Bindung: Imago, Singapur

Printed in Singapur · ISBN 3-405-14853-7

Die Deutsche Bibliothek
CIP-Einheitsaufnahme

**Fische der Karibik** : Bestimmungsbuch für
Taucher und Schnorchler / Petra Lachmann ;
Otto Gremblewski-Strate. –
München ; Wien ; Zürich : BLV, 1995
    ISBN 3-405-14853-7
NE: Lachmann, Petra ; Gremblewski-Strate,
Otto

Fotos auf dem Umschlag, Vorderseite:
Otto Gremblewski-Strate
(oben, Diadem-Kaiserfisch),
Petra Lachmann (unten, Dreifarben-
Kaiserfisch)
Rückseite: Otto Gremblewski-Strate
(oben, Schwarzstreifen-Soldatenfisch),
Dietmar Reimer (unten, Franzosen-Grunzer)

# Inhalt

# Klasse der KNORPELFISCHE

# Klasse der KNOCHENFISCHE

# Zur Benutzung des Buches

Dieses Buch beschäftigt sich mit den Fischarten der Karibik und der angrenzenden Gebiete des westlichen Atlantiks. Die aufgeführten Arten leben nicht nur direkt im Korallenriff, sondern können auch in angrenzenden Gebieten wie Sandgründen, Algenrasen oder im Freiwasser gefunden werden. Fische, die sehr selten oder so klein sind, daß sie vom Taucher kaum beobachtet werden können, oder die in größeren Tiefen anzutreffen sind, wurden nicht ins Buch aufgenommen.

In der Einführung erfahren Sie Wissenswertes zum »Tauchparadies Karibik«, zur Entstehung und zum Aufbau eines Riffs sowie zum Körperbau und zur Biologie der Fische.

Im Bestimmungsteil des Buches werden zunächst die beiden systematischen Hauptgruppen Knorpel- und Knochenfische vorgestellt. Für die Knorpelfische gibt es dann jeweils eine kurze Einführung zu den Haien und Rochen, von denen wichtige Familien mit einer typischen Art in Text und Foto vorgestellt werden.

Die daran anschließenden Knochenfische sind gemäß ihrer stammesgeschichtlichen Verwandtschaft angeordnet, d. h. die entstehungsgeschichtlich ältesten Familien stehen am Anfang und die höchst entwickelten am Ende des Buches. Die Einordnung erfolgte in Anlehnung an die aktuelle Systematik von Nelson (1994). Für jede Familie (Endung des wissenschaftlichen Namens: -idae) gibt es eine Einführung in der ersten Textspalte der linken Seite, die die Charakteristika und Lebensweisen der gesamten Familie umfaßt.

Aus jeder Familie werden typische Vertreter in Text und Foto vorgestellt. Zur Identifizierung der einzelnen Arten wird in erster Linie die Abbildung zugrunde gelegt. Die Artenbeschreibungen nennen den deutschen, wissenschaftlichen sowie englischen Namen und beinhalten die Punkte Größe, Merkmale, Lebensraum, Verbreitung und gegebenenfalls Ernährung und Biologie. Die letzten beiden Punkte werden nur aufgeführt, wenn spezielle oder von der Familie abweichende Kenntnisse für die Art vorliegen.

Beim Punkt Größe wird die Maximalgröße angegeben, wobei es sich dabei oft um Schätzwerte handelt. Die Größenangabe sollte immer zur Bestimmung herangezogen werden, da die Abbildungen im Buch nicht maßstabsgetreu sein können, d. h. eine Art wird auf dem Foto vielleicht gleichgroß wiedergegeben wie eine andere, die in Wirklichkeit 3mal so groß ist.

Bei der Beschreibung der Merkmale werden für die Artbestimmung besonders wichtige Kennzeichen durch Linie hervorgehoben. Beim Stichwort Lebensraum wird als erstes die bevorzugte Wassertiefe der beschriebenen Art genannt.

Die Angaben zur Verbreitung der Arten sind allgemein gehalten. Als nördlichste Gebiete werden die US-Bundesstaaten aufgeführt, in denen die jeweilige Art noch anzutreffen ist. Außerdem tauchen zusammenfassende Begriffe auf. So gliedern sich die Westindischen Inseln in drei Gruppen: Große Antillen, Kleine Antillen und Bahamas. Die Kleinen Antillen werden noch einmal unterteilt: die Inseln über dem Wind (von den Virgin Islands bis Trinidad) und die Inseln unter dem Wind (von der zu Venezuela gehörenden Isla de Margarita bis Aruba). Auf einzelne Inseln oder Länder wurde nur eingegangen, wenn hierzu spezielle glaubwürdige Angaben vorlagen.

# Der Lebensraum Karibik

Der Lebensraum Karibik umfaßt nicht nur das Karibische Meer mit den Westindischen Inseln, sondern auch das Gebiet des Westatlantiks von den Bermudas bis hinunter nach Rio de Janeiro (zoogeographische Region). Die nördlichsten atlantischen Riffe befinden sich auf dem Bermuda-Plateau (32° 30' nördlicher Breite), das seine Entstehung einem Vulkan verdankt. Für die Existenz dieses Riffareals ist der Golfstrom mit seinem warmen Wasser verantwortlich. Die Bermudas sind jedoch geographisch isoliert und besitzen eine relativ geringe Artenvielfalt. Im Karibischen Meer hingegen, das die bedeutendsten Riffgebiete im Atlantik umfaßt, ist auch die größte Vielfalt an Steinkorallen zu finden mit nahezu 70 Arten. Eindrucksvolle Riffe gibt es z. B. bei Jamaika, Andros und Grand Cayman. Trotz dieser Artenvielfalt werden die Riffe zu 90 % von 6 Korallengattungen bestimmt (*Acropora, Monastrea, Diploria, Porites, Agaricia, Siderastrea*).

*Tauchen in tropischen Gewässern erschließt eine faszinierende Unterwasserwelt. Hier ein Schwarm Meerbarben am Pier.*

Den nördlichsten Zipfel des Karibischen Meeres bildet die Südspitze Floridas. Diese Riffe sind durch die Floridastraße – 750 bis 1500 m tief – von der Bahamabank im Osten und von Kuba im Süden getrennt. An die Südspitze Floridas schließt sich eine lange Kette von Inseln an, die Florida Keys. Die Riffe liegen den Inseln vorgelagert einige Kilometer vor dem Abfall in die Floridastraße, d. h. die Riffe erheben sich vom 10 m tiefen Meeresboden. Östlich des Floridagrabens schließen sich die Bahamas mit ihren Riffgebieten an.

Das Aussehen der westatlantischen Riffe wird vor allem von Schwämmen und von Hornkorallen geprägt. So sind auf den Bahama-Riffen mehr als 100 Hornkorallenarten mit ihrem strauch- und fächerförmigen Aussehen anzutreffen. Die Artenvielfalt der Fische nimmt ebenso wie die der Korallen nach Norden wie nach Süden ab. So werden bei den Bermudas nur noch ungefähr 15 Arten nachgewiesen.

Das Karibische Meer wird durch die Westindischen Inseln vom offenen Atlantik abgegrenzt. Große Riffe finden sich hier vor allem auf der Nordseite von Kuba. Die Riffe vor der Insel Jamaika fallen steil bis auf 50 m und in Stufen bis auf 180 m ab. Auch die Riffe vor den Cayman Islands fallen steil in die Tiefe. Die Nordküste Puerto Ricos weist hingegen keine Riffe auf. Auch die Ostseiten einiger Inseln wie z. B. Barbados weisen aufgrund großer aufgewirbelter Sandmengen keine Riffe auf. Die Riffe vor Venezuelas Küste sind erheblich artenärmer als die der Westindischen Inseln. Periodisch aufwallendes Tiefenwasser wird als Grund hierfür angesehen.

Die Küste des Golfs von Mexiko ist flach und weist aufgrund der hohen

*Tropische Bucht auf Tobago – ein Urlaubsparadies nicht nur für Taucher.*

Sedimentfracht des Mississippi kaum Korallenriffe auf.

Vor der Küste von Belice an der Ostseite der Halbinsel Yukatan befindet sich das zweitgrößte Barriereriff der Welt; es ist 240 km lang. Seine Außenseite fällt steil auf 180 m ab. Unweit davon liegt die Tiefe schon bei 900 m. Südlich des Zentralraumes der Karibik befinden sich vor der brasilianischen Küste kaum Korallenriffe. Verantwortlich hierfür sind die großen Sedimentmassen, die vom Amazonas und vom Orinoko ins Meer geschwemmt werden.

Etwa zwei Drittel der Fischfamilien des Indopazifiks sind auch in der Karibik anzutreffen. Unterschiedlich sind indes – mit einigen Ausnahmen – die vertretenen Arten. Eine solche Ausnahme ist z. B. *Histo histro*, der Sargassum-Anglerfisch (Antennariidae).

# Ökologie der Riffe

Das größte von Lebewesen erschaffene Bauwerk der Erde ist nicht etwa die Chinesische Mauer, sondern das Große Barriereriff vor Australien. Was sind Riffe und wer ist für diese gigantischen Bauwerke verantwortlich?

Zuerst zu den Erbauern des Riffs, den <u>Steinkorallen</u>. Es sind kleine, einfach gebaute Tiere, die dem Stamm der Nesseltiere (Cnidaria) angehören. Alle Nesseltiere sind im wesentlichen nichts anderes als kleine, schleimige Säckchen, die aus einer inneren und einer äußeren Hülle bestehen. Der Körperhohlraum im Inneren des Säckchens ist der Verdauungsraum und die einzige Körperöffnung ist gleichzeitig Mund und After. Diese Öffnung ist von einem Kranz von Fangarmen, die einstülpbar sind, umgeben.

Eine Steinkorallenkolonie besteht aus

*Die Korallenpolypen der Kelchkoralle (Gattung Tubastrea) sind besonders groß und auffällig.*

einem regelmäßig strukturierten Stück Kalk, das von einer dünnen, schleimigen Haut überzogen ist. Diese Haut besteht aus lebenden Tieren, den Polypen. Ein <u>Polyp</u> gliedert sich in einen unteren und einen oberen Abschnitt. Der untere Abschnitt scheidet Kalk ab und ist von einem Kalkkelch umgeben. Der obere Teil ragt über den Kalkkelch hinaus ins freie Wasser. Die einzelnen Polypen sind über dem Kalkkelch miteinander verbunden. Wenn man also eine Steinkoralle berührt, berührt man unmittelbar die lebenden Polypen.

Die Steinkorallen erfüllen 3 Bedingungen, die für die Riffbildung erforderlich sind:

1. die Fähigkeit zur Kalkabscheidung;
2. die Bildung einer Lebensgemeinschaft mit einzelligen Algen, den Zooxanthellen;
3. die Fähigkeit zur Koloniebildung.

Die Fähigkeit zur Kalkablagerung allein ist nicht ausschlaggebend für das Riffbildungsvermögen. Betrachten wir als Beispiel die Riesenmuschel *Tridacna* (Mördermuschel): Sie besitzt zwar die Fähigkeit, Kalk in größeren Mengen abzuscheiden, jedoch sind die einzelnen Individuen räumlich voneinander getrennt und teilweise noch nicht einmal fest mit dem Untergrund verwachsen. Deshalb können Muscheln, obwohl sie Kalk abscheiden, keine Riffe bilden. Die Fähigkeit zur Koloniebildung ist nämlich eine weitere Voraussetzung zur Bildung von Riffen.

Die Polypen der Steinkorallen sind fest mit dem Untergrund verwachsen und bedecken diesen als eine zusammenhängende Kolonie. Eine solche Kolonie entsteht durch ungeschlechtliche Teilung.

Damit ein Riff bestehen bleibt und nicht im Laufe der Zeit verschwindet, muß die abgeschiedene Kalkmenge so groß sein wie die z. B. durch Wellen und Sturm zerstörte Menge. Hier kommen die Zooxanthellen ins Spiel. Diese einzelligen Algen leben in der äußeren Schicht der riffbildenden Korallen und

*Typischer Korallenwuchs in einer lichtdurchfluteten Flachwasserzone.*

wandeln mit Hilfe von Sonnenlicht $CO_2$ und Wasser in verschiedene Zucker und Sauerstoff um (Photosynthese). Der Polyp nimmt nun Sauerstoff und Zucker von den Algen auf. Er ist nicht mehr allein auf das eingefangene tierische Plankton angewiesen, sondern besitzt eine zusätzliche Energiequelle. Dadurch ist er in der Lage, seine Kalkbildungsrate erheblich zu erhöhen.

## Äußere Faktoren

Aus der Abhängigkeit der Polypen von ihren Algen in bezug auf die Kalkbildungsrate läßt sich nun auch ableiten, warum Korallenriffe nur in warmen Meeren an flachen Standorten auftreten.

Licht, das für die Photosynthese unerläßlich ist, wird vom Wasser absorbiert. Da die riffbildenden Korallen auf ihre pflanzlichen Partner angewiesen sind, benötigen sie also flache, lichtdurchflutete Gewässer. Diese Bedingungen

sind ebenfalls Voraussetzung für die Kalkabscheidungsrate. Hinzu kommt als weiterer Faktor die Temperatur. Das Optimum für die Kalkabscheidung liegt zwischen 26 °C und 27 °C. Temperaturen unter 23 °C und über 29 °C führen zu einer drastischen Verminderung der Kalkbildungsrate, d. h. die Erosion gewinnt die Überhand.

Weitere äußere Faktoren, die die Riffbildung beeinflussen, sind Sedimentation und Wasserbewegung. Die Fangarme der Korallenpolypen scheinen, wenn man sie unter dem Mikroskop betrachtet, mit zahlreichen Härchen bedeckt zu sein. Diese Härchen bewegen den Schleim, der die Polypen bedeckt, und so können sie Sandkörner und andere Teilchen entfernen. Die Sedimentbelastung darf jedoch nicht zu hoch sein, da sonst die Polypen den Abtransport nicht mehr bewältigen können. Daher können sich auch vor der Mündung des Amazonas mit seiner hohen Sedimentfracht keine Riffe mehr bilden. Die Wasserbewegung ist von übergeordneter Bedeutung, denn das Wasser transportiert Nährstoffe heran, sorgt für Temperaturausgleich, spült Sedimente an oder weg. So kann man erkennen, daß mit der Intensität des Wasseraustausches in der Regel auch die Bewuchsdichte lebender Korallen steigt. Durch die Strömungsrichtung wird die Ausrichtung der einzelnen Kolonieformen bestimmt.

Die Formenvielfalt der Steinkorallen scheint nahezu unendlich zu sein. Einige wachsen in riesigen, massigen Formen, andere erscheinen höchst zerbrechlich. Einige erinnern an Salatblätter, andere an Finger. Die Formenvielfalt ist jedoch erheblich größer als die Artenvielfalt, denn die Arten können, abhängig vom Standort, unterschiedliche Formen annehmen.

## Standorte und Riffzonierung

Jedes Riff umfaßt – unabhängig vom Rifftyp – zumindest die Abschnitte Riffdach und Riffhang. Die Strandregion und die seeseitig vorgelagerte Vorriffregion gehören nicht unmittelbar zum Riff, stehen damit jedoch in lebhafter Wechselbeziehung.

Beim Saumriff (siehe auch S. 20) beginnt das Riffdach unmittelbar am Strand mit einem Bereich aus Sand und Korallenbruchstücken. Hier werden von den Wellen die mittransportierten Sand- und Sedimentpartikel abgelagert. Lebende Korallen fehlen hier in der Regel. Seewärts nimmt die Strukturierung zu, und man findet zunehmend auch lebende Korallen, die allerdings überwiegend gerundete Formen aufweisen. In der Nähe der Riffkante – dem Übergang vom Riffdach zum Riffhang – bestimmen lebende Korallenstöcke von gedrungener oder flächig ausgreifender Form die Struktur des Riffs. Die dicht nebeneinander aufragenden Korallenstöcke umschließen ein Labyrinth von Zwischenräumen.

Der sich anschließende Riffhang ist unterschiedlich steil. Bei einem schmalen, wenig aufragenden Riff fällt der Hang oft flach ab. Ein großes, weit seewärts vorgeschobenes Riff hat dagegen einen fast senkrechten abfallenden Hang. Im oberen Hangteil sind die Korallenbauten fast waagerecht nach außen gerichtet, während weiter unten die senkrechte Komponente in der Wuchsrichtung überwiegt. Ausladende, verzweigte Kolonieformen sind typisch für den Riffhang.

Am Fuße des Hangs sammelt sich Korallenschutt an. Oft wachsen bei ausreichenden Lichtverhältnissen noch lebende Korallenstücke weiter und bilden ein dem Riffhang ähnliches Bild, wenn auch die Besiedlung lockerer ist. Daher ist die Grenze zwischen Riffhang und Meeresboden nicht immer leicht auszumachen. Dieser Bereich wird Vorriff genannt. Meist umgeben auch Sedimentmassen die Korallenbauten. Diese Sandareale nehmen mit zunehmender Tiefe immer größere Flächen ein.

## Formenvielfalt und Erscheinungsbild des Riffs

Korallen sind dort, wo sie den Wellen ausgesetzt sind, meist von kleiner, gedrungener Gestalt, während dieselbe Art an geschützter Stelle ein viel stärker differenziertes, grazileres Aussehen annehmen kann.

Da die Korallen alle um günstige Anheftungs- und Ausbreitungsmöglichkeiten konkurrieren, müssen sie sich unweigerlich in ihrer Entfaltung behindern. Man sollte annehmen, daß sich die am schnellsten wachsenden Arten dabei auf Kosten der anderen durchsetzen würden. Dies würde praktisch zu reinen *Acropora*-Riffen führen (zur Gattung *Acropora* gehören z. B. die Geweihkorallen).

Die *Acropora*-Korallen wachsen schnell zu abgeflachten, plattenförmigen Kolonien heran, die langsam wachsende Korallen beschatten. Durch den Verlust

*Schwämme: Farbtupfer im Riff.*

an Sonnenlicht wird die beschattete Kolonie dann irgendwann absterben. Tatsächlich gibt es jedoch im Kampf um den Lebensraum noch andere Methoden, die auch langsam wachsenden Arten Vorteile verschaffen können. So wurde festgestellt, daß einige Arten in der Lage sind, ihre Verdauungssäfte gegen benachbarte Korallen einzusetzen. Zu nahe herangewachsene Raumkonkurrenten werden einfach weggedaut. So kann man an den Grenzflächen von 2 benachbarten Arten oft ein helles Band entdecken, das aus toten Korallen der einen oder anderen Art besteht. Die Polypen dieses Gebiets wurden vom Nachbarn weggedaut.

Da die Verdauungssäfte gegenüber den einzelnen Arten unterschiedlich wirken, entsteht eine regelrechte »Hackordnung«.

Neben den Steinkorallen prägen auch Weichkorallen und Schwämme das Erscheinungsbild eines Riffs. Für die Karibik sind die Schwämme von großer Bedeutung. Sie weisen eine große Vielfalt an Formen auf und sind hauptsächlich für die Farbtupfer im Riff verantwortlich. Es gibt Röhren-, Vasen- und Becherschwämme in den leuchtendsten Farben. Im Gegensatz zu den riffbildenden Korallen besitzen die meisten Schwämme keine Zooxanthellen, sie müssen daher ihre gesamte Nah-

**Ökologie der Riffe**     **15**

rung aus der Umgebung aufnehmen. An das Leben im relativ nährstoffarmen Wasser sind sie jedoch bestens angepaßt. So können sie Partikel, die kleiner als Bakterien und damit zu klein für andere Filtrierer sind, herausfiltrieren. Sie können auch in tiefen Wasserschichten leben, da sie nicht auf die Zufuhr von Lichtenergie angewiesen sind. In der Tat wachsen die meisten großen Schwämme im Vorriff.

Einer der Faktoren, der das Wachstum bzw. die Ausbreitung der Schwämme begrenzt, ist ähnlich wie bei den Korallen der Platzmangel. Jeder freie Platz im Riff wird sofort von Schwamm- oder Korallenlarven besetzt. Alle Jugendformen, die im Wasser dahintreiben, unterliegen einem Wettstreit von Besiedlung oder Absterben. Oftmals bietet eine kleine zerstörte Stelle auf einem Korallenblock schon genug Raum für eine Besiedlung. Wird der Platz von einer Schwammlarve besiedelt, so kann das schnelle Wachstum des Schwammes dazu führen, daß die lebende Koralle beschattet wird und somit schließlich abstirbt.

Es gibt auch Schwämme, die sich mit aggressiveren Methoden durchsetzen können. Es sind die sogenannten Bohrschwämme. Sie dringen meist über totes Gewebe in den Korallenstock ein. Sie gewinnen nicht etwa Nahrung aus den Korallen, es sind reine »Platz«-Parasiten. Die Korallen sind aufgrund der Durchlöcherung anfälliger gegenüber Wellen und Stürmen. Bricht so ein Korallenkopf ab und stürzt in die Tiefe, so ist das oft der Tod der Koralle, der Schwamm lebt jedoch weiter. Das Riff selbst ist also keineswegs so homogen und friedlich, wie es erscheint.

## Riffische

Die Faszination eines Riffs geht jedoch nicht nur von seinen festsitzenden Bewohnern aus. Einen wesentlichen Anteil haben auch die freilebenden Tiere. Am auffälligsten sind die Riffische.

*Ein Gestreifter Sergeant verteidigt sein Revier.*

Auch die Fische konkurrieren um Nahrung und Lebensraum im Riff. Man findet daher eine Vielfalt an Fischen, die an die unterschiedlichsten Bedingungen angepaßt sind. So gibt es einerseits tag- und nachtaktive Formen, andererseits Pflanzen- und Fleischfresser (Herbivoren und Karnivoren), auch wird Jagd auf freischwimmende oder festsitzende Nahrung gemacht. Alle Kombinationsmöglichkeiten sind denkbar.

Den Planktonfressern – es können sowohl Herbivoren als auch Karnivoren sein – steht ein relativ konstantes Nahrungsangebot zur Verfügung. Sie unterteilen ihre potentiell nutzbare Nahrung in fast jeder nur erdenklichen Weise. Plankton fressende Riffbarsche bleiben dicht beim Riff. Einige jagen nur nachts. Andere Arten entfernen sich vom Riff und ernähren sich vom Plankton des offenen Meeres – manche von ihnen am Tag, andere nur nach Einbruch der Dunkelheit. Körperbau, Freßverhalten und bevorzugtes Territorium sind bei jeder Art ein klein wenig anders. Einige Fische ernähren sich von lebenden Korallenpolypen, andere von Schwämmen. Die Doktorfische z. B. fressen hauptsächlich Algen. Der Drückerfisch macht mit seiner kräftigen Mundpartie als Räuber kurzen Prozeß mit den schwer gepanzerten Seeigeln. Er hebt das Tier an ein paar Stacheln in die Höhe und schlägt es dann gegen hartes Gestein, um die anderen Stacheln zu zerstören und an das schmackhafte Gewebe zu gelangen. Oder er richtet einen kräftigen Wasserstrahl gegen den Seeigel, so daß dieser umgeworfen wird und die ungeschützte Unterseite freiliegt.

Andere Arten, z. B. einige Riffbarsche, beeinflussen wiederum das Aussehen des Riffs, indem sie Territorien errichten, alle dort ansässigen Korallenpolypen töten und andere Pflanzenfresser verjagen. Das Ergebnis ist eine üppige Algenwiese (auf den abgestorbenen Korallenteilen) mitten in einem lebenden Korallenstock.

Die Auswirkungen des Verhaltens solcher Riffbewohner reichen jedoch noch weiter. Da Riffbarsche lebendes Korallengewebe zerstören, legen sie das darunter befindliche Kalkskelett teilweise frei. Das bahnt korallenbohrenden Organismen wie Würmern und Schwämmen den Weg, die normalerweise die Abwehr lebender Korallenpolypen nicht überwinden können. Auf diese Weise anfällig geworden, werden die Korallenstöcke nun eher der Zerstörung durch z. B. Sturmwellen ausgesetzt.

Dies sind nur einige wenige Beispiele dafür, wie vielfältig und untereinander verflochten die Riffgemeinschaft ist.

## Nächtliches Riff

Das Riff dient jedoch nicht nur als Nahrungsquelle, sondern es bietet mit seinen Ritzen, Spalten und Höhlen auch zahllose Unterschlupfmöglichkeiten. Diese werden optimal genutzt, denn tagaktive Tiere verbringen hier die Nacht, während die nachtaktiven hier den Tag verdösen.

Der Schichtwechsel vom Tag zur Nacht beginnt auf dem Riff am späten Nachmittag. Mit untergehender Sonne verändern die tagaktiven Fische ihr Verhalten. Riffbarsche und *Chromis*-Arten,

die tagsüber in der Nähe der Wasseroberfläche nach Plankton suchen, sinken in Richtung Riff. Die Körperzeichnungen der Schmetterlingsfische werden dunkler und einfacher in der Musterung. Die Tiere werden scheuer und nähern sich den Spalten und kleinen Höhlen im Riff.

Diese Unruhe, von der Tagfische in der Dämmerung ergriffen werden, hat ihre guten Gründe. Sie verdanken ihren Platz in der Riffgemeinschaft ihrem hervorragenden Sehvermögen, ihrer Farbwahrnehmung und ihren Jagdtech-

*Diese Doktorfische weiden Algen, ihre bevorzugte Nahrung, ab.*

*Papageifisch im Schlafkokon (vgl. S. 154).*

niken. Am Tag arbeiten ihre Augen hervorragend, während sie in der Dämmerung unzuverlässig und in der Dunkelheit nutzlos sind. Für potentielle Beutetiere ist also die Dämmerung eine extrem gefährliche Tageszeit. Jetzt begeben sich nämlich Schnapper, Stachelmakrelen und auch Muränen auf Beutefang. Auch Haie, die sich ebenso auf ihre Augen wie auf ihre chemischen und elektrischen Sinneswahrnehmungen verlassen, durchstreifen nun das Riff auf der Suche nach Beute.

Diese Zwielichtjäger, die nur bei Dämmerung aktiv werden, ziehen den größtmöglichen Vorteil aus der Beeinträchtigung des Sehvermögens ihrer Beutetiere. Unter der Bedrohung dieser Zwielichtjäger suchen die meisten tagaktiven Fische also ihre Verstecke für die Nacht auf. Drückerfische verkeilen sich in Spalten, Papageifische umgeben sich mit einem Schlafkokon.

Mit zunehmender Dunkelheit sind immer weniger Fische auszumachen; die tagaktiven haben sich versteckt und die nachtaktiven erscheinen erst allmählich aus ihren Verstecken. Seelilien, Haarsterne und auch Schlangensterne verlassen ihre Verstecke, entfalten ihre Tentakel und versuchen, Plankton einzufangen. Auch Korallenkolonien, die nicht mehr befürchten müssen, von tagaktiven Schmetterlings- und Kaiserfischen beknabbert zu werden, entfalten ihre Tentakel, um vorbeiströmendes Plankton einzufangen. Kardinalbarsche, Soldaten- und Beilbauchfische verlassen nun ihre Verstecke und begeben sich auf Beutefang. Blitzlichtfische, die sich tagsüber in tiefem Wasser aufhalten, kommen nach oben. Das Riff liegt also auch nachts nicht still und ruhig da, auch jetzt wird gejagt und Beute gemacht. Nur die Arten, die aktiv sind, sind andere als am Tage.

Unmittelbar vor Einsetzen der Morgendämmerung verschwinden die nachtaktiven Fische wieder in ihren Unterschlüpfen, und die Tagschicht nimmt bald wieder ihren Dienst auf.

## Partnerschaften im Riff

Überall auf dem Riff kann man erstaunliche Partnerschaften beobachten. Angefangen auf der zellulären Ebene, beispielsweise Zooxanthellen in Korallen bis hin zu großen, körperlich getrennten Lebewesen, die dennoch durch ihr Verhalten miteinander verbunden sind. Es werden mehrere Formen des Zusammenlebens unterschieden.

Fälle, in denen ein Partner einen Vorteil zum Schaden des anderen hat, werden als <u>Parasitismus</u> bezeichnet. Obgleich die meisten Parasiten ihre Wirte nicht gleich umbringen, erschweren sie ihnen auf jeden Fall das Leben. So kann man oft den Befall von Fischen, z. B. von *Paranthias furcifer* mit Asseln, beobachten.

Ein Zusammenleben anderer Art ist der <u>Kommensalismus</u>, bei dem ein Partner

profitiert und der andere weder Nutzen noch Schaden von dieser Beziehung zu haben scheint. So kann z. B. beobachtet werden, daß sich kleine Krabben oder Kardinalbarsche in den Schutz der langen Stacheln von Seeigeln begeben. Die Einmieter in Schwämmen, z. B. einige Meergrundelarten, profitieren vom Höhlensystem, das ihnen einerseits Unterschlupf und andererseits eine gute Sauerstoffversorgung bietet. Besonders faszinierend sind jedoch die Formen des Zusammenlebens, bei denen beide Partner profitieren, auch <u>Symbiose</u> genannt. Hierbei sind die sogenannten Putzerstationen zu erwähnen.

Immer wieder faszinierend ist es, zu beobachten, wie kleine Garnelen, z. B. *Periclimenes pedersoni* (»Pederson Cleaner Shrimp«), oder auch kleine Meergrundeln, sich als Putzer betätigen. Diese Putzer bleiben meist innerhalb kleiner Territorien, den sogenannten Putzerstationen, und warten auf ihre »Kunden«.

Da den Fischen keine beweglichen Körperteile zur Verfügung stehen, wie z. B. die Gliedmaßen der Säugetiere oder die Hälse der Vögel, haben sie so gut wie keine Möglichkeit, die äußeren Parasiten zu entfernen. Daher suchen sie in regelmäßigen Abständen Putzerstationen auf. Das Verhalten der Besucher, die geputzt werden wollen, verändert sich nun auf typische Weise. Der Fisch, z. B. ein Zackenbarsch, steht unbeweglich im Wasser, öffnet Maul und Kiemendeckel weit und gibt hiermit zu erkennen, daß er geputzt werden möchte. Dies dient als Erkennungssignal für die Putzer. Diese sind nämlich unter anderen Umständen als Fressen für die Räuber keineswegs tabu. Die Putzer machen sich nun unverzüglich ans Werk. Sie suchen den ganzen Körper nach Parasiten und gelockerten Schuppen ab. Auch dringen sie in den offenen Rachen und die Kiemenhöhlen ein und versehen hier ihre Reinigungtätigkeit. Bei viel-

*Parasitismus: Barsch mit Asselbefall.*

besuchten Putzerstationen kann manchmal sogar beobachtet werden, wie die Besucher Schlange stehen.

Von den Riffen mit ihren unterschiedlichen Lebensgemeinschaften geht eine ungeheure Faszination aus. Die Komplexität der Beziehungen macht dieses System jedoch extrem empfindlich gegenüber äußeren Einflüssen. Hierunter ist die taucherische »Nutzung« der Korallenriffe sicher nur ein Faktor. Aber jeder einzelne Taucher kann durch sein Verhalten zeigen, wie ernst es ihm mit der Erhaltung dieser wunderbaren Welt ist.

## Rifformen

Nach Entstehung und Form sowie der Lage zum Land unterscheidet man Saumriff, Barriereriff, Plattformriff und Atoll. Von diesen Hauptformen können alle anderen Riffgebilde abgeleitet werden.

Entscheidend für die Gestalt des Riffs ist die Nähe zum Land. Saum- und Barriereriffe sind mehr oder weniger einer Küste angelehnt und können sich nur nach einer Seite hin ausbreiten. Das Plattformriff und das Atoll sind hingegen Formen des offenen Meeres. Das Saumriff ist der am meisten verbreitete Rifftyp. Es bildet, wie der Name schon sagt, einen Saum, der mehr oder weniger parallel zur Küste verläuft. Die Ausdehnung zum Meer hin hängt u. a. davon ab, wie steil der Meeresboden abfällt. Das Riff entsteht unmittelbar am Ufer. Es wächst seewärts, wobei seine Oberfläche gleichmäßig dicht unter der Wasserlinie bleibt. Mit zunehmendem Alter verschiebt sich die Riffkante weit zum Meer hin. Der rückwärtige küstennahe Teil der Riffoberfläche ist der Erosion ausgesetzt, und es kommt zur Bildung einer Lagune.

*Putzerfisch bei der Arbeit.*

*Typisches Saumriff an der Küste von Bonaire.*

So ein Lagunensaumriff ist manchmal schwer von einem <u>Barriereriff</u> zu unterscheiden. Jedoch liegen die Dimensionen des Barriereriffs in ganz anderen Größenordnungen und auch die Entstehung ist unterschiedlich. Ein Barriereriff entsteht nicht am Ufer und wächst dann seewärts, sondern es ist dort, wo man es antrifft, durch Senkung des Untergrunds oder durch Hebung des Meeresspiegels entstanden.

Die Wachstumsrichtung von Saum- und Barriereriffen ist eindimensional, d. h. sie vergrößern sich nur in einer Richtung, nämlich seewärts.

<u>Plattformriffe</u> sind an allen Seiten von gleich tiefem Wasser umgeben. Ein Plattformriff kann überall dort entstehen, wo der Meeresgrund so weit zur Wasseroberfläche aufragt, daß ein riffbildendes Korallenwachstum möglich ist. Das Riff wächst nach allen Seiten, so daß sich eine Plattform bildet. Im fortgeschrittenen Stadium senkt sich das Riffdach durch Erosion ab, und es entsteht eine Lagune. Das Ganze erinnert nun sehr an ein Atoll und wird daher Pseudoatoll genannt.

Ein <u>Atoll</u> ist ein ringförmiges Riff, das eine bis zu 80 m tiefe Lagune umschließt. Der Riffaußenhang kann Hunderte bis Tausende von Metern tief abfallen. Dies ist ein wesentlicher Unterschied zum Plattformriff, das ja ebenfalls ringsum von einer wachsenden Riffkante umgeben ist. Es gibt mehrere Theorien zur Entstehung von Atollen. Die bekannteste ist die Darwinsche Theorie, die besagt, daß eine Insel mit einem Saumriff so langsam absinkt, daß die Korallen schnell genug nachwachsen können. Ist die Insel unter die Wasseroberfläche abgesunken, entsteht aus dem Saumriff ein Atoll.

# Zur Biologie der Fische

Fische sind wechselwarme Wirbeltiere, die im Wasser leben, mit Kiemen atmen und sich mit Flossen fortbewegen. Um der Bewegung im dichten Medium Wasser möglichst wenig Widerstand entgegenzusetzen, gehen die Abschnitte Kopf, Rumpf und Schwanzstiel fließend ineinander über. Der Fischkörper ist daher typischerweise torpedo- oder spindelförmig und von einer glatten, schleimigen Haut umgeben.

Diese Idealform wurde durch Anpassung an die unterschiedlichen Lebensräume auf vielfältige Weise modifiziert. So kann aus dem Gesamteindruck eines Fisches auf seinen Lebensraum, seine Nahrung und vieles mehr geschlossen werden.

Da näher miteinander verwandte Fischarten oft große Ähnlichkeiten bezüglich ihres Lebensraums und Verhaltens und damit auch ihrer Körperform aufweisen, kann man oft aus dem äußeren Erscheinungsbild auf die Familienzugehörigkeit der einzelnen Arten schließen. Für eine sichere Bestimmung sind diese Unterschiede jedoch nicht ausreichend. Hierzu müssen weitere Merkmale herangezogen werden (siehe Bestimmungsteil). Die nachfolgenden Abschnitte sollen die Besonderheiten des Fischkörpers beschreiben und so dazu beitragen, die zur Bestimmung notwendigen Merkmale zu erkennen und zuzuordnen.

## Körperform

Die guten Schwimmer unter den Fischen, die vor allem im freien Wasser anzutreffen sind, haben idealerweise eine spindel- oder torpedoförmige Gestalt. Der Schwanzstiel ist meist kräftig und die Schwanzflosse stark gegabelt. Hierdurch lassen sich beträchtliche Geschwindigkeiten im Wasser erreichen. Fische mit seitlich stark abgeflachtem (kompressem) Körper sind dagegen keine ausdauernden Schwimmer und daher meist in geschützten Gewässern (Riffen) anzutreffen.

Bodenfische haben einen mehr oder weniger abgeplatteten Körper. Bewegen sie sich nur dicht am Boden, wie z. B. die Meerbarben, die mit Hilfe ihrer Barteln Kleintiere im Sand aufspüren, so ist die Bauchseite meist eben, im Gegensatz zur gewölbten Rückenlinie. Ausgesprochene Bodenbewohner sind dagegen völlig abgeplattet, wie beispielsweise die Rochen und Plattfische. Die Besonderheit der Plattfische ist, daß ihr Körper tatsächlich seitlich stark abgeflacht ist und sie daher eigentlich auf der Seite liegen. Sie weisen daher noch Zeichen der Asymmetrie auf (Augenstellung, schiefes Maul; siehe auch S. 186).

## Kopf

Der Kopf kann, angepaßt an die Ernährungsweise, im Verhältnis zum Körper unterschiedlich groß sein. So haben Raubfische mit großer Mundspalte wesentlich größere Köpfe als z. B. Planktonfresser. Auch hinsichtlich der Bezahnung sind starke Unterschiede zu erkennen. Außer auf Ober-, Zwischen- und Unterkiefer können die Zähne auch z. B. auf dem Zungenbein oder den Gaumenbeinen sitzen. Die Zähne selbst können lang und spitz sein oder kurz und dicht beieinanderstehend. Auch pflasterartig angeordnete Mahlzähne kommen vor.

Die Mundstellung ist je nach Bau von Ober- und Unterkiefer ober-, end-, oder unterständig. Auch können Oberkiefer, Unterkiefer oder beide stark verlängert sein, so daß schwert- oder schnabelartige »Schnauzen« entstehen (z. B. beim Trompetenfisch). Auch besitzen einige Arten ein vorstülpbares Maul.

Oft haben Fische, die auf dem Grund leben, z. B. die Meerbarben, in den Mundwinkeln fadenförmige Anhänge

*Großaugenbarsch mit oberständigem Maul und – als nachtaktiver Räuber – großen Augen.*

von unterschiedlicher Länge und Stärke, die sogenannten Barteln. Diese sind mit Tastsinneszellen besetzt und dienen zum Auffinden von Nahrung. Die Kiemen befinden sich in der Kiemenhöhle. Sie stehen mit der Umgebung entweder durch mehrere Kiemenspalten in Verbindung (Knorpelfische: Haie und Rochen) oder sie haben eine einzige große Öffnung, die nach außen vom Kiemendeckel (*Operculum*) abgeschlossen wird. Um den im Wasser gelösten Sauerstoff aufnehmen zu können, öffnen die Fische das Maul und füllen die Mundhöhle mit Wasser. Das Maul wird geschlossen und der Kiemendeckel geöffnet. Dadurch strömt das Wasser an den Kiemenblättchen vorbei nach außen. Wie oft abwechselnd das Maul und der Kiemendeckel geöffnet werden, hängt vom Sauerstoffgehalt des Wassers und vom Sauerstoffbedarf des Fisches ab. Mit dem aufgenommenen Wasser gelangen auch Nahrungs- und

Schmutzpartikel in die Mundhöhle. Um nun die feinen Kiemenblättchen nicht zu verletzen und um feine Nahrungspartikel zurückzuhalten, sitzen an der dem Schlund zugewandten Seite der Kiemenbögen sogenannte Reusendornen oder auch Reusenzähne, die die feinen Partikel zurückhalten. Ebenfalls bestimmen Lage und Stellung der Augen wesentlich das Aussehen des Fisches. Meistens sind die Augen lidlos. Haie besitzen sogenannte Lidfalten, während Rochen die Augen beim Schließen nach innen ziehen. Einige Familien (z. B. Makrelen) haben ein äußerlich gut erkennbares Fettlid. Es handelt sich dabei um durchsichtige Hornhautpartien.
Die Form der Linse der Fischaugen kann im Gegensatz zu der der Säugetiere nicht verändert werden. Die Linse selbst wird bewegt. In Grundstellung können die Fische alles in der Nähe befindliche scharf sehen. Um weiter entfernte Objekte scharf sehen zu

*Pfauenbutt mit asymmetrischer Augenstellung.*

können, wird die Linse in Richtung Netzhaut gezogen. Der Grund für die unterschiedliche Gesamtgröße der Augen bei tag- bzw. nachtaktiven Fischen, bei Arten der oberen bzw. der tieferen Wasserschichten liegt darin, daß jeweils ein Maximum an Lichtstrahlen aufgenommen werden soll. Der Kopfabschnitt zwischen Auge und Mundöffnung wird Schnauze genannt. Bei den Knochenfischen befindet sich auf diesem Teil die paarige Nasenöffnung. Jede Öffnung ist durch eine Hautbrücke unterteilt, so daß Wasser vorn ein- und hinten austreten kann. In der durchströmten Riechgrube liegt die gefaltete Riechschleimhaut mit zahlreichen Sinneszellen.

Im Inneren des Kopfes, außen nicht sichtbar, befindet sich das innere Ohr der Fische.

## Rumpf und Schwanz

Der Übergang vom Kopf zum Rumpf und zur Schwanzregion erfolgt fließend. So endet der Kopfbereich hinter den Kiemen, während der After das Ende des Rumpfes kennzeichnet. Äußerlich erkennbare Merkmale in diesem Bereich sind Flossen, Schuppen sowie Farbe.

## Flossen

Flossen bestehen in der Regel aus Hautfalten mit weichen oder harten Flossenstrahlen als Stützelementen. Man unterscheidet unpaare (mediane) und paarige Flossen.

Rücken- (Dorsale), Schwanz- (Caudale) und Afterflosse (Anale) zählen zu den unpaaren Flossen, wobei die Rückenflosse in Längsrichtung unterteilt sein kann (Dorsale I und Dorsale II). Kleinere unpaare Flössel (falsche Flossen) können zwischen Rückenflosse, Schwanzflosse und Analflosse vorkommen, z. B. bei Thunfischen. Sie dienen der Vermeidung von Wirbelbildung bei der Fortbewegung.

Die Gestalt der Schwanzflosse kann ebenfalls sehr unterschiedlich sein. So kann man nach der Gestalt der Schwanzflossenlappen äußerlich symmetrische und asymmetrische Formen unterscheiden. Zusätzlich kann die Schwanzflosse gegabelt, gerade oder abgerundet sein. Hier gibt es zahlreiche Übergangsformen.

Brust- (Pectorale) und Bauchflossen (Ventrale) zählen zu den paarigen Flossen. Die Brustflossen sind über Skelettelemente mit dem Kopf verbunden und stehen demzufolge dicht hinter dem Kiemendeckel, während die Lage der Bauchflossen unterschiedlich

*Die Jugendform des Tüpfel-Ritterfisches besitzt extrem verlängerte Flossen.*

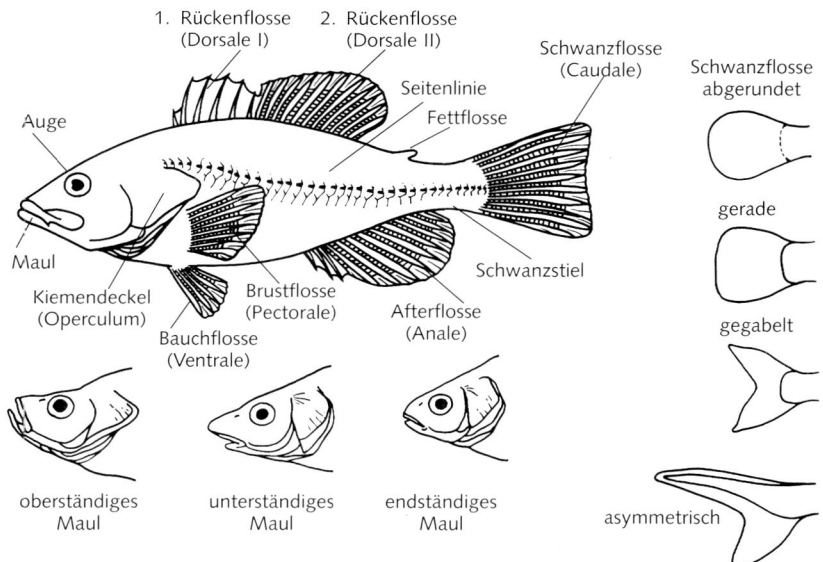

1. Rückenflosse (Dorsale I)
2. Rückenflosse (Dorsale II)
Schwanzflosse (Caudale)
Schwanzflosse abgerundet
Seitenlinie
Fettflosse
Auge
gerade
Maul
Schwanzstiel
Kiemendeckel (Operculum)
Brustflosse (Pectorale)
Afterflosse (Anale)
gegabelt
Bauchflosse (Ventrale)

oberständiges Maul
unterständiges Maul
endständiges Maul
asymmetrisch

sein kann. Sie kann bauch-, brust- oder kehlständig sein.

Bei den Knorpelfischen sind die Flossen fleischig und die Strahlen hornig. Bei den Knochenfischen sind die Strahlen knöchern und unterschiedlich gestaltet. Es werden Stachelstrahlen von Weichstrahlen unterschieden. Form und Anzahl können bei sehr ähnlichen Fischarten als Bestimmungsmerkmal herangezogen werden.

## Fortbewegung

Den Flossen kommt bei der Fortbewegung unterschiedliche Bedeutung zu. So dienen Rücken- und Afterflosse vorwiegend der Stabilisierung, während die Schwanzflosse zusammen mit der Schwanz- und Körpermuskulatur das Hauptantriebsorgan darstellt. Bei einigen Familien (z. B. Drückerfische) können jedoch auch die Rücken- und Afterflosse zum Hauptantriebsorgan werden.

Brustflossen sind Ruder- und Steuerorgane und werden auch als Bremse eingesetzt. Bei den bodenlebenden Schleimfischen dienen die recht großen Brustflossen dazu, den Körper vom Untergrund abzustützen. Die Brustflossen der Knochenfische können auf verschiedene Weise bewegt werden. Sie schlagen entweder abwechselnd oder synchron (z. B. bei den Lippfischen). Außerdem können sie undulieren, indem durch rhythmische Bewegungen der einzelnen Strahlen die Flosse eine Welle beschreibt. Diesen Bewegungstyp findet man bei Arten, die sehr manövrierfähig sein müssen, z. B. Seepferdchen oder Kofferfischen.

Die Bauchflossen dienen der Stabilisierung, können jedoch auch völlig fehlen (z. B. Muränen) oder umgebildet sein (z. B. Begattungshilfsorgan bei Haien). Bei den Meergrundeln sind die Bauchflossen zu einem trichterförmigen Haftorgan umgebildet.

## Schuppen

In der Regel ist der Körper der Fische beschuppt. Es können mehrere Schuppentypen unterschieden werden:

– Plakoidschuppen (Haie und Rochen)
– Ganoidschuppen (Quastenflosser)
– Cycloidschuppen (echte Knochenfische)
– Ctenoidschuppen (echte Knochenfische)

Bei den Plakoidschuppen, auch Hautzähne genannt, handelt es sich um in der Lederhaut befindliche Platten mit einem nach oben ragenden Dorn. Dieser besteht wie der Zahn der Säugetiere aus Dentin (Zahnbein) und ist mit einer Schmelzschicht überzogen. Die Ganoidschuppen sind sogenannte Schmelzschuppen, bestehend aus knöchernen Platten, die von einer glänzenden Schmelzschicht überzogen sind. Sie sind nur bei einigen altertümlichen Fischgruppen anzutreffen. Die Cycloid- und Ctenoidschuppen bestehen ebenfalls aus Knochen-material, jedoch ohne Schmelzschicht. Sie werden auch gemäß ihrer Form als Rund- bzw. Kammschuppen bezeichnet.

Die Schuppen werden von der Lederhaut gebildet und sind von der schleimabsondernden Oberhaut überlagert. Trotzdem kann man beim Streichen über den Fischkörper deutlich die sehr rauhe Haut der Haie und die rauhe Haut der Kammschupper von der glatten Oberfläche der Rundschupper unterscheiden. Die Rauheit der Kammschuppen wird durch kleine stachelförmige Gebilde des hinteren Teils der Schuppendeckschicht hervorgerufen.

Bei manchen Fischen sind bestimmte Körperregionen von Kamm-, andere von Rundschuppen bedeckt.

Schuppen können zur Altersbestimmung von Fischen herangezogen werden, und zwar anhand der sogenannten Jahresringe. Die Anzahl der Schuppen ist artspezifisch.

*Papageifische besitzen besonders große, deutlich erkennbare Cycloidschuppen.*

*Diadem-Kaiserfische zählen zu den farbenprächtigsten Riffbewohnern.*

Unter der Schuppenreihe, die durch dunkel gefärbte Striche oder Punkte auffällt, befindet sich der <u>Seitenlinienkanal</u>, dessen Sinnesknospen durch feine Öffnungen in den Schuppen mit dem umgebenden Wasser in Verbindung stehen. Schon minimale Änderungen im Wasserdruck werden so dem Fisch vermittelt und erleichtern die Orientierung im Raum.

## Färbung

Die Färbung der Fische beruht auf dem Vorhandensein von Farbstoff- oder Pigmentzellen sowie auf der Wirkung lichtreflektierender Substanzen in der Lederhaut. Man unterscheidet bei den Farbstoffzellen unterschiedliche Typen: Die einen sind in der Lage, die Farbpigmente innerhalb der Zelle zu verlagern, die anderen nicht. Auf diese Weise kommt also die unterschiedliche Färbung der Fische einerseits und andererseits der Farbwechsel (z. B. Nachtfärbung beim Flossenfleck-Falterfisch) zustande.

## Schwimmblase

Bei der Schwimmblase handelt es sich um ein Organ, das der Anpassung der Körperdichte und damit dem Auftrieb des Fisches dient. Durch einen unterschiedlichen Füllungsgrad kann der Körperinnendruck dem Außendruck angeglichen werden. Außerdem ist sie noch Resonanzboden für das Aussenden von Schallwellen.
Haien und Rochen fehlt die Schwimmblase, während sie bei den meisten Knochenfischarten anzutreffen ist. Ausnahmen bei den Knochenfischen sind z. B. Plattfische oder auch Makrelen, bei denen es zu einer Rückbildung der Schwimmblase kam.

# Zoologische Systematik und Nomenklatur

Um die Vielfalt der Organismen auf der Welt einordnen zu können, wurde ein einheitliches System zur Benennung und Klassifizierung geschaffen. Danach wird versucht, jeden Organismus nach entwicklungsgeschichtlicher Verwandtschaft einzuordnen. Das System dient also dazu, Arten zu benennen und ihre Verwandtschaftsverhältnisse zu bewerten, um sie in größeren Gruppen zusammenzufassen.

Die hierarchischen Gruppen spiegeln die evolutionäre Verwandtschaft wider. So können die einzelnen Arten nach ihrer Verwandtschaft in Beziehung gesetzt werden.

Da jedoch der Ursprung der Arten nicht immer hinreichend geklärt ist, ist die Einteilung nicht immer einheitlich. Auch wird die Systematik bei neuen Erkenntnissen immer wieder dem neuen Wissensstand angepaßt, so daß man immer wieder auf Veränderungen bzw. Unterschiede stoßen wird.

Der wissenschaftliche Name einer Art setzt sich aus zwei Teilen zusammen: dem Gattungsnamen, stets mit großem Anfangsbuchstaben geschrieben, und dem Artnamen mit kleinem Anfangsbuchstaben. Der Artname bezeichnet jeweils eine bestimmte Art einer Gattung.

Gattungs- und Artname werden immer kursiv gedruckt. Sollen sogenannte Unterarten bezeichnet werden, so wird ein weiterer Name dem Artnamen nachgestellt.

Die Gattungen werden nun ihrerseits wieder zu Familien zusammengefaßt. Familien sind an der Wortendung »-idae« zu erkennen. Die Familien wiederum werden zu Ordnungen zusammengefaßt usw. Die wichtigsten Gruppen zur Klassifizierung des Tierreichs lauten:

- Reich
- Stamm
- Klasse
- Ordnung
- Familie
- Gattung
- Art

Diese Kategorien werden oft noch in weitere kleinere Einheiten aufgeteilt.

---

**Klassifizierung am Beispiel des Franzosen-Kaiserfisches (*Pomacanthus paru*)**

| Systematische Gruppe | Deutscher Name | Wissenschaftlicher Name |
| --- | --- | --- |
| Reich | Tiere | Animalia |
| Stamm | Chordatiere | Chordata |
| Unterstamm | Wirbeltiere | Vertebrata |
| Überklasse | Kiefermünder | Gnathostomata |
| Klasse | Strahlenflosser | Actinopterygii |
| Unterklasse | – | Neopterygii |
| Abteilung | echte Knochenfische | Teleostei |
| Unterabteilung | – | Euteleostei |
| Überordnung | – | Acanthopterygii |
| **Ordnung** | **Barschfischartige** | **Perciformes** |
| Unterordnung | – | Percoidei |
| **Familie** | **Kaiserfische** | **Pomacanthidae** |
| Gattung | – | *Pomacanthus* |
| Art | Franzosenkaiser | *P. paru* |

# Bestimmungsteil

Im Bestimmungsteil werden die wichtigsten Fische der Karibik gemäß ihrer systematischen Verwandtschaft vorgestellt (vgl. die Übersicht S. 6/7). Das Wort »Fische« bezeichnet dabei im zoologisch korrekten Sinn keine einheitliche systematische Gruppe. Man bezeichnet so alle im Wasser lebenden Wirbeltiere mit meist stromlinienförmigem Körper, die durch Kiemen atmen und sich mit Flossen fortbewegen. Neben den im folgenden besprochenen Knorpel- und Knochenfischen zählen auch die Rundmäuler (z. B. das Flußneunauge) zu den Fischen.

## Knochenfische

Allen Knochenfischen ist gemeinsam, daß ihr Skelett, zumindest teilweise, aus Knochen besteht.
Die Haut ist meist von Schuppen oder Knochenschildern bedeckt, sie kann aber auch nackt sein. Am Kopf befindet sich auf jeder Seite eine Kiemenöffnung, die meist von einem Kiemendeckel geschützt wird.
Sowohl die unpaaren wie die paarigen Flossen werden von gegliederten, weichen und ungegliederten, weichen oder stachligen Flossenstrahlen gestützt. Mit Hilfe von Gelenken können die Flossen zusammengefaltet und angelegt werden. Eine Schwimmblase ist bei den meisten Arten vorhanden. Die Befruchtung findet überwiegend im freien Wasser statt. Zunächst legt das Weibchen die Eier ab, danach gibt das Männchen seine Samenflüssigkeit über dem Gelege ab. Die Jungen durchlaufen ein Larvenstadium und werden erst allmählich den erwachsenen Tieren ähnlich.
Die Knochenfische sind eine in der Evolutionsgeschichte sehr erfolgreiche Tiergruppe, die eine ungeheure Vielfalt aufweist und fast alle aquatischen Lebensräume erobert hat. Aufgrund der Artenvielfalt und der großen Unterschiede bei den Knochenfischen erfolgt im Bestimmungsteil des Buches für jede Familie eine genaue Beschreibung der allgemeinen Merkmale, an die sich dann der Teil mit den Artbeschreibungen anschließt.

## Knorpelfische

Bei den Knorpelfischen ist, wie schon am Namen zu erkennen, das Skelett aus Knorpel aufgebaut.
Die Knorpelfische sind eine variable systematische Klasse mit 10 Ordnungen und 45 Familien.
Im Vergleich zu der großen Artenfülle der Knochenfische stellen die Knorpelfische dennoch nur eine kleine Gruppe dar. Die wesentlichen Vertreter sind Haie und Rochen. Die Besonderheiten dieser beiden Gruppen werden zunächst in je einem Übersichtskapitel besprochen. Daran schließt der Teil mit den Artbeschreibungen an.

# Haie

Es gibt auf der Welt mehr als 350 verschiedene Haiarten. Viele neue Arten sind erst in den letzten Jahren beschrieben worden, darunter der sensationelle Riesenmaulhhai (*Medachasma pelagios*). Vor weniger als 20 Jahren ging man noch von nur 250 Arten aus.

Die Einteilung der Haie ist in ständigem Wandel begriffen, da die Zoologen immer neue Informationen gewinnen und immer neue Arten entdecken.

Das Skelett der Haie besteht, wie bereits erwähnt, aus Knorpelmasse. Knorpel ist eine gummiartige, kollagenhaltige Substanz, die wesentlich elastischer ist als die Knochensubstanz. Im Wasser sorgt das Knorpelskelett für den eleganten und geschmeidigen Schwimmstil, der für Haie und Rochen charakteristisch ist.

Haie besitzen im Gegensatz zu den meisten anderen Fischen keine Schwimmblase. Daher muß ihr Körper möglichst die gleiche Dichte wie Wasser aufweisen, um sich schwebend bewegen zu können. Den Auftrieb regulieren die Haie über ihre fetthaltige Leber. Ein Hai sinkt zwar nach unten, wenn er sich nicht bewegt, zugleich kann er sich aber dank der geringen Dichtedifferenz mühelos in jede gewünschte Richtung bewegen.

Die Dichte von Hochseehaien ist wesentlich geringer als die der bodenlebender Haie, die weniger Auftrieb brauchen.

Auch die Haut der Haie unterscheidet sich sehr von der Körperbedeckung der meisten anderen Fische. So ist ihre Haut nicht mit Schuppen, sondern mit Hautzähnchen bedeckt. Dies sind kleine, harte Fortsätze, die Nerven und Blutgefäße enthalten. Diese Hautzähnchen bestehen aus der gleichen Substanz wie die eigentlichen Zähne der Haie. An der Spitze sind sie gebogen und aufgerauht. Wenn man von hinten nach vorn über die Haut streicht, so fühlt man die scharfen Kanten genau. Es ist noch nicht genau geklärt, ob die Hautzähne eine Schutzvorrichtung darstellen und/oder einem hydrodynamischen Zweck dienen.

Die Schwanzflosse ist ein wichtiges Unterscheidungsmerkmal der Haie. So bewegt sich ein Hai normalerweise mit schlängelnden Körperbewegungen vorwärts. Doch wenn er seine Höchstgeschwindigkeit aufbieten muß, schnellt er nur mit Wedelbewegungen des Schwanzes voran. Dies ist z. B. bei den Blauhaien (Carcharhinidae) zu beobachten. Bei den Makrelenhaien (Lamnidae), die als die schnellsten Schwimmer unter den Haien gelten, sind oberer und unterer Flügel der Schwanzflosse nahezu gleichlang, und der Schwanzstiel ist gekielt. Bei den Drescherhaien (Alopiidae) dient die Schwanzflosse nicht nur zur Fortbewegung. Sie verwenden ihren überlangen oberen Schwanzflossenflügel dazu, ihre Beutetiere, kleinere Fische und Tintenfische, auf dem Meeresspiegel zusammenzutreiben.

Bei bodenlebenden Haien, die eine ganz andere Lebensweise aufweisen, kann auch die Schwanzflosse völlig anders aussehen.

Die Schwanzflosse der Haie sorgt also für den Vortrieb, während die Brustflossen, zusammen mit den Rücken, Bauch- und Afterflossen, vor allem für die Erhaltung des Gleichgewichts zuständig sind.

Ebenso vielfältig wie die Form der Schwanzflosse, ist auch die Kopfform. Die auffälligste und wohl bekannteste Kopfform ist der der Hammerhaie (Gattung *Sphyrna*). Ihr Kopf ist hammerähnlich verbreitert, und die Augen sitzen weit auseinander am Ende der beiden »Lappen«. Bei den Sägehaien (Pristiophoridae) ist die Schnauze lang ausgezogen und wie ein Sägeblatt mit Hautzähnen bedeckt.

Das Maul der Haie ist unterständig. Schnappt der Hai nach einer Beute, so biegt sich die vorstehende Schnauze nach oben und hinten und die Kiefer mit den vollständig entblößten Zähnen schnappen zu. Die Kiefer können sich weit nach vorn schieben, da sie nicht mit dem Schädel verbunden sind. Wenn ein Hai angreift, hebt er den Kopf, so daß sich die Kiefer nach vorn außen biegen. Bei großen Beutetieren packt der Unterkiefer zuerst zu und hält die Beute fest, während der Oberkiefer nach vorn und unten zuschlägt. Die Zähne bohren sich in die Beute und der Hai bewegt gleichzeitig den Kopf heftig hin und her, um ein Stück aus der Beute herauszureißen.

Die kraftvollen Kiefer sind mit zahlreichen Zähnen bestückt, die wiederum bei den einzelnen Arten unterschiedliche Formen aufweisen, abgestimmt auf die typische Beute. Die Zahnform variiert außerdem mit dem Alter des betreffenden Hais. So besitzen Jungtiere des Weißen Hais, die es noch nicht mit den großen Beutetieren aufnehmen können, schmalere und spitzere Zähne als die erwachsenen Tiere. Diese Zähne sind gut geeignet, um kleinere Fische aufzuspießen.

Die Zähne der Haie werden stark beansprucht und nutzen sich daher auch stark ab. Die abgenutzten Zähne werden jedoch schnell durch neue ersetzt, denn die Haie besitzen einen nahezu unerschöpflichen Vorrat an Zähnen. Die Zähne wachsen reihenweise im Zahnbett nach, und rücken bei Bedarf an die richtige Stelle.

Ein weiteres Merkmal der Haie und Rochen sind die 5 – 7 voneinander getrennte Kiemenspalten, wobei die der Haie sich an den Seiten befinden, während die der Rochen bauchseitig liegen.

Zum aufwendigen Sinnesorgansystem der Haie gehören Augen, Gehör, Geruch sowie Erfassung elektrischer Signale.

Im allgemeinen besitzen die räuberischen Arten größere Augen, während sie bei den Flachwasserbewohnern meist kleiner bleiben. Einige Haiarten besitzen eine sogenannte Nickhaut, die zum Schutz über das Auge gezogen werden kann.

Die Augen sind jedoch nur eine Komponente des Sinnesorgansystems. So ist bei den meisten Arten auch der Gehörsinn sehr gut entwickelt. Obwohl die Ohröffnungen der Haie recht klein sind, können sie sehr leise Geräusche wahrnehmen. Sogar niederfrequente Töne, die für das menschliche Ohr unhörbar sind, können Haie erfassen. Ebenfalls sehr gut entwickelt ist der Geruchssinn, der es den Haien ermöglicht, Beute schon aus großer Distanz zu wittern. Auf jeder Seite des Kopfes befindet sich eine Nasenhöhle, die meist unvollständig, nur durch einen Hautlappen, in Ein- und Ausströmöffnung unterteilt ist.

Die faszinierendste Sinnesleistung der Haie ist die Erfassung von elektrischen Signalen. Als Elektrorezeptoren dienen die sogenannten Lorenzinischen Ampullen, die über große Poren am Kopf des Haies mit dem Umgebungswasser in Verbindung stehen. Mit ihrer Hilfe ist der Hai in der Lage, seine Beute aufzuspüren.

Die Fortpflanzung der Haie unterscheidet sich von der der Knochenfische. Bei den meisten Knochenfischen geben die Weibchen zahllose Eier ins Wasser ab, wo sie dann von Spermien, die von den Männchen abgegeben wurden, befruchtet werden. Die Überlebensrate bei diesem Verfahren ist recht gering, da die meisten Eier und Larven von anderen Fischen gefressen werden. Die Haie produzieren hingegen weit weniger Eier und Nachkommen, sichern dafür aber deren Überleben weitaus besser.

So findet bei den Haien die Befruchtung im Mutterleib statt. Das Männchen führt hierzu sein Klammerorgan, das aus dem hinteren Teil der Bauchflossen entstanden ist, in die Geschlechtsöffnung – Kloake – des Weibchens ein. Das Balzritual kann für da es oft vor der Begattung vom Männchen heftig in die Flossen und in den Leib gebissen wird. Deshalb sind wahrscheinlich die Hautzähne der Weibchen mancher Arten besser entwickelt als die der Männchen.

Bei der Entwicklung der Jungtiere sind 3 verschiedene Typen zu unterscheiden. 1. Die Weibchen legen Eier (ovipar), 2. sie brüten die Eier im Leib aus (ovovivipar), oder 3. die Keimlinge entwickeln sich im Mutterleib und werden vom Dottersack-Mutterkuchen mit Nährstoffen versorgt (vivipar).

Bei den oviparen Arten befindet sich der Embryo in einer widerstandsfähigen Eikapsel. Diese Kapseln haben die unterschiedlichsten Formen. Manche sind mit Haltefäden ausgestattet, die das Ei an einer Stelle fixieren. Der Embryo im Innern ernährt sich von der Dottermasse.

Bei den viviparen und den ovoviviparen Arten werden die Jungen lebend geboren. Die Tragzeit schwankt zwischen einigen Monaten bis zu knapp 2 Jahren. Die Neugeborenen können zuweilen schon recht groß sein; so kann das Neugeborene des Riesenhais (*Cetorhinus maximus*) eine Größe von 1,5 m erreichen. Ein neugeborener Hai ist das verkleinerte Abbild seiner Eltern.

Auch die Fortpflanzungszyklen der Haie sind sehr unterschiedlich. So bringen manche Haie ihre Jungen ganzjährig zur Welt, andere Arten hingegen nur in bestimmten Monaten. Auch legen bei manchen Arten die Weibchen Pausen zwischen den Tragzeiten ein. Beim Zitronenhai (*Negaprion brevirostris*) beträgt diese Pause 2 Jahre.

Das Wissen über das Fortpflanzungsverhalten und die Lebensweise der einzelnen Haiarten ist allerdings noch sehr lückenhaft. Bei vielen Arten sind Begattung und Geburt noch nie beobachtet worden.

# Ammenhai

*Ginglymostoma cirratum*
Nurse Shark
**Familie:** Ammenhaie (Ginglymostomatidae)
**Größe:** Bis 400 cm.
**Merkmale:** Langgestreckter Körper; Haut sehr rauh; 5 Kiemenspalten; bei der Schwanzflosse fehlt der untere Lappen; kleine Spritzlöcher dicht hinter den Augen; beide Rückenflossen fast gleichgroß; kleines Maul mit Barteln.
**Lebensraum:** 3 – 35 m; liegt oft auf Sandgrund unter Überhängen von flachen Riffen; harmlos, beißt jedoch bei Provokation.
**Verbreitung:** New York bis Brasilien.
**Ernährung:** Kleine Fische, Krebstiere.

# Riff-Hai

*Carcharhinus perezi*
Reef Shark
**Familie:** Blauhaie (Carcharhinidae)
**Größe:** Bis 300 cm.
**Merkmale:** 1. Rückenflosse relativ klein, beginnt hinter der Brustflosse; Kiemenspalten recht klein; silbergrau, Unterseite heller; Rücken- und Schwanzflossenränder manchmal dunkel.
**Lebensraum:** 1 – 65 m; am Tag oft auf Korallenriffen; scheu, potentiell gefährlich.
**Verbreitung:** Nördlicher Golf von Mexiko, nördliches Florida, Bahamas bis Brasilien.

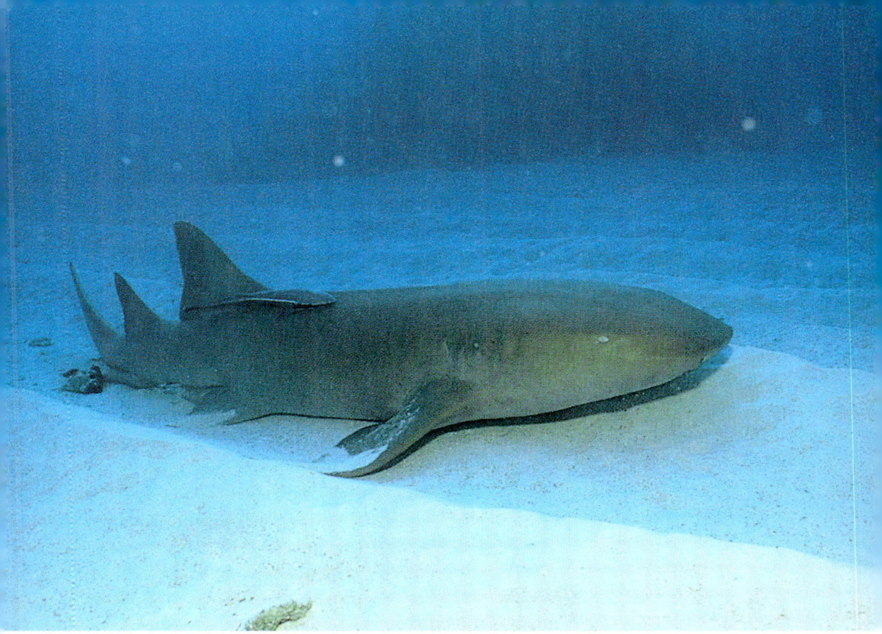

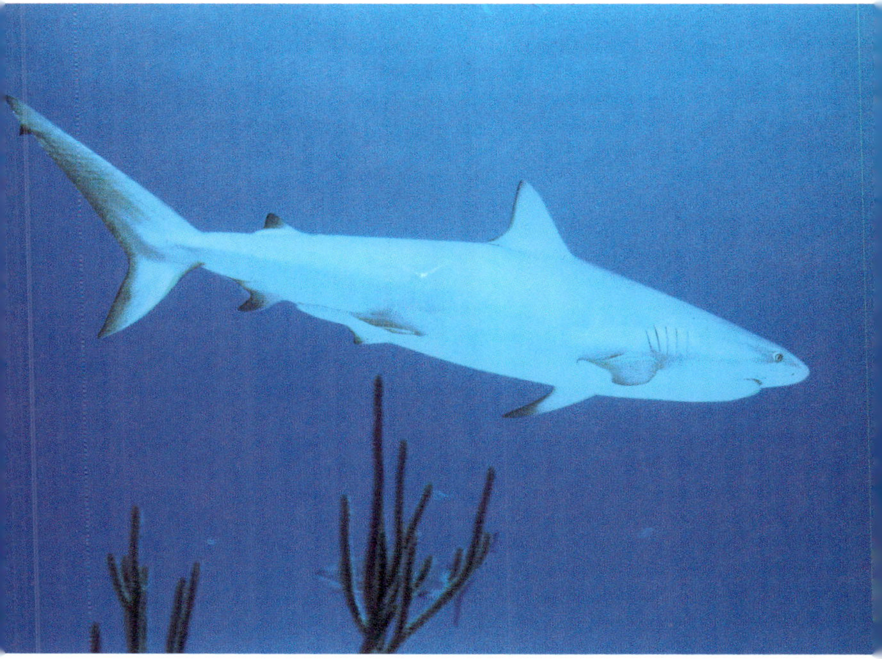

# Rochen

Rochen gehören ebenso wie die Haie zur Klasse der Knorpelfische. Die Rochen bilden eine eigene Ordnung (Rajiformes) mit 12 Familien. Das charakteristische Merkmal der Rochen ist ihre stark abgeplattete Körperform. Zudem sind ihre Brustflossen stark vergrößert und mit dem Kopf zu einer Scheibe verwachsen. Die Afterflosse fehlt. Die Schwimmbewegung der Rochen unterscheidet sich von der der Haie. Im Zusammenhang mit der Abplattung des Körpers hat sich das Rückgrat versteift, so daß eine seitliche Bewegung wie bei den Haien nicht möglich ist. Statt dessen führen die Flanken zusammen mit den großen Brustflossen Wellenbewegungen aus. Bei den Adlerrochen (Myliobatidae) z. B. hat sich daraus eine Bewegung entwickelt, die an den Schwingenschlag der Vögel denken läßt. Bei den Elektrischen Rochen (Narcinidae) und den Zitterrochen (Torpedinidae) bilden dagegen Hinterkörper und der kräftig entwickelte Schwanz das Hauptantriebsorgan. In den Brustflossen befinden sich die sogenannten »elektrischen Platten«. Diese können beim Zitterrochen für Entladungen von bis zu 250 Volt sorgen. Der hintere Teil der Bauchflossen ist bei den Männchen, ähnlich wie bei den Haien, zu einem Begattungsorgan umgebildet. Unmittelbar hinter den Augen auf der Oberseite befinden sich die Spritzlöcher, durch die Wasser angesaugt und durch die Kiemen geleitet wird. Die Kiemenspalten befinden sich bei den Rochen auf der Bauchseite. Die Haut der Rochen ist wie die der Haie mit Hautzähnchen bedeckt. Bei manchen Arten ist die Haut auch nackt. Aus den Hautzähnchen haben sich auch die Stacheln an der Schwanzoberseite oder die mächtigen Zähne der Sägefische entwickelt.

## Atlantischer Zitterrochen
*Torpedo nobiliana*
Atlantic Torpedo
**Familie:** Zitterrochen (Torpedinidae)
**Größe:** Bis 180 cm.
**Merkmale:** Brustflossen, Rumpf und Kopf zur <u>Körperscheibe</u> verwachsen, diese <u>vorn gerade</u>; Schwanz deutlich abgesetzt, kräftig; Schwanz- und Rückenflossen gut entwickelt; Haut nackt, mit zahlreichen Schleimdrüsen; Spritzlöcher hinter den Augen; grau bis bräunlich gefärbt, manchmal gescheckt; Unterseite weiß.
**Lebensraum:** 1 – 110 m; träger Bodenbewohner, auf Sand- und Geröllböden.
**Verbreitung:** Nova Scotia, Bahamas, Florida.
**Ernährung:** Schollen, kleine Haie.
**Biologie:** erzeugt Stromstöße bis zu 220 V.

## Amerikanischer Stechrochen
*Dasyatis americana*
Southern Stingray
**Familie:** Stachelrochen (Dasyatidae).
**Größe:** Bis 180 cm.
**Merkmale:** <u>Körperscheibe rhomboid mit »spitzen Ecken«</u>; große Spritzlöcher; Schwanz lang, dünn, mit kräftigem Giftstachel auf der Oberseite; Schwanzflosse fehlt; olivbraun, grau oder fast schwarz gefärbt.
**Lebensraum:** 1 – 40 m; auf Sand und Seegraswiesen.
**Verbreitung:** New Jersey bis Brasilien.
**Ernährung:** Wühlt im Sand nach Wirbellosen; kleine Fische.

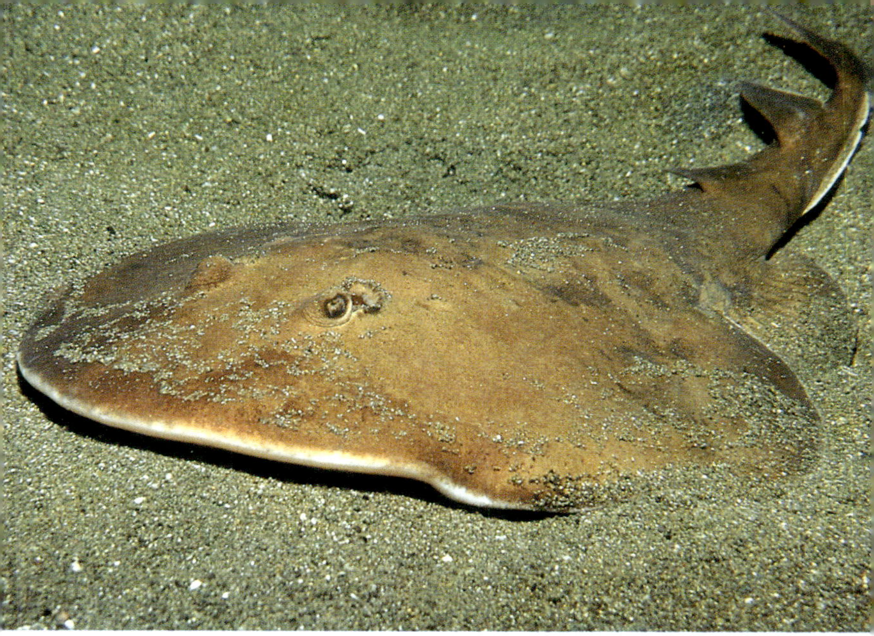

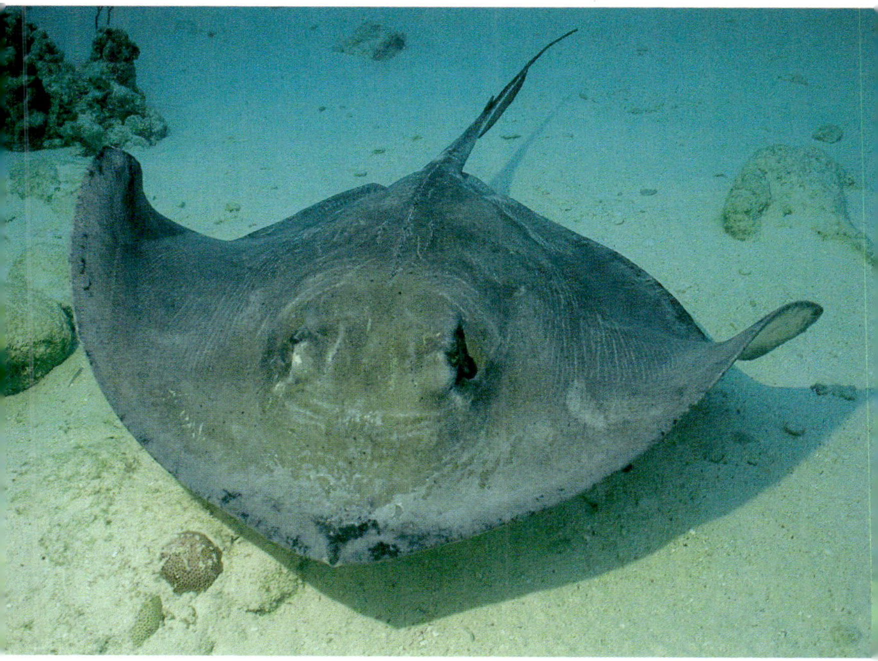

## Ovaler Jamaika-Stechrochen △

*Urolophus jamaicensis*
Yellow Stingray
**Familie:** Ovale Stechrochen
(Urolophidae)
**Größe:** Bis 66 cm.
**Merkmale:** Körperscheibe fast rund;
Schwanz kräftig, Stachel weit hinten;
Schwanzflosse vorhanden; braun
gefärbt mit zahlreichen gelblichen
Flecken.
**Lebensraum:** 1 – 25 m; auf Sand in Riff-
nähe, oft eingegraben; häufig; wenig
scheu.
**Verbreitung:** North Carolina, Bahamas
bis nördliches Südamerika.
**Ernährung:** Wirbellose, kleine Fische.
**Biologie:** Hebt oft den vorderen Teil
der Körperscheibe an, um damit einen
Unterschlupf vorzutäuschen und somit
Beute anzulocken.

## Manta ▷

*Manta birostris*
Atlantic Manta
**Familie:** Adlerrochen (Myliobatidae).
**Größe:** Bis 670 cm breit.
**Merkmale:** Großes endständiges Maul;
2 »Kopfflossen«; Rückenflosse am
Schwanzstiel; Schwanz kurz, ohne
Stachel; Brustflossen flügelartig; Unter-
seite weiß; Oberseite dunkelbraun bis
schwarz, manchmal mit weißen Schul-
terflecken.
**Lebensraum:** An Riffkanten; einzeln
oder in kleinen Gruppen; scheu.
**Verbreitung:** New England, Bermudas
bis Brasilien; zirkumtropisch.
**Ernährung:** Plankton.
**Biologie:** Ovovivipar; Junge werden
mit dem Schwanz voran geboren.

## Gepunkteter Adlerrochen △

*Aetobatus narinari*
Spotted Eagle Ray
**Familie:** Adlerrochen (Myliobatidae).
**Größe:** Bis 230 cm breit.
**Merkmale:** Vorstehender Kopf mit schnabelartiger Schnauze; <u>Brustflossen flügelartig</u>; Schwanz lang, dünn, mit 1–5 Giftstacheln an der Wurzel; kleine Rückenflosse; Schwanzflosse fehlt; Unterseite weiß, <u>Oberseite dunkel mit zahlreichen weißen Punkten und Kreisen</u>.
**Lebensraum:** »Fliegt« an Riffkanten entlang; wühlt zur Nahrungssuche im Sand; einzeln oder in kleinen Gruppen; scheu.
**Verbreitung:** North Carolina bis Brasilien; zirkumtropisch.
**Ernährung:** Muscheln, Schnecken, Krebstiere.
**Biologie:** Ovovivipar; Junge werden mit dem Schwanz voran geboren.

**Fam. Ovale Stechrochen und Adlerrochen**

# Tarpone
*(Megalopidae)*

## Aussehen
Die Tarpone sind von langgestreckter Gestalt mit seitlich leicht abgeplattetem Körper. Der Körper ist von großen, silbrig glänzenden Rundschuppen bedeckt. Maul und Augen sind groß; die Mundspalte läuft schräg nach oben. Die Rückenflosse ist kurz und steht in Körpermitte; ihr letzter Strahl ist verlängert. Die Schwanzflosse ist gegabelt und die Brustflossen stehen weit unten – wie bei anderen primitiven Fischen. Es gibt weltweit nur 2 Arten.

## Lebensweise
Tarpone sind nachtaktiv und ernähren sich von Fischen und Kopffüßern. Sie sind meist in küstennahen Gewässern anzutreffen.

# Grätenfische
*(Albulidae)*

## Aussehen
Die Grätenfische sind langgestreckte Fische, deren Körper mit glänzend silbrigweißen Rundschuppen bedeckt ist. Die Schnauze ist spitz und das Maul unterständig.
Es ist nur eine recht kurze Rückenflosse in Körpermitte vorhanden. Die Afterflosse steht weit hinten und die Brustflossen liegen unten am Körper.
Ihren Namen erhielten die Grätenfische aufgrund der zahlreichen Gräten.
Über die genaue Artenzahl bei den Albulidae besteht noch eine gewisse Unsicherheit.

## Lebensweise
Die Grätenfische graben mit ihrer spitzen Schnauze die Nahrung aus dem Boden, hauptsächlich Würmer, Muscheln und kleine Krebse.

## Tarpon
*Megalops atlanticus*
Tarpon
**Größe:** Bis 240 cm.
**Merkmale:** Augen groß; Mundspalte schräg; Rückenflosse kurz, letzter Strahl ist verlängert; Körper mit glänzend silbrigen Rundschuppen bedeckt.
**Lebensraum:** An Fels- und Korallenhängen; ortstreu, manchmal in kleinen Gruppen.
**Verbreitung:** Virginia, Bermudas bis Brasilien.
**Biologie:** Die Jungfische durchlaufen ein Larvenstadium (Leptocephalus-Larve), das ebenfalls bei den Grätenfischen (Albulidae) zu finden ist. Die Larve ist durchsichtig, mit kleinem Kopf und gegabeltem Schwanz.

## Grätenfisch
*Albula vulpes*
Bonefish
**Größe:** Bis 104 cm.
**Merkmale:** Langgestreckt; Körper mit glänzend silberweißen Rundschuppen bedeckt; Maul unterständig; eine recht kurze Rückenflosse; Schwanzflosse gegabelt; Brustflossen unten am Körper.
**Lebensraum:** Lagunen und Küstenbuchten, über Sand.
**Verbreitung:** Zirkumtropisch; Florida, Bermudas bis Brasilien.
**Biologie:** Die Jungfische durchlaufen ein Larvenstadium (Leptocephalus-Larve). Die Larve ist durchsichtig mit kleinem Kopf und gegabeltem Schwanz. Bei etwa 7 cm Länge beginnen die Larven zu schrumpfen und haben mit ungefähr 2,8 cm die Form der erwachsenen Fische angenommen. Die Adultform beginnt nun wieder zu wachsen.

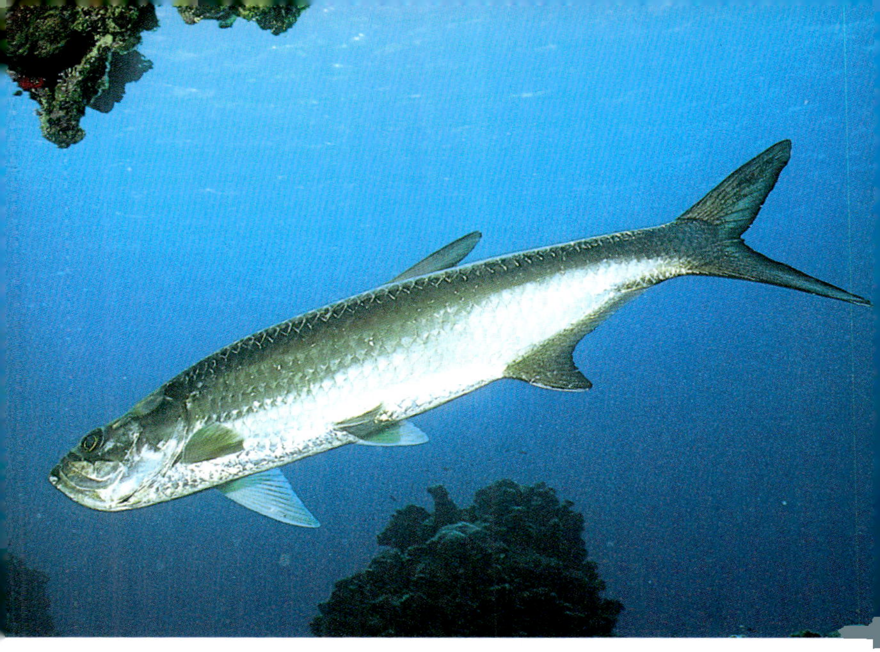

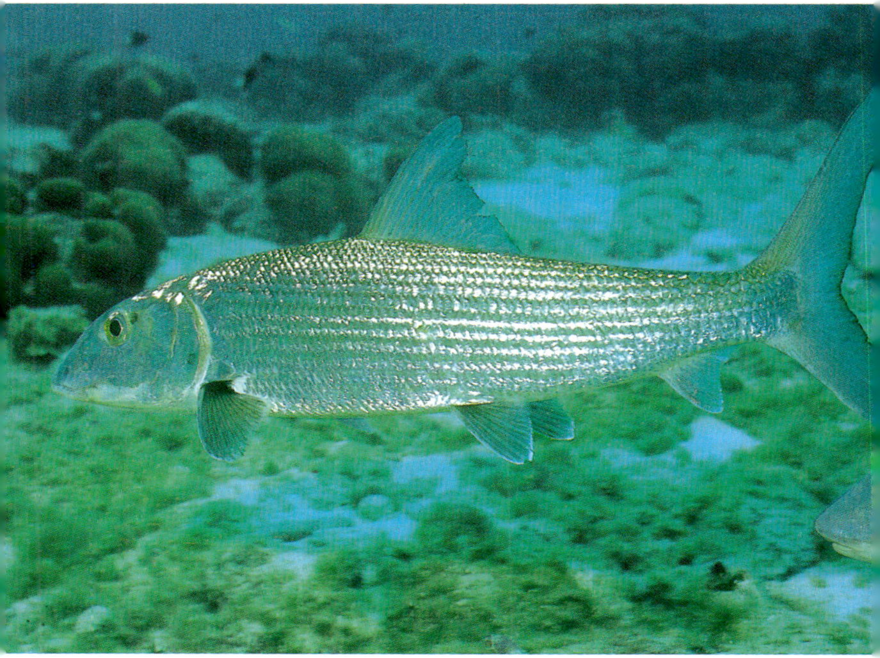

# Muränen
*(Muraenidae)*

## Aussehen

Das Aussehen der Muränen ist schlangenähnlich. Sie besitzen wie die Schlangen zahlreiche Wirbel, wodurch sie eine gute Manövrierfähigkeit im Riff erlangen. Ihr langgestreckter, muskulöser Körper ist von einer festen Haut umgeben, Schuppen fehlen völlig.
Ebenso fehlen allen Muränen die Brustflossen, während Rücken-, Schwanz- und Afterflosse ein zusammengewachsenes Flossenband bilden.
Muränen besitzen ein großes Maul mit kräftigen Kiefern und gut entwickelten Zähnen, wobei die Mundspalte oft bis weit hinter die Augen reicht. Die gut entwickelten Zähne sind in einer oder mehreren Reihen angeordnet.
Die Kiemenöffnungen sind klein, rund und ohne Kiemendeckel. Sie befinden sich in einiger Entfernung hinter dem Maul. Poren des Seitenlinienorgans sind am Kopf, nicht jedoch am Körper auszumachen. Die Augen sind klein und befinden sich vorn am Kopf, weit vor dem Mundwinkel.
Die Nasenöffnungen der Muränen sind ein wichtiges Erkennungsmerkmal. So sind die vorderen Nasenlöcher meist röhrenförmig (nach oben) ausgezogen, während die hinteren, die kurz vor oder über den Augen liegen, meist einfache runde Öffnungen sind. Dies ist auch ein wichtiges Unterscheidungsmerkmal zu den Schlangenaalen (Ophichthidae). So liegen die hinteren Nasenöffnungen der Schlangenaale viel weiter vorn und sind nach unten gebogen.

## Lebensweise

Bei den Muränen handelt es sich um nacht- bzw. dämmerungsaktive Räuber. Ihr räuberisches Verhalten ist an den kräftigen Kiefern und den gut entwickelten Zähnen zu erkennen.
Für Menschen sind sie normalerweise

## Ketten-Muräne

*Echidna catenata*
Chain Moray
**Größe:** Bis 70 cm.
**Merkmale:** Langgestreckter, schlangenförmiger Körper; Grundfarbe gelblich, mit brauner Musterung durchzogen; Augen gelb; Zähne breit und stumpf (Mahlzähne), zum Zermahlen der Schalen der Beutetiere geeignet.
**Lebensraum:** 4 – 15 m; Höhlen und Felsspalten.
**Verbreitung:** Südliches Florida, Bermudas bis Brasilien.
**Ernährung:** Krebstiere, Schnecken, Muscheln.

## Grüne Muräne

*Gymnothorax funebris*
Green Moray
**Größe:** Bis 2 m.
**Merkmale:** Langgestreckter, schlangenförmiger Körper; grünliche Färbung (Farbe der Haut dunkelblau, von gelblichem Schleim überlagert).
**Lebensraum:** 5 – 30 m; Höhlen und Felsspalten, Seegraswiesen.
**Verbreitung:** Südliches Florida, Bermudas bis Brasilien.

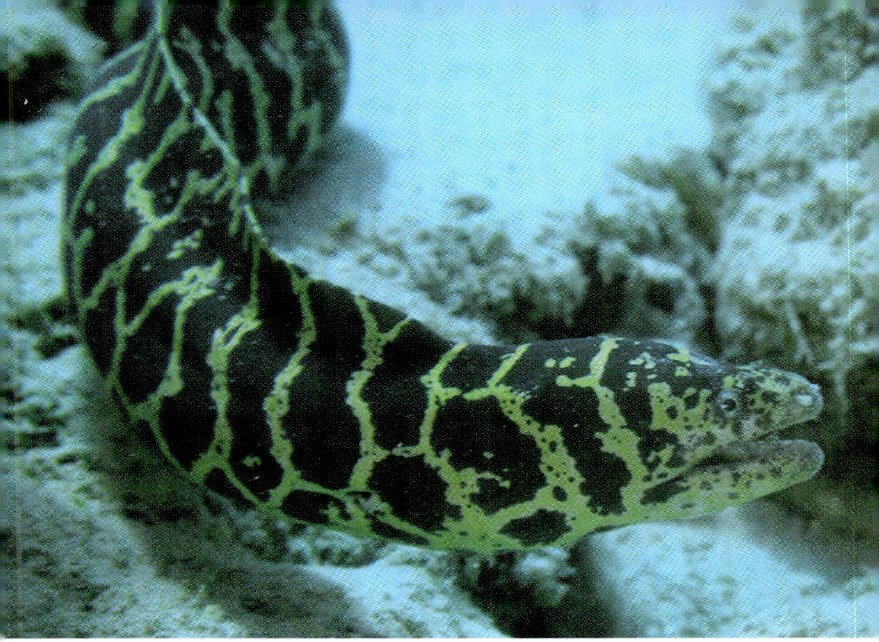

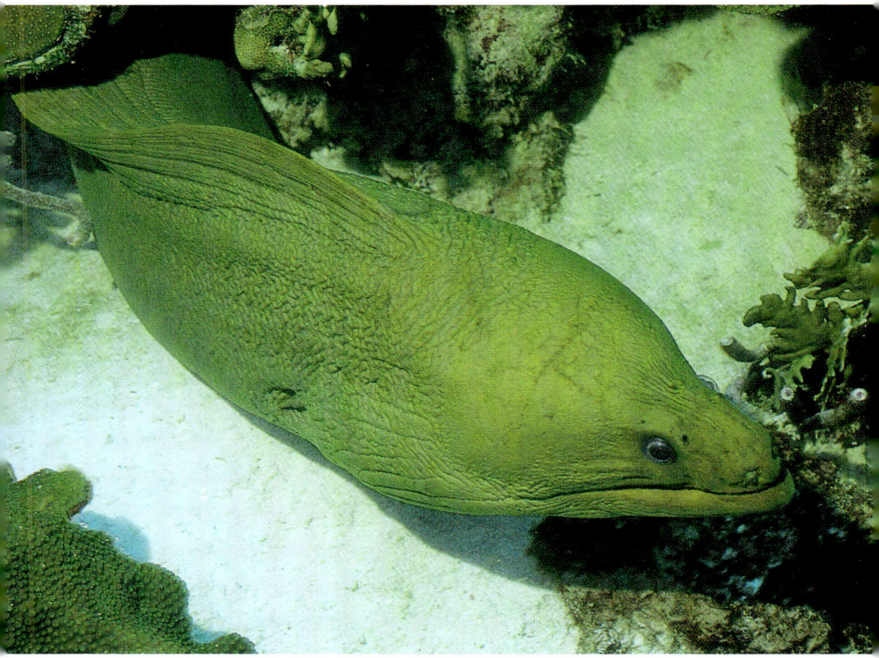

ungefährlich. Hin und wieder wurde behauptet, daß Muränenbisse giftig seien. Giftdrüsen konnten jedoch bei wissenschaftlichen Untersuchungen nie nachgewiesen werden. Die Gefahr bei Muränenbissen dürfte eher in einer Bakterieninfektion bestehen.

Das Fleisch vieler Muränen ist hingegen tatsächlich giftig. Das ist darauf zurückzuführen, daß diese Muränen pflanzenfressende Fische erbeuten, die ihrerseits durch den Verzehr von giftigen Algen Toxine aufgenommen haben. Diese sogenannte Ciguatera-Vergiftung ist auch von anderen Raubfischen, z. B. Stachelmakrelen *(Caranx)* und Schnappern (*Lutjanus),* bekannt.

Die Muränen ernähren sich wie bereits erwähnt hauptsächlich von Fischen. Diese Ernährungsweise ist auch gut an den Zahnformen zu erkennen. So besitzen z. B. die *Gymnothorax*-Arten lange, spitze Zähne, die zum Ergreifen von Fischen geeignet sind. Die Gattung *Echidna* stellt eine Ausnahme dar. Die Angehörigen dieser Gruppe ernähren sich vorwiegend von Krebstieren. Diese Ernährungsweise ist auch an den Mahlzähnen, die speziell zum Zerbeißen von Schalen geeignet sind, zu erkennen.

Die Sehfähigkeit der Muränen ist gering. Dafür verfügen sie aber über einen sehr gut ausgeprägten Geruchssinn, der es ihnen ermöglicht, ihre Beute ausfindig zu machen.

Nach der Jagd kehren die Muränen wieder in ihre Schlupfwinkel – Höhlen und Felsspalten – zurück. Muränen sind ortstreu, das heißt, sie kehren nach Möglichkeit immer wieder in dieselben Höhlen und Felsspalten zurück.

Hier verbringen sie auch den ganzen Tag.

Nur das sich ständig öffnende und schließende Maul ist im allgemeinen auszumachen. Hierbei handelt es sich jedoch nicht um eine Drohgebärde, die Bewegung dient vielmehr dazu, Wasser durch die Kiemen zu pumpen und so den Fisch mit Sauerstoff zu versorgen.

## Gefleckte Muräne

*Gymnothorax moringa*
Spotted Moray
**Größe:** Bis ca. 1,5 m.
**Merkmale:** Langgestreckter, schlangenförmiger Körper; weiße Grundfarbe mit braunen Punkten.
**Lebensraum:** 4 – 15 m; Höhlen und Felsspalten, gelegentlich auf Seegras
**Verbreitung:** South Carolina, Bermudas bis Brasilien.

## Gelbaugen-Muräne

*Gymnothorax vicinus*
Purplemouth Moray
**Größe:** Bis ca. 1,3 m.
**Merkmale:** Langgestreckter, schlangenförmiger Körper; Färbung von einheitlich braun bis stark gesprenkelt; gelbe Augen; dunkler Streifen am oberen Rand der Rückenflosse; violettes Maul.
**Lebensraum:** 4 – 20 m; Höhlen und Felsspalten.
**Verbreitung:** Südliches Florida, Bermudas bis Brasilien.

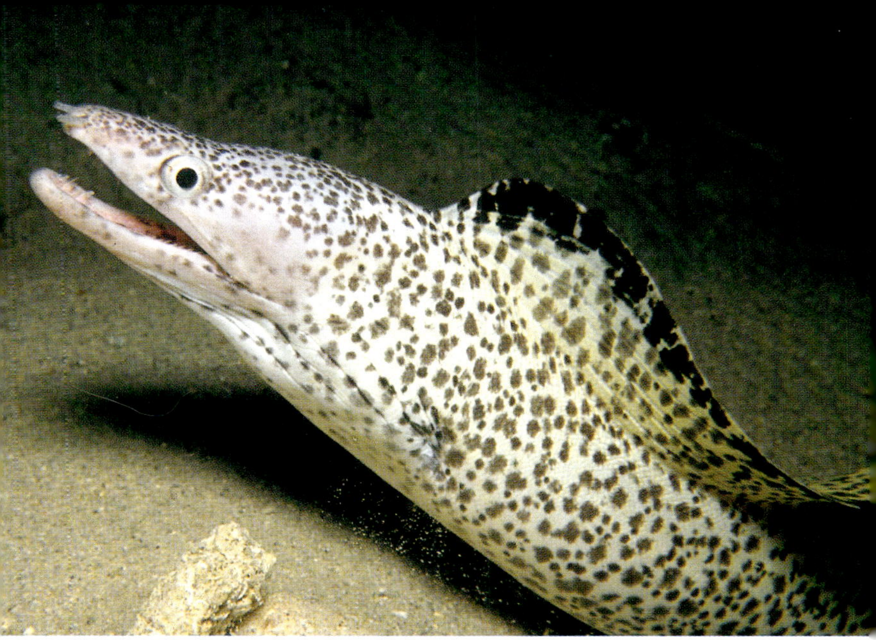

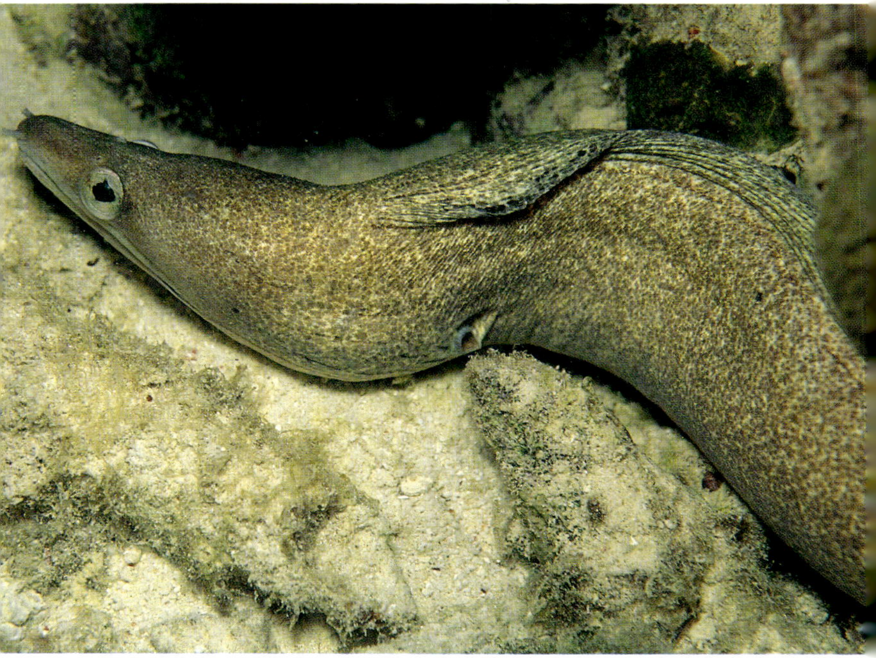

Die meisten Muränen sind nicht aggressiv, sie drohen und beißen nur, wenn sie angegriffen bzw. in die Enge getrieben werden.

## Fortpflanzung
Die Muränen durchleben nach dem Schlüpfen ein planktonisches Larvenstadium. Das Larvenstadium kann bis zu 10 Monate dauern.

## Goldschwanz-Muräne
*Gymnothorax miliaris*
Goldentail Moray
**Größe:** Bis ca. 60 cm.
**Merkmale:** Langgestreckter, schlangenförmiger Körper; kleine, spitze Zähne zweireihig an Ober- und Unterkiefer; brauner Körper mit gelben Punkten, Größe der Punkte nimmt zum Schwanzende hin zu, daher erscheint dieses oft einfarbig gelb.
**Lebensraum:** 4 – 20 m; Höhlen und Felsspalten, flache Außenriffe.
**Verbreitung:** Südliches Florida, Bermudas bis Brasilien.

## Netz-Muräne
*Muraena retifera*
Reticulate Moray
**Größe:** Bis ca. 60 cm.
**Merkmale:** Langgestreckter, schlangenförmiger Körper; Grundfarbe weiß, von einem braunen Netz durchzogen; schwarzer Fleck an der Kiemenöffnung.
**Lebensraum:** 4 – 20 m; Höhlen und Felsspalten.
**Verbreitung:** New England bis Florida, Golf von Mexiko.

# Schlangenaale
*(Ophichthidae)*

## Aussehen
Die Schlangenaale sind sehr lang, schlank und von schlangenähnlichem Aussehen. Der Körper ist schuppenlos. Die Schnauze ist zugespitzt und die recht kleinen Augen sitzen nahe am Maul. Die Form der Mundöffnung variiert sehr stark, von end- bis stark unterständig. Die hinteren Nasenöffnungen befinden sich recht weit vorn am Maul, sind röhrenförmig ausgezogen und nach unten gebogen.

## Goldflecken-Schlangenaal
*Myrichthys ocellatus*
Goldspotted Eel
**Größe:** Bis 100 cm.
**Merkmale:** Langgestreckter, schlangenförmiger Körper; Nasenöffnungen zeigen nach unten; hellbraune Färbung; gelbe Punkte mit schwarzem Rand an Kopf und Körper.
**Lebensraum:** 2 – 20 m; Sandflächen bei Fels- und Korallenriffen.
**Verbreitung:** Florida, Bermudas, Bahamas bis Brasilien.

Dadurch sind sie auch von den Muränen zu unterscheiden, bei denen die Nasenlöcher nach oben gebogen sind. Rücken- und Afterflossen bilden zusammen mit der Schwanzflosse einen durchgängigen Flossensaum. Bei einigen Arten fehlt die Schwanzflosse, dafür ist das Schwanzende dornartig verstärkt. Die Brustflossen sind zurückgebildet oder fehlen ganz. Die Schlangenaale sind oft prächtig gefärbt und vielfach mit Bändern oder Flecken gezeichnet.

## Lebensweise

Schlangenaale halten sich tagsüber meist verborgen, oft graben sie sich mit dem Schwanz voran ganz in den Boden ein. Nachts hingegen begeben sie sich auf die Jagd. Ihre hauptsächliche Beute sind Fische und Kopffüßer. Beim Anfassen können sie beißen und schmerzhafte Wunden zufügen.

# Meeraale
*(Congridae)*

## Aussehen

Die hier betrachteten Röhrenaale stellen eine Unterfamilie der Meeraale dar. Sie besitzen ein schlangenähnliches Aussehen; ihre Brustflossen sind zurückgebildet. Die Mundspalte steht schräg, und die Augen sind groß.

## Lebensweise

Die tagaktiven Röhrenaale siedeln kolonieweise auf feinem Korallensand an Stellen mit gleichmäßiger Strömung. Sie leben in Wohnröhren, die etwa 50 cm senkrecht in den lockeren Sandboden führen. Die Wand der Wohnröhre wird durch Schleim verfestigt. Zu etwa 2/3 aus der Wohnröhre herausragend, schnappen sie nach vorbeitreibendem Plankton und ziehen sich bei Gefahr sofort in ihre Röhre zurück.

# Spitzschwanz-Schlangenaal
*Myrichthys breviceps*
Sharptail Eel
**Größe:** Bis 100 cm.
**Merkmale:** Langgestreckter, schlangenförmiger Körper; Nasenöffnungen zeigen nach unten; hellgrau gefärbt; kleine gelbe Punkte am Kopf; größere helle Punkte am Körper.
**Lebensraum:** 2 – 15 m; Seegraswiesen, Sandflächen.
**Verbreitung:** Südliches Florida, Bermudas, Bahamas bis Brasilien.

### Ähnliche Arten

*Ophichthus ophis* (Gepunkteter Schlangenaal/Spotted Snake Eel); breiter dunkler Streifen am Kopf und zahlreiche dunkle Punkte auf hellgrauem Grund.

# Karibik-Röhrenaal
*Heteroconger halis*
Garden Eel
**Größe:** Bis 50 cm.
**Merkmale:** Langgestreckter, schlangenförmiger Körper; bräunlich gefärbt; schauen mit Kopf und Vorderende aus ihren Wohnröhren heraus.
**Lebensraum:** 5 – 45 m; sandige Stellen in Riffnähe; in Kolonien.
**Verbreitung:** Südliches Florida, Bahamas bis Brasilien.

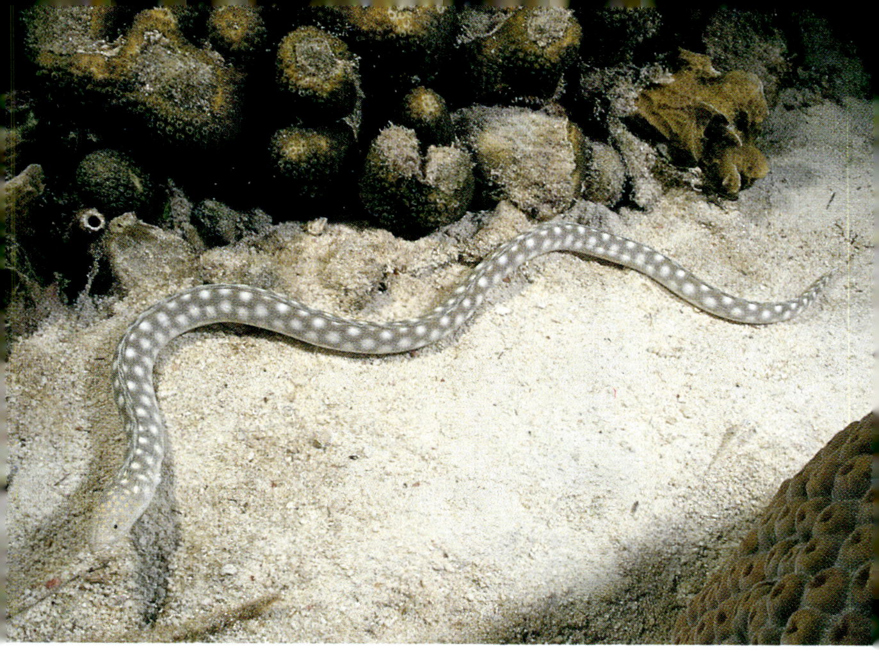

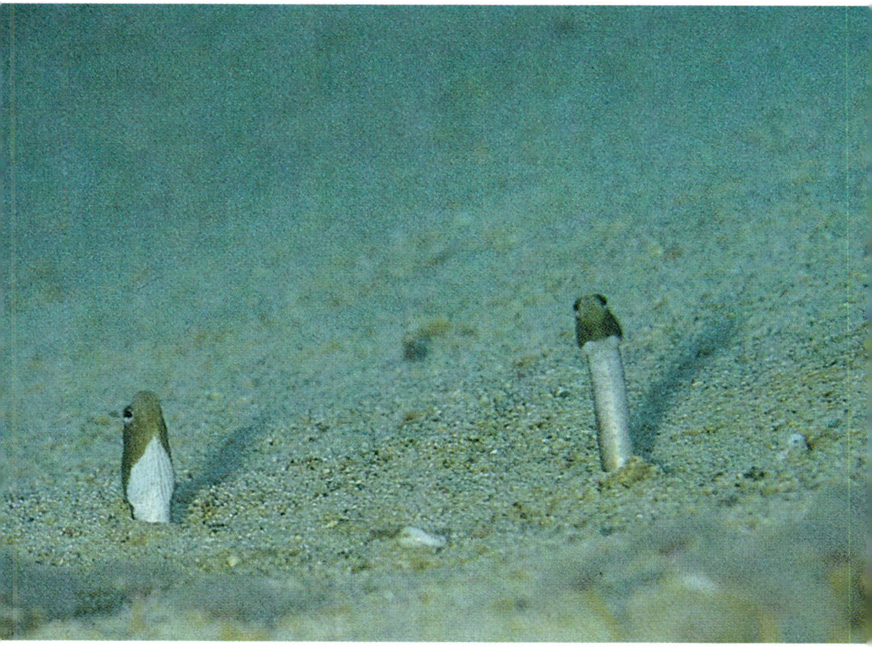

# Eidechsenfische
*(Synodontidae)*

## Aussehen
Die Eidechsenfische sind von langgestreckter, leicht abgeplatteter Gestalt.
Das leicht schräge Maul ist groß und
mit zahlreichen kleinen Zähnen
bestückt. Sogar die Zunge ist mit
kleinen nach hinten gerichteten Zähnen besetzt.
Die Flossen besitzen keine Stachelstrahlen. Die einzige Rückenflosse ist
recht hoch. Zwischen Rücken- und
Schwanzflosse befindet sich noch eine
Fettflosse. Die Bauchflossen sind recht
groß; Schwanzflosse gegabelt.
Die Grundfarbe ist meist sandfarben,
mit kleinen, bräunlichen Mustern.

## Lebensweise
Die Eidechsenfische liegen dicht am
Boden, vor allem auf Sandgrund,
wobei sie sich mit ihren Bauchflossen
abstützen. In ihrem Fangverhalten
ähneln sie ihren Namensvettern, den
Eidechsen; auf ihre Bauchflossen
gestützt, lauern sie bewegungslos auf
Beute. Dann schnappen sie plötzlich zu
und verschlingen das Opfer mehr oder
weniger vollständig. Die zahlreichen
Zähne auf Kiefern und Zunge verhin-
dern ein Entkommen der Beute.
Die wichtigsten Beutefische sind
Kleinfische der Familien Riffbarsche,
Meergrundeln und Lippfische.
Mit Hilfe ihrer Flossen können sich die
Eidechsenfische auch so weit in den
sandigen Untergrund eingraben, bis
nur noch die Augen herausschauen.

## Sand-Taucher
*Synodus intermedius*
Sand Diver
**Fotos:** Oben auf dem Sand liegend;
unten eingegraben.
**Größe:** Bis 45 cm.
**Merkmale:** Langgestreckte, leicht
abgeplattete Gestalt; großes, leicht
schräges Maul mit zahlreichen kleinen
Zähnen; sandfarben, mit <u>großem
dunklem Fleck am Kiemendeckel</u>;
<u>ca. 8 dunkle Querstreifen am Rücken,
gelbe Längsstreifen.</u>
**Lebensraum:** 3–320 m; auf Sand-
bänken in Riffnähe; oft bis zum Kopf
eingegraben; häufigste Art in der
Karibik.
**Verbreitung:** North Carolina, Bermudas, Golf von Mexiko bis Guayana.

## Ähnliche Arten
*Saurida caribbaea* (<u>Kleiner Eidechsen-
fisch</u>/Smallscale Lizardfish); mit dunklen Flecken am Rücken und an der
Seite; Unterkiefer lang; bis 15 cm.
*Synodus foetens* (<u>Diamant-Eidechsen-
fisch</u>/Inshore Lizardfish); mit 8 diaman-
tenförmigen Dreiecken an der Seite.
*Synodus saurus* (<u>Blaustreifen-Eidech-
senfisch</u>/Bluestriped Lizardfish); mit
bläulichen Längsstreifen am Rücken.
*Synodus synodus* (<u>Roter Eidechsen-
fisch/Red Lizardfish</u>); mit rötlichen
Querstreifen am Rücken.

# Anglerfische, Froschfische
## (Antennariidae)

### Aussehen
Bei den Angler- oder Froschfischen handelt es sich um kleine, hochrückige Fische mit schuppenloser, schleimiger Haut. Die Haut ist mit zahlreichen Fransen besetzt. Kopf, Rumpf und Flossen sind von Hautverknöcherungen bedeckt. Die sehr kleine Kiemenöffnung befindet sich am Ansatz der Brustflosse.
Die Antennariidae besitzen eine Art Angel, die vom 1. Stachelstrahl der Rückenflosse gebildet wird. Diese »Angel«, die im Bedarfsfall regeneriert werden kann, ist von Art zu Art unterschiedlich geformt. Sie befindet sich direkt über dem sehr großen, schrägen Maul.

### Lebensweise
Alle Anglerfische bis auf die Art *Histro histro* sind Bodenbewohner. Sie lauern gut getarnt auf Beute, wobei sie einem von Algen bewachsenen Felsblock oder Schwamm gleichen.
Der einzige Teil des Fisches, der sich manchmal bewegt, ist die »Angel« mit der Köderattrappe. Dieser Köder, der Würmer oder kleine Fische imitiert, wird beim »Fischen« in Bewegung gehalten, in Ruhe wird die Rute zurückgelegt.
Die Anglerfische können Beute verschlingen, die größer ist als sie selbst. Bei der Fortbewegung auf dem Boden werden die Brustflossen eingesetzt, mit denen die Anglerfische (z. B. *Antennarius*) wie auf Krücken laufen. Das Gewicht kann anschließend auf die Bauchflossen verlagert werden. Im offenen Wasser können sie sich mittels Rückstoß fortbewegen. Hierzu wird das Wasser wie beim Atmen aus den kleinen düsenähnlichen Kiemenöffnungen herausgepreßt.

## Augenfleck-Anglerfisch
*Antennarius multiocellatus*
Longlure Frogfish
**Fotos:** Oben Seitenansicht, die 3 dunklen Flecken in Mitte der Schwanzflosse sind gut sichtbar; unten links Jugendform; unten rechts Frontalansicht, helle Form.
**Größe:** Bis 14 cm.
**Merkmale:** Hochrückig, rundlich; Haut mit Fransen besetzt; sehr kleine Kiemenöffnung am Ansatz der Brustflosse; sehr großes, schräges Maul; »Angel« aus dem 1. Stachelstrahl der Rückenflosse, doppelt so lang wie der 2. Stachelstrahl; <u>großer dunkler Fleck am Ende der Rückenflosse; 3 dunkle Flecken in Mitte der Schwanzflosse;</u> großer dunkler Fleck auf der <u>Afterflosse.</u> Farbe sehr variabel, wird dem Untergrund angepaßt.
**Lebensraum:** 3 – 66 m, meist über 22 m; oft auf Schwämmen anzutreffen.
**Verbreitung:** Südliches Florida, Bermudas bis Brasilien.

### Ähnliche Arten
*Antennarius bermudensis* (<u>Insel-Anglerfisch</u>/Island Frogfish); mit dunklem Fleck unter der Rückenflosse; bis 6 cm groß.
*Antennarius ocellatus* (<u>Gefleckter Anglerfisch</u>/Ocellated Frogfish); mit 3 dunklen, hell umrandeten Flecken: unterhalb der Rückenflosse, auf der Schwanzflosse, in der Körpermitte.
*Antennarius pauciradiatus* (<u>Zwerg-Anglerfisch</u>/Dwarfed Frogfish); meist gelb gefärbt, mit kleinem dunklem Punkt am Ende der Rückenflosse; bis 4 cm.
*Antennarius radiosus* (<u>Einpunkt-Anglerfisch</u>/Singlespot Frogfish); gelbbraun gefärbt, mit mittelgroßem, hell umrandetem Fleck am Rücken.
*Antennarius striatus* (<u>Gestreifter Anglerfisch</u>/Striated Frogfish); mit dunklen Streifen oder Strichen bedeckt.

Fam. Anglerfische

# Seefledermäuse
*(Ogcocephalidae)*

## Aussehen
Die Seefledermäuse sind grotesk aussehende Fische mit stark abgeplattetem Körper und mit breitem, flachem Kopf. Der Schwanz hingegen ist schlank. Die Brustflossen sind muskulös, beinartig und mit ellenbogenähnlichen Stielen. Sie dienen zusammen mit den kürzeren Bauchflossen der Fortbewegung. Die Kiemenöffnung ist als kleines Loch hinter den Brustflossen zu erkennen. Ebenso wie die Anglerfische besitzen auch die Seefledermäuse eine »Angel«. Diese ist recht kurz und befindet sich in einer Grube direkt über dem Maul. Sie ist vorstreckbar und mit einem wurmähnlichen Köder versehen. Die Mundöffnung ist recht klein, jedoch ist das Maul vorstülpbar.

## Lebensweise
Die meisten Seefledermäuse leben in tiefen Wasserschichten. Sie sind schlechte Schwimmer und bewegen sich auf dem Grund mit Hilfe ihrer besonders geformten Brustflossen vorwärts. Einige Arten bedecken sich bei Gefahr mit Sand.
Die im Flachwasser vorkommenden Arten bevorzugen klares Wasser. Sie halten sich in Regionen mit Geröllflächen oder an der Riffkante auf. Die Tiefseearten leben meist auf Schlammgrund.
Die Seefledermäuse ernähren sich von kleinen Fischen, Krebstieren und Schnecken. Aber welche Beute von der »Angel« angelockt wird, ist unbekannt.

# Rotbauch-Seefledermaus
*Ogcocephalus nasutus*
Shortnose Batfish
**Fotos:** Oben Aufsicht, auf Brustflossen gestützt; unten freischwimmend, Bauchflossen sichtbar.
**Größe:** Bis 38 cm.
**Merkmale:** Stark abgeplatteter Körper; Kopf breit, flach; hornähnliche Ausstülpung zwischen den Augen; Brustflossen beinartig; 1. Stachelstrahl der Rückenflosse zur »Angel« umgebildet; <u>Brustflossenoberseite einheitlich braun gefärbt</u>; Bauch braun, bei großen Tieren rötlich gefärbt.
**Lebensraum:** 0–275 m; offener Sand-, Schlick- und Geröllgrund; oft teilweise im Sand eingegraben.
**Verbreitung:** Südflorida, Bahamas bis Amazonasdelta.

## Ähnliche Arten
*Halieutichthys aculeatus* (<u>Pfannkuchen-Seefledermaus</u>/Pancake Batfish); Vorderseite nahezu rund, mit einem netzähnlichen Muster am Rücken und dunklen Querstreifen an Brust- und Schwanzflossen.
*Ogcocephalus corniger* (<u>Langnasen-Seefledermaus</u>/Longnose Batfish); mit zweifarbigen Brustflossen: gelb am Ansatz und rötlich an der Spitze; »Horn« lang und dünn.
*Ogcocephalus parvus* (<u>Rauhrücken-Seefledermaus</u>/Roughback Batfish); mit zweifarbigen Brustflossen: rötlich am Ansatz und schwarz an der Spitze; Schwanzflosse mit dunkelroter bis schwarzer Spitze; meist tiefer als 50 m anzutreffen.
*Ogcocephalus radiatus* (<u>Gepunktete Seefledermaus</u>/Polka-Dot Batfish); besitzt gelbbraune Brustflossen mit vielen großen dunklen Punkten; »Horn« kurz.
*Ogcocephalus rostellum* (<u>Blasse Seefledermaus</u>/Palefin Batfish); ähnlich *O. radiatus*, aber mit blassen Brustflossen.

Fam. Seefledermäuse 53

# Meeräschen
*(Mugilidae)*

## Aussehen
Bei den Meeräschen handelt es sich um schlanke Fische mit einem dicken, oben abgeflachten Kopf. Ihre 1. und 2. Rückenflosse sind weit voneinander entfernt, und die Brustflossen setzen recht hoch am Körper an. Die silbrigglänzenden Schuppen sind groß und hart.

## Lebensweise
Meeräschen sind vor allem in der Gezeitenzone mit starkem Pflanzenbewuchs über weichem Grund anzutreffen. Oft bilden sie Schwärme.
Sie saugen den mit Zerfallsresten und Kleinstlebewesen bedeckten Boden ab (»Mugil« = Sauger) und nehmen dabei ihre Nahrung (hauptsächlich Schnecken, Muscheln und Algen) auf.

# Hornhechte
*(Belonidae)*

## Aussehen
Die Hornhechte besitzen einen sehr schlanken, seitlich zusammengedrückten Körper. Ober- und Unterkiefer sind sehr stark verlängert und mit zahlreichen nadelspitzen Zähnen besetzt. Rücken-, After- und Bauchflossen sind weit nach hinten verlagert.
Diese an der Wasseroberfläche lebenden Tiere weisen die typische Färbung auf: grünblauer Rücken, silbrigweiße Seiten und Bauch.
Alle Hornhechte sind sich sehr ähnlich und unter Wasser sehr schwer auseinander zu halten.

## Lebensweise
Die Hornhechte sind gefräßige Raubfische. Ihre Beute suchen sie in oberflächennah schwimmenden Fischschwärmen.

## Weiße Meeräsche
*Mugil curema*
Redeye Mullet
**Größe:** Bis 38 cm.
**Merkmale:** Schlanker Körper; Kopf dick, oben abgeflacht; 1. und 2. Rückenflosse weit voneinander entfernt; Schwanzflosse groß; <u>dunkler Fleck am Ansatz der Brustflosse</u>; <u>Kiemendeckel oft gelblich; silbrig-grün gefärbt</u>.
**Lebensraum:** Im Flachwasserbereich, über Sand; oft in der Nähe von Korallenriffen; dringt ins Süßwasser ein.
**Verbreitung:** Massachusetts bis Brasilien, Bermudas.
**Biologie:** Bei der Nahrungssuche stehen sie zum Boden geneigt und filtern den aufgenommenen Schlick durch ein Sieb, das von den langen Kiemenreusenzähnen gebildet wird. Der Schlick wird dem Schlund zugeführt, kräftig durchgekaut, und die unverdaulichen, gröberen Stoffe werden wieder ausgespuckt.

## Riesen-Hornhecht
*Tylosurus crocodilus*
Houndfish
**Größe:** Bis 150 cm.
**Merkmale:** Sehr schlanker, seitlich zusammengedrückter Körper; Ober- und Unterkiefer stark verlängert; Rücken- und Afterflosse enden kurz vor der Schwanzflosse; <u>größter Hornhecht ohne besondere Merkmale</u>; <u>Kiefer etwas kürzer als bei den anderen Arten</u>.
**Lebensraum:** Einzeln oder in Gruppen im Oberflächenwasser von Lagunen und Außenriffen.
**Verbreitung:** New York bis Brasilien; zirkumtropisch.
**Biologie:** Nach dem Schlüpfen sind die Kiefer der Jungfische zunächst kurz. Während des Wachstums wächst zunächst der Unterkiefer und im Anschluß dann der Oberkiefer.

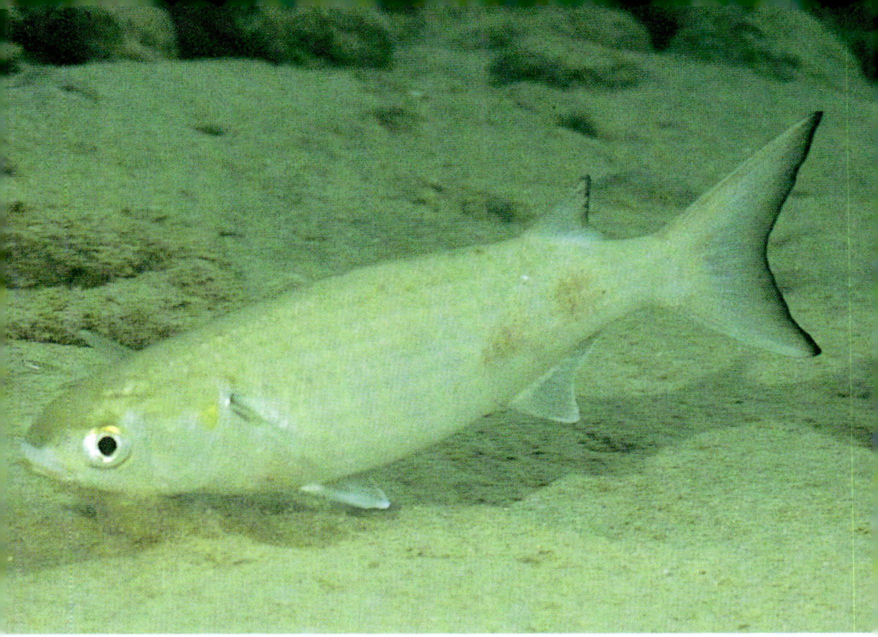

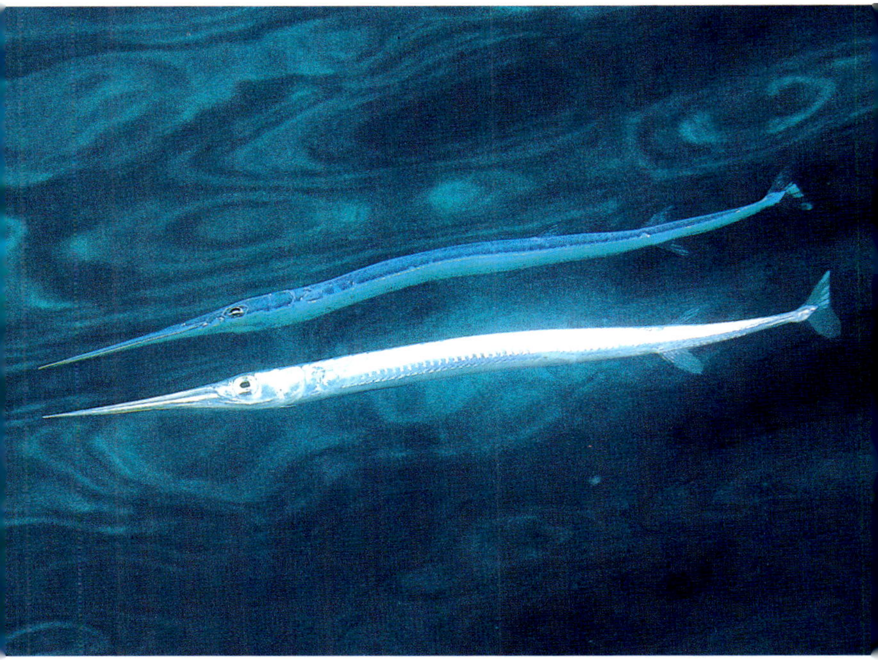

# Soldatenfische
## (Holocentridae)

### Aussehen
Die Soldatenfische sind recht kompakte Fische mit relativ kurzem Körper. Das Maul ist recht groß, mit schräger Mundspalte. Erkennungsmerkmale sind jedoch die großen Augen und die rötliche Färbung.

Die Soldatenfische werden in zwei Unterfamilien aufgeteilt: die Husarenfische (Holocentrinae) und die Soldatenfische (Myripristinae). Der Unterschied zwischen den Soldaten- und den Husarenfischen besteht in einem Stachel am Kiemendeckel. Die Husarenfische besitzen ihn, die Soldatenfische nicht. Auch läuft der Kopf der Husarenfische meist spitz zu, und viele Arten besitzen Längsstreifen am Körper. Die Grundfärbung der Husarenfische ist eher orange- bis bräunlichrot, im Gegensatz zur kräftigeren Rotfärbung der Soldatenfische.

Beide Unterfamilien haben einen seitlich abgeflachten Körper und eine zweigeteilte Rückenflosse. Die 1. Rückenflosse ist meist in einer Nut versenkt; die 2. Rücken- sowie die Afterflosse sind weit nach hinten verlagert. Die Schwanzflosse ist gegabelt, der Körper mit Kammschuppen oder mit bestachelten Schuppen bedeckt. Der Kopf ist ebenfalls beschuppt und mit großen Schleimkanälen versehen.

### Lebensweise
Soldatenfische leben in Korallen- und Felsriffen und sind noch in großen Tiefen anzutreffen. Die nachtaktiven Tiere verstecken sich tagsüber in Spalten und Höhlen. Nachts verlassen sie ihren Unterschlupf und begeben sich auf die Jagd. Die Husarenfische machen Jagd auf bodenlebende Tiere wie Würmer und Krebse, während die Soldatenfische im freien Wasser über den Riffen Zooplankton einfangen.

### Gewöhnlicher Husar
*Holocentrus adscensionis*
Squirrelfish
**Größe:** Bis 30 cm.
**Merkmale:** Kompakter, relativ kurzer Körper; spitzer Kopf mit schräger Mundspalte; Stachel am Kiemendeckel; rötlich gefärbt mit leicht weißlichen Streifen oder Flecken; vorderer Teil der 1. Rückenflosse gelb.
**Lebensraum:** 1–35 m; an Dropoffs von Fels- und Korallenriffen und an Fleckriffen.
**Verbreitung:** New York, Bermudas bis Brasilien.

### Langstachel-Husar
*Holocentrus rufus*
Longspine Squirrelfisch
**Größe:** Bis 28 cm.
**Merkmale:** Kompakter, relativ kurzer Körper; spitzer Kopf mit schräger Mundspalte; Stachel am Kiemendeckel; rötlich gefärbt mit leicht weißlichen Streifen oder Flecken; weiße Dreiecke an den Spitzen der Stachelstrahlen der Rückenflosse.
**Lebensraum:** 1–35 m; Innenriffe.
**Verbreitung:** Südflorida, Bermudas bis Venezuela.

### Riff-Husar
*Sargocentron coruscum*
Reef Squirrelfish
**Größe:** Bis 13 cm.
**Merkmale:** Kompakter, relativ kurzer Körper; spitzer Kopf mit schräger Mundspalte; Stachel am Kiemendeckel; rötlich gefärbt mit hellen silbernen Längsstreifen; 1. Rückenflosse mit großem schwarzem Fleck im Bereich der Stachelstrahlen 1–3 oder 1–4, weiße Dreiecke an den Stachelstrahlspitzen.
**Lebensraum:** 1–30 m; flache Fels- und Korallenriffe.
**Verbreitung:** Florida, Bermudas bis Venezuela.

## Fortpflanzung

Die Soldatenfische steigen vor dem Laichakt kreisend zur Wasseroberfläche und trennen sich nach einem Schwanzschlag, der von *Myripristis* mehrfach wiederholt wird. Während der Balz bringen sie Laute mit der Schwimmblase hervor.

Die 2 – 3 mm großen Eier haben Ölkugeln und treiben wie die Larven im Plankton.

## Ähnliche Arten

*Sargocentron bullisi* (Tiefwasser-Husar/Deepwater Squirrelfish); ist *S. coruscum* (s. S. 56), sehr ähnlich, aber der dunkle Fleck auf der Rückenflosse ist klein, nur zwischen Strahl 1 und 2; außerdem kommt *S. bullisi* meist tiefer als 25 m vor.

*Plectropops retrospinis* (Kardinal-Soldatenfisch/Cardinal Soldier); rot gefärbt, ohne den Streifen, den *Myripristis jacobus* besitzt; selten.

*Corniger spinosus* (Stachel-Soldatenfisch/Spinycheek Soldierfish); einziger Soldatenfisch der Unterfamilie Myripristinae mit Stacheln (jeweils 2) am Kiemendeckel; leuchtend rot gefärbt.

## Gelber Husar

*Neoniphon marianus*
Longjaw Squirrelfish
**Größe:** Bis 17 cm.
**Merkmale:** Kompakter, relativ kurzer Körper; sehr spitzer Kopf mit schräger Mundspalte; Stachel am Kiemendeckel; rötlich gefärbt mit orange-gelben Längsstreifen; Rückenflosse gelb mit weißen Dreiecken.
**Lebensraum:** 1 – 70 m; häufiger ab 30 m; Außenriffe, tiefe Lagunen.
**Verbreitung:** Florida Keys, Bahamas bis Venezuela.

## Schwarzstreifen-Soldatenfisch

*Myripristis jacobus*
Blackbar Soldierfish
**Größe:** Bis 20 cm.
**Merkmale:** Kompakter, relativ kurzer Körper; stumpfer Kopf mit schräger Mundspalte; kein Stachel am Kiemendeckel; rot gefärbt; dunkler Streifen hinter dem Kopf.
**Lebensraum:** 5 – 20 m; Lagunen und Außenriffe
**Verbreitung:** North Carolina bis Brasilien.

Fam. Soldatenfische     **59**

# Seenadeln
*(Syngnathidae)*

## Aussehen
Die Familie der Seenadeln umfaßt die Unterfamilien der <u>Seenadeln</u> und die der <u>Seepferdchen</u>.

Beiden Unterfamilien ist folgendes gemeinsam: eine röhrenförmige Schnauze mit kleinem endständigem Maul, fehlende Bauchflossen und die Rückenflosse als Hauptmotor der Bewegung. Durch die ebenfalls undulierenden Brustflossen wird die Manövrierfähigkeit beträchtlich erhöht. Die Kiemenöffnungen sind zum Rücken hin verlagert und sehr klein. Der Hautknochenpanzer bildet ein festes Korsett, das die Beweglichkeit in der Rumpfregion einengt. Der Schwanz hingegen bleibt sehr beweglich.

Seepferdchen haben einen zur Brust gebeugten, pferdeähnlichen Kopf. Die Afterflosse ist klein oder fehlt ganz. Der Schwanz ist zum Greifarm umgebildet; es gibt keine Schwanzflosse.

Die Seenadeln sind schlanke, langgestreckte Fische. Der Kopf mit der röhrenförmigen Schnauze verläuft meist in Längsachse des Körpers. Die meisten Arten haben eine runde Schwanzflosse.

Die einzelnen Arten sind unter Wasser sehr schwer auseinanderzuhalten.

## Lebensweise
Vertreter der Seenadeln sind hauptsächlich im Flachwasser anzutreffen. Der bewegliche Schwanz dient den Seepferdchen entweder als Balancierstange beim Schwimmen oder als Greiforgan. Die Seepferdchen sind Meister der Tarnung. Viele Arten sind in der Lage, sich durch Farbwechsel ihrem Hintergrund anzupassen. Auch sind sie oft mit Algen bewachsen, so daß sie kaum auszumachen sind. Als Beute dienen vor allem winzige Fische und kleine Krebstiere, die als Plankton vorbeitreiben. Das Jagdrevier

## Langschnäuziges Seepferdchen
*Hippocampus reidi*
Longsnout Seahorse
**Fotos:** Oben rote Farbvariante; unten gelbe Farbvariante.
**Größe:** Bis 15 cm.
**Merkmale:** Zur Brust gebeugter, pferdeähnlicher Kopf; röhrenförmige <u>lange Schnauze</u> mit kleinem endständigem Maul; Bauchflossen fehlen; Rückenflosse ohne Stachelstrahlen; Schwanz zum Greifarm umgebildet, Schwanzflosse fehlt; Hautknochenpanzer; Farbe variabel, gelblich bis rötlich; im allgemeinen <u>viele dunkle Punkte am Körper</u>.
**Lebensraum, Verbreitung** und **Biologie**: S. 62.

## Ähnliche Arten
*Hippocampus erectus* (<u>Streifen-Seepferdchen</u>/Lined Seahorse); bis 17,5 cm; Hautknochenpanzer manchmal mit Hautanhängen; Farbe variabel, gelblich bis rötlich; zahlreiche Striche an Kopf und Nacken; Küstengewässer bis 40 m Tiefe; an Seegras oder Gorgonien; Verbreitung: Nova Scotia, Golf von Mexiko bis Argentinien; selten, nur lokal häufig.

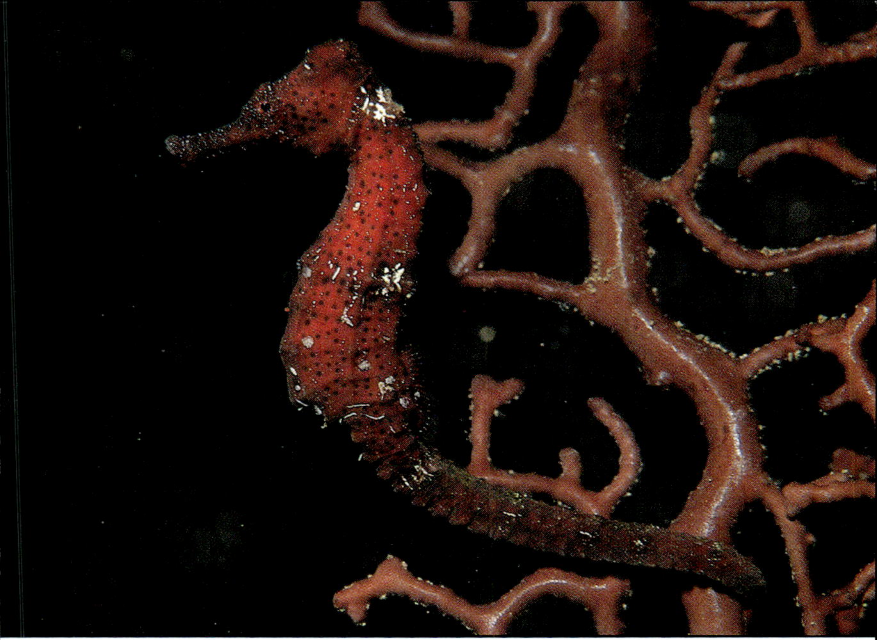

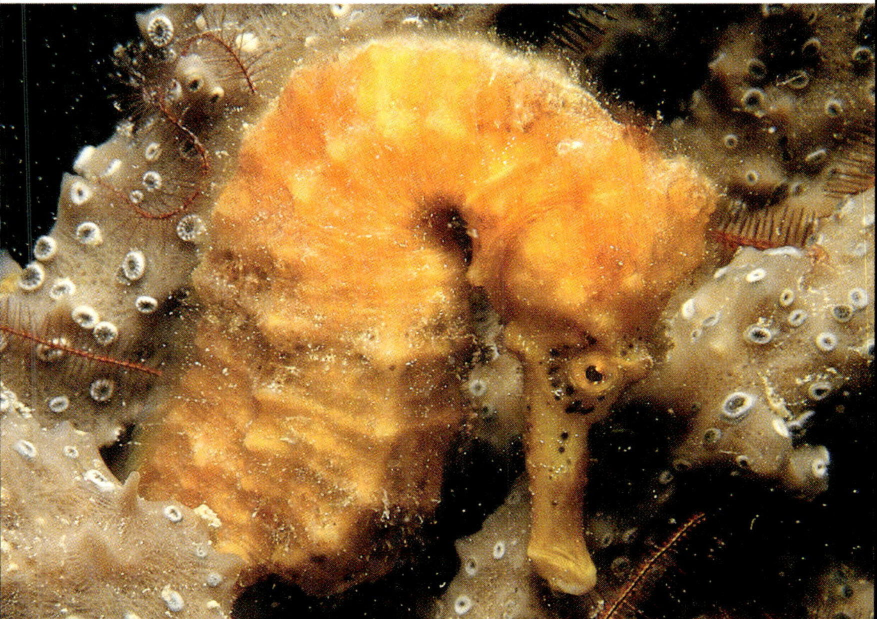

der Männchen beträgt 1 Hundertstel von dem des Weibchens. Dadurch wird ausgeschlossen, daß sie um die gleiche Nahrung konkurrieren.

## Fortpflanzung

Beide Unterfamilien bringen lebende Junge zur Welt. Ungewöhnlich ist jedoch die Art der Fortpflanzung.

Bei der Paarung der Seenadeln legt das Weibchen dem Männchen die Eier in eine Bruttasche, die von 2 Hautfalten gebildet wird. Sind die Jungen reif, so lösen sich die Taschenfalten.

Auch bei der Paarung der Seepferdchen legt das Weibchen dem Männchen die Eier in einen Brutbeutel, der auf der Schwanzunterseite liegt. Die Jungen werden also auch hier vom Männchen zur Welt gebracht. Die Geburt selbst kann mehrere Stunden dauern. So wird die Bruttasche mit der Schwanzwurzel leicht gepreßt, bis Schlieren der Taschenflüssigkeit aufsteigen. Schließlich folgen Pumpbewegungen.

Die Dauer einer Schwangerschaft beträgt ca. 3 Wochen. Während dieser Zeit besucht das Weibchen den Partner jeden Tag. Es schließt sich eine Art Begrüßungsritual an, das jeden Tag während der Schwangerschaft vollzogen wird. Die Begrüßung erfolgt nur zwischen Partnern, d. h. Seepferdchen sind in der Lage, einzelne Individuen voneinander zu unterscheiden. Soweit bekannt ist, trennen sich die Paare nicht. Sollte einer der Partner gefressen werden oder durch Stürme verdriftet werden, verhalten sich die Geschlechter unterschiedlich. Ein vereinsamtes Weibchen bleibt innerhalb ihres Reviers, während das vereinsamte Männchen beginnt, sobald die Schwangerschaft abgeschlossen ist, umherzuschwimmen. So finden nach einiger Zeit 2 vereinsamte Seepferdchen zueinander. Am Ende der Brutsaison wandern Seepferdchen in tiefere Gewässer zum Überwintern. Ob die Paare auch im folgenden Jahr beisammen bleiben, ist unbekannt.

# Langschnäuziges Seepferdchen

*Hippocampus reidi*
Longsnout Seahorse
**Fotos:** Oben braune Farbvariante; unten rote Farbvariante.
**Größe** und **Merkmale:** S. 60.
**Lebensraum:** 1 – 55 m; Küstengewässer; an Seegras oder Gorgonien; selten, nur lokal häufig.
**Verbreitung:** North Carolina, Bermudas bis nördliches Südamerika.
**Biologie**: Die Atmung der Seepferdchenembryonen verfünffacht sich vom Zeitpunkt der Eiablage bis zum Schlüpfen. Ältere Embryonen verbrauchen etwa $1/3$ der Sauerstoffmenge, die der Vater aufnimmt. Daher geraten brütende Männchen besonders bei Transporten leicht in Atemnot, und es kommt zu Frühgeburten.

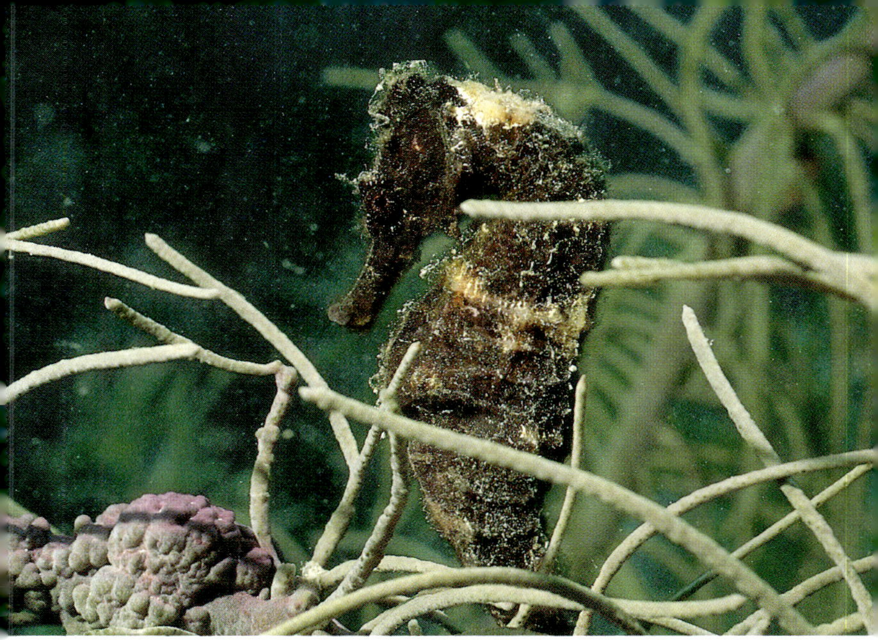

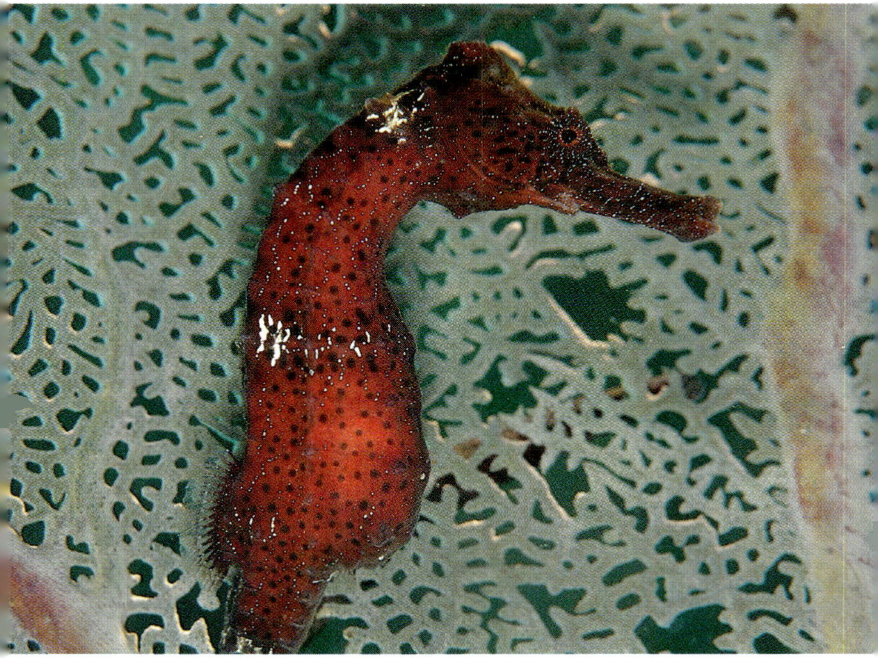

# Trompetenfische
*(Aulostomidae)*

## Aussehen
Die Trompetenfische sind von langgestreckter Gestalt, mit einer lang ausgezogenen Mundröhre. Die kleine
Mundöffnung ist endständig und
schräg. Am etwas längeren Unterkiefer
befindet sich eine Bartel. Die 1. Rückenflosse besteht aus 8 – 12 getrennten
Stacheln etwa in Rückenmitte. Die
weiche 2. Rückenflosse und die Afterflosse bilden vor dem schlanken kurzen
Schwanzstiel eine Art Ruder. Die
Schwanzflosse selbst ist rundlich.

## Lebensweise
Trompetenfische sind tagaktive Jäger.
Sie suchen z. B. bei Papageifischen
Deckung und pirschen sich so unbe-
merkt an ihre Beute heran.

# Flötenfische
*(Fistulariidae)*

## Aussehen
Die Flötenfische sind extrem langge-
streckte Fische mit einer lang ausgezo-
genen Mundröhre, die sich bis zur
Mundöffnung hin verjüngt. Der
Schwanz ist ebenfalls lang, fadenför-
mig ausgezogen. Rücken- und After-
flosse liegen weit hinten, nahe der
Schwanzflosse, und sind dreieckig. Sie
liegen sich direkt gegenüber. Die
Schwanzflosse ist gegabelt, mit einem
langen Filament in der Mitte.
Manche Flötenfische können eine
Größe von fast 2 m erreichen.

## Lebensweise
Flötenfische sind im Flachwasser von
tropischen und subtropischen Meeren
anzutreffen. Sie jagen tagsüber kleine
Fische und Garnelen sowohl im Riff als
auch im offenen Wasser.

## Atlantik-Trompetenfisch
*Aulostomus maculatus*
Trumpetfish
**Größe:** Bis 100 cm.
**Merkmale:** Langgestreckte Fische; lang
ausgezogene Mundröhre mit Bartel am
Unterkiefer; Rücken- und Afterflosse
liegen weit hinten; Schwanzflosse rund;
meist bräunlich mit dunklen Punkten;
Kopf manchmal auch bläulich; kann
auch gelb gefärbt sein.
**Lebensraum:** 2 – 25 m; Fels- und Korallenriffe; lauert zwischen Gorgonien und
»reitet« auf anderen Fischen, um sich
potentiellen Beutetieren unbemerkt zu
nähern.
**Verbreitung:** Florida, Bermudas, Golf
von Mexiko bis Venezuela.

## Blaupunkt-Flötenfisch
*Fistularia tabacaria*
Bluespotted Cornetfish
**Größe:** Bis 180 cm.
**Merkmale:** Extrem langgestreckte
Fische; lang ausgezogene Mundröhre;
Rücken- und Afterflosse liegen weit
hinten; Schwanzflosse gegabelt, mit
einem langen Filament in der Mitte;
graubraun bis grünbraun gefärbt, mit
blauen Flecken.
**Lebensraum:** 1 – 200 m; Riffdächer,
Seegraswiesen.
**Verbreitung:** Nova Scotia, Bermudas
bis Brasilien.

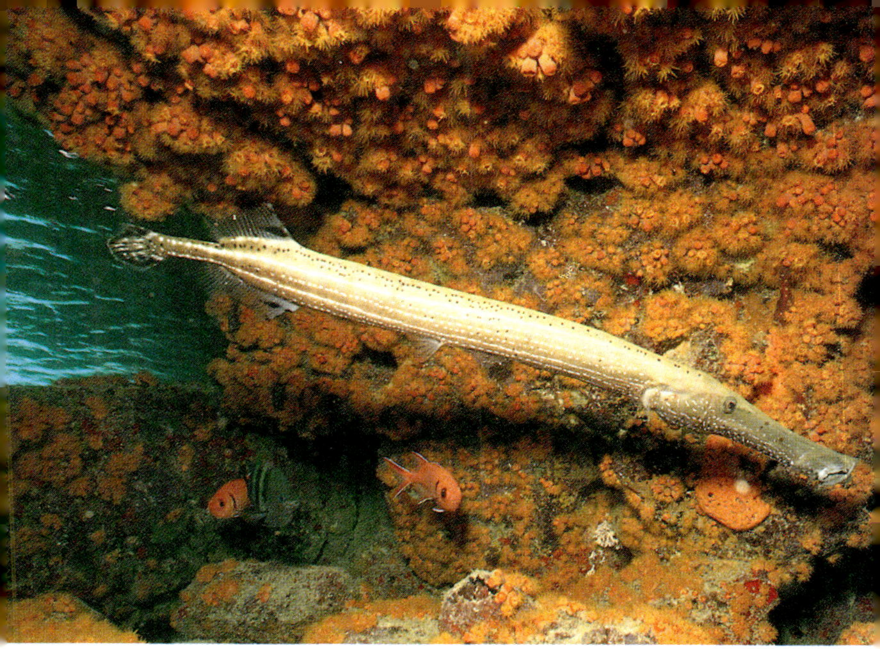

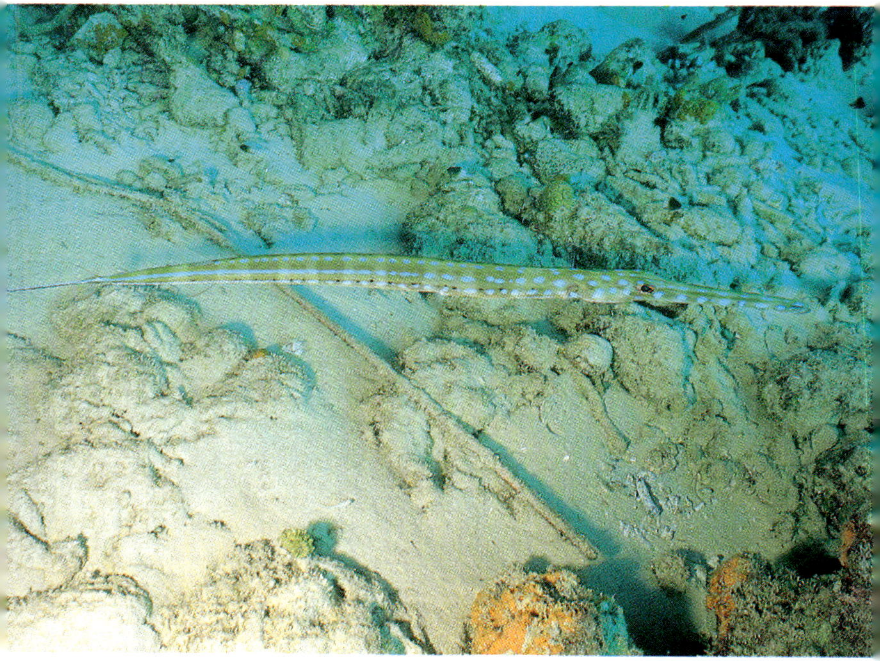

# Drachenköpfe
*(Scorpaenidae)*

## Aussehen

Bei den Drachenköpfen handelt es sich um träge Fische, die gut getarnt sind. Sie besitzen einen stark bestachelten, großen breiten Kopf, der mit Knochenplatten gepanzert ist. Der Körper und besonders der Kopf sind mit zahlreichen Hautfransen, die der Tarnung dienen, bedeckt. Der Kiemendeckel weist mehrere Stacheln auf, Augen und Maul sind relativ groß. Drachenköpfe haben große, fächerartige Brustflossen, brustständige Bauchflossen und eine durchgängige Rückenflosse, die gekerbt sein kann. Die Schwanzflosse ist nie gegabelt. Die meisten Arten sind kleiner als 25 cm. Die Küstenbewohner sind meist bräunlich, die in tiefem Wasser lebenden Formen meist rötlich gefärbt. Rücken-, Bauch- und Afterflossen besitzen Giftstacheln. Sie werden allerdings nur zur Verteidigung eingesetzt. Da die Drachenköpfe jedoch gut getarnt sind, ist Vorsicht geboten.

## Lebensweise

Drachenköpfe sind schlechte Schwimmer, die sich nur über kurze Strecken fortbewegen und sich dann sofort wieder auf dem Grund niederlassen. In Sekundenschnelle ändern sie bei Bedarf ihre Farbe und lauern nun gut getarnt auf Beute. Das ahnungslose Opfer schwimmt ihnen direkt vors Maul und wird durch den kräftigen Sog, der beim Öffnen des Mauls entsteht, eingesaugt. Die Hauptnahrung dieser dämmerungsaktiven Räuber sind Fische. 1–2mal im Monat häuten sich die Drachenköpfe. Einige Arten sind im Küstenbereich in relativ flachem Wasser anzutreffen, während andere in tieferen Gewässern vorkommen.

## Gebänderter Drachenkopf

*Scorpaena plumieri*
Spotted Scorpionfish
**Fotos:** Oben ruhig auf dem Sand liegend; unten Rückenflosse leicht aufgerichtet.
**Größe:** Bis 30 cm.
**Merkmale:** Massiger, gepanzerter Kopf mit Stacheln und Hautfransen; Mundöffnung weit; Bauchflossen brustständig; keine Anhänge über den Augen; rotbraun gescheckt; Schwanzstiel blaß; 3 dunkle Streifen an der Schwanzflosse.
**Lebensraum:** 1–55 m; Fels- und Korallenriffe.
**Verbreitung:** New York, Bermudas bis Brasilien.

## Ähnliche Arten

*Scorpaena albifimbria* (Korallen-Drachenkopf/Coral Scorpionfish); bis 8 cm; dunkler Sattel über der Brustflosse; Verbreitung: südliches Florida, Bahamas bis Venezuela.
*Scorpaena brasiliensis* (Brasilien-Drachenkopf/Barbfish); häufig auf Kontinentalriffen; Verbreitung: Virginia bis Brasilien, fehlt auf den Bermudas und Bahamas; um Florida häufig; bis 23 cm; mit Anhängen über den Augen; rotbraun gescheckt; 2 dunkle Streifen auf der Schwanzflosse; 2–3 große, braune Punkte an der Seite.
*Scorpaena grandicornis* (Feder-Drachenkopf/Plumed Scorpionfish); in Seegraswiesen anzutreffen in 1–15 m Tiefe; Verbreitung: Florida, Bermudas bis Brasilien; bis 17 cm; sehr langes, fleischiges Anhängsel über dem Auge; Körper und Flossen dunkelbraun, gescheckt; mit 3 dunklen Streifen an der Schwanzflosse; Innenseite der Brustflosse braun mit kleinen, weißen Flecken; weiße Punkte am Kopf.

Fam. Drachenköpfe

# Glasbarsche
*(Centropomidae)*

## Aussehen
Die Glasbarsche oder Snooks sind von langgestreckter Gestalt und seitlich abgeflacht. Die Stirn erscheint leicht eingedellt, während der Rücken gekrümmt ist. Das Maul ist ziemlich groß, mit vorstehendem Unterkiefer und kleinen Zähnen. Die Schuppen sind mittelgroß bis groß und können zuweilen abfallen. Die Rückenflosse ist zweigeteilt und die Schwanzflosse stark gegabelt.

Die Arten der Gattung *Centropomus* sind am Rücken braungelb oder braungrün gefärbt. Die Flanken erscheinen silbrig und sind von einer dunklen Seitenlinie durchzogen, die sich bis ans Ende des Schwanzstiels erstreckt.

Einige Arten werden recht groß und sind geschätzte Speisefische. So erbrachten die 6 *Centropomus*-Arten des westlichen Mittelatlantiks 1976 einen Jahresfang von 2800 t.

## Lebensweise
Die Snooks halten sich gern in Mangrovensümpfen auf und wandern oft flußaufwärts ins Süßwasser. *Centropomis undecimalis* ernährt sich von Fischen und Krebsen.

## Fortpflanzung
Zur Laichzeit sammelt sich *Centropomis undecimalis* in Flußmündungen.

## Olivgrüner Snook
*Centropomus undecimalis*
Snook
**Fotos:** Abhängig vom Lichteinfall erscheinen die Seiten glänzend silbrig (unten) oder matt (oben).
**Größe:** Bis 140 cm.
**Merkmale:** Körper langgestreckt, seitlich abgeflacht; Stirn leicht eingedellt; Rücken gekrümmt; Maul groß, mit vorstehendem Unterkiefer; Rückenflosse zweigeteilt; Schwanzflosse gegabelt; Bauchflossen blaß; am Rücken braungelb oder braungrün gefärbt; Flanken silbrig, mit dunkler Seitenlinie.
**Lebensraum:** Ab 1 m Tiefe, an sandigen Küsten im Flachwasser, Mangroven; in kleinen Gruppen.
**Verbreitung:** South Carolina, Florida bis Brasilien.
**Biologie:** Schnellwüchsig; bereits nach 2 Jahren geschlechtsreif. Der Snook ist empfindlich gegenüber kalten Temperaturen. Er meidet Gewässer, die kälter als 16 °C sind.

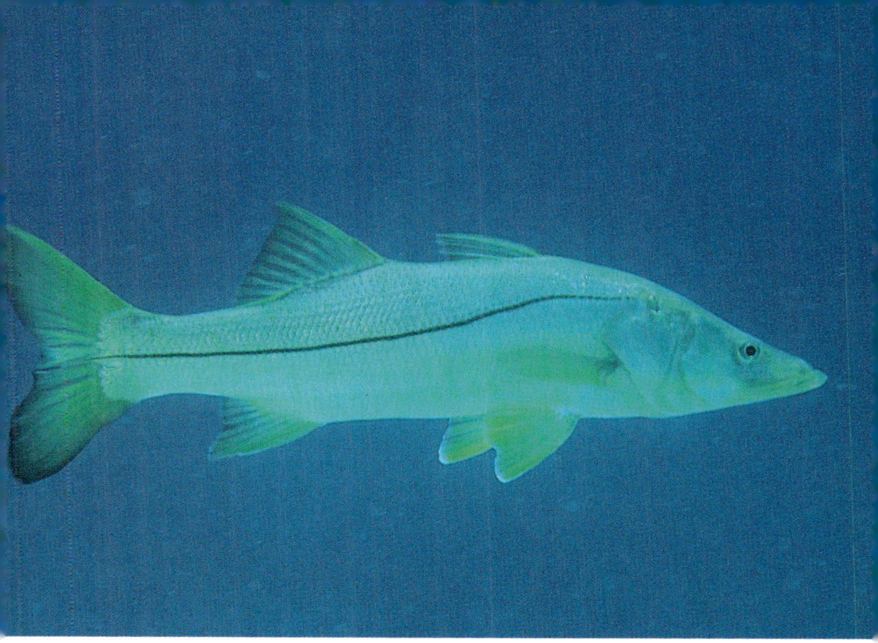

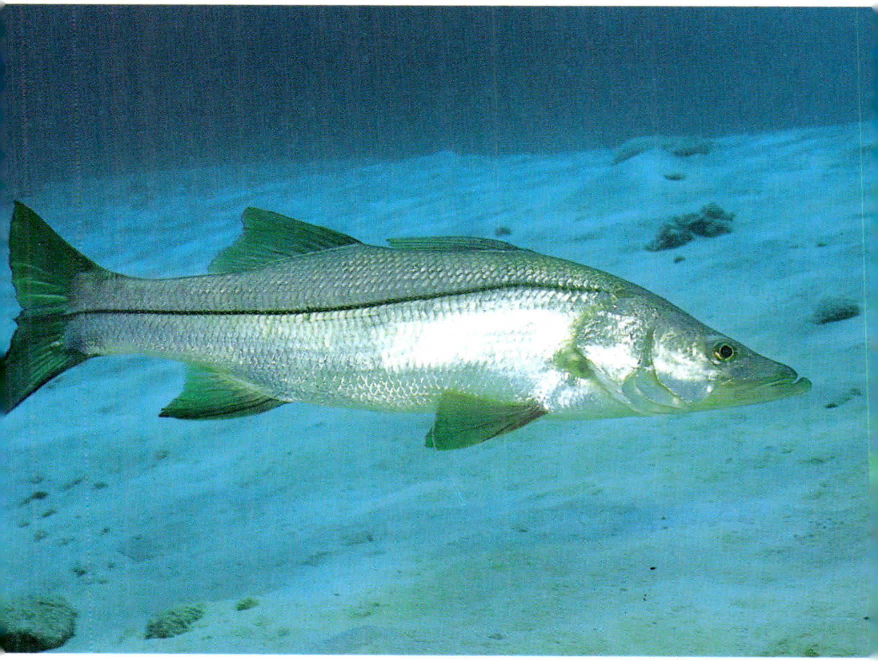

# Barsche
## (Serranidae)

### Aussehen

Die Familie der Barsche umfaßt Tiere unterschiedlichster Größe: zwischen 5 cm und nahezu 3 m.

Es sind meist große massige Formen mit tiefer Mundspalte und vorstehendem Unterkiefer. Der Kiemendeckel weist 3 Stacheln auf. Die Rückenflosse ist meist durchgängig, mit kräftigen Stachelstrahlen im vorderen Teil, der Schwanzstiel kurz und kräftig.

Die Schwanzflosse wird in Ruhestellung schmal zusammengefaltet. Ihre Form ist sehr unterschiedlich, jedoch fast nie gegabelt. Bei den meisten Arten ist der Körper mit kleinen bis mittelgroßen Kammschuppen bedeckt. Rundschuppen können aber gelegentlich auch vorkommen.

Eine besondere Untergruppe stellen die Seifenfische (Grammistini) dar. Bei ihnen sondert die Haut bei Gefahr, z. B. bei Verfolgung durch Raubfische oder beim Anfassen der gefangenen Fische, einen seifenartig schäumenden Schleim ab, der das Eiweißgift Grammistin enthält.

Die Hamlets (Gattung Hypoplectrus) nehmen ebenfalls ein Sonderstellung ein. Diese Gattung ist nur an der Ostküste der USA und in der Karibik zu finden. Hamlets sind hochrückiger und ihr Körper ist stärker zusammengedrückt als bei den anderen Barschen. Ihre Farbtönungen sind sehr unterschiedlich, ansonsten gleichen sich die Arten jedoch in vielen Merkmalen. Es wird daher diskutiert, ob es sich lediglich um Unterarten handelt.

Der Tribus der Zackenbarsche umfaßt mittelgroße bis große Fische mit großem Maul. Die Zähne dieser Jäger sind spitz und können nach hinten umgelegt werden. Einige Arten besitzen größere Fangzähne.

Es ist nicht leicht, die einzelnen Arten und Gattungen voneinander zu unter-

### Scheuer Hamlet
*Hypoplectrus guttavarius*
Shy Hamlet
**Größe:** Bis 13 cm.
**Merkmale:** Hochrückig; Körper seitlich abgeflacht; tiefe Mundspalte; vorstehender Unterkiefer; Rückenflosse durchgängig, im vorderen Teil kräftige Stachelstrahlen; Schwanzstiel kurz, kräftig; Rücken bräunlich; gelbe Flossen; blaue Striche am Kopf.
**Lebensraum:** 3 – 30 m; Fels- und Korallenriffe.
**Verbreitung:** Florida Keys, Cayman Islands, Bahamas, Virgin Islands.

### Indigo-Hamlet
*Hypoplectrus indigo*
Indigo Hamlet
**Größe:** Bis 13 cm.
**Merkmale:** Hochrückig; Körper seitlich abgeflacht; tiefe Mundspalte; vorstehender Unterkiefer; Rückenflosse durchgängig, im vorderen Teil kräftige Stachelstrahlen; Schwanzstiel kurz, kräftig; indigoblaue und weiße Querstreifen.
**Lebensraum:** 10 – 45 m; geschützte Außenriffe.
**Verbreitung:** Südliches Florida, Bahamas, Cayman Islands (häufig), St. Lucia bis Belize.

Fam. Barsche                                    **71**

scheiden, weil sich Farben, Farbmuster und Zeichnungen oft blitzartig verändern können.

## Lebensweise
Die Barsche sind meist territoriale Kurzstreckenjäger. Tagsüber verstecken sie sich in Höhlen in Fels- oder Korallengestein. Auch in Schiffswracks sind sie anzutreffen. Ihre Unterschlüpfe behalten sie manchmal monatelang. Mit Beginn der Dämmerung verlassen sie ihre Höhle und begeben sich auf die Jagd nach Fischen. Ihr Territorium verteidigen sie meist sehr energisch gegen Artgenossen. Sie leben einzeln.

## Fortpflanzung
Die meisten Barsche sind sogenannte Simultanhermaphroditen, d. h. sie besitzen gleichzeitig funktionierende Hoden und Eierstöcke, z. B. bei den Gattungen *Serranus* und *Hypoplectrus*. Andere sind protogyne Zwitter, d. h. sie sind zuerst weiblich und wandeln sich dann in Männchen um. Nur wenige sind getrenntgeschlechtlich. Zackenbarsche laichen im Freiwasser zu bestimmten Jahreszeiten und Mondphasen. In manchen Gebieten wandern bestimmte Arten kilometerweit, um gute Laichgebiete zu erreichen. Zum Laichen finden sich die Einzelgänger zu Gruppen zusammen. So hat man auf den Bahamas riesige Laichgruppen mit bis zu 100 000 Tieren beobachtet. Die Eier treiben ins offene Meer. Das Larvenstadium dauert mehrere Wochen. Die Jungtiere wandern dann wieder in die Riffgebiete.

## Gelbschwanz-Hamlet
*Hypoplectrus chlorurus*
Yellowtail Hamlet
**Größe:** Bis 13 cm.
**Merkmale:** Hochrückig; Körper seitlich abgeflacht; tiefe Mundspalte; vorstehender Unterkiefer; Rückenflosse durchgängig, im vorderen Teil kräftige Stachelstrahlen; Schwanzstiel kurz, kräftig; dunkel, nahezu schwarz gefärbt, mit gelber Schwanzflosse.
**Lebensraum:** 3 – 23 m; Korallenriffe.
**Verbreitung:** Große Antillen, Venezuela, Kleine Antillen; fehlt um Florida und bei den Bahamas.

## Schwarzer Hamlet
*Hypoplectrus nigricans*
Black Hamlet
**Größe:** Bis 13 cm.
**Merkmale:** Hochrückig; Körper seitlich abgeflacht; tiefe Mundspalte; vorstehender Unterkiefer; Rückenflosse durchgängig, im vorderen Teil kräftige Stachelstrahlen; Schwanzstiel kurz, kräftig; Bauchflosse lang; einfarbig schwarz oder dunkelbraun.
**Lebensraum:** 3 – 13 m; flache Korallenriffe.
**Verbreitung:** Florida, Bahamas, Große Antillen, Kleine Antillen.

## Butter-Hamlet
*Hypoplectrus unicolor*
Butter Hamlet
**Größe:** Bis 13 cm.
**Merkmale:** Hochrückig; Körper seitlich abgeflacht; tiefe Mundspalte; vorstehender Unterkiefer; Rückenflosse durchgängig, im vorderen Teil kräftige Stachelstrahlen; Schwanzstiel kurz, kräftig; cremefarben; schwarzer Fleck auf der Schwanzwurzel; meist schwarzer Fleck auf der Schnauze.
**Lebensraum:** 3 – 15 m; flache Fels- und Korallenriffe.
**Verbreitung:** Florida Keys (häufig), Bahamas bis Brasilien.

Fam. Barsche 73

## Braunband-Hamlet △
*Hypoplectrus puella*
Barred Hamlet
**Größe:** Bis 13 cm.
**Merkmale:** Hochrückig; <u>breite braune Bänder am Rücken; Bauch gelblich; blaue Punkte und Striche am Kopf</u>.
**Lebensraum:** 2 – 30 m; Fels- und Korallenriffe.
**Verbreitung:** Florida, Bermudas bis Kleine Antillen; häufigste Art.

## Tabak-Sägebarsch ▽
*Serranus tabacarius*
Tobaccofish
**Größe:** Bis 18 cm.
**Merkmale:** Körper länglich; Schnauze spitz; Bauchseite hell; <u>Seiten orange; am Rücken: gelbbraune Flecken wechseln sich mit weißen Feldern ab</u>.
**Lebensraum:** 3 – 70 m; Sand, Geröll und Korallenriffe.
**Verbreitung:** Südflorida, Bahamas bis nördliches Brasilien; häufig.

## Harlekin-Sägebarsch △
*Serranus tigrinus*
Harlequin Bass
**Größe:** Bis 10 cm.
**Merkmale:** Körper länglich; Schnauze sehr spitz; helle Grundfarbe mit dunklen tigerähnlichen Streifen.
**Lebensraum:** 1 – 40 m; Fels- und Korallenriffe, Geröll, Seegras.
**Verbreitung:** Bermudas, nördliches Florida bis Venezuela.

## Dreitupfen-Juwelenbarsch ▽
*Cephalopholis cruentata*
Graysby
**Größe:** Bis 35 cm.
**Merkmale:** Recht massiger Körperbau; Rückenflosse durchgängig, im vorderen Teil kräftige Stachelstrahlen; Schwanzflosse rund; mit rotbraunen Punkten bedeckt; 3 – 5 dunkle Flecken unterhalb der Rückenflosse.
**Lebensraum:** 1 – 70 m; flache Korallenriffe.
**Verbreitung:** Nördlicher Golf von Mexiko, Florida, Bermudas bis Brasilien; häufig.

# Karibik-Juwelenbarsch

*Cephalopholis fulvus*
Coney

**Fotos:** Oben rote Farbvariante; oben rechts rotbraune Farbvariante, dunkle Punkte an der Unterlippe deutlich sichtbar; Mitte rechts gelbe Farbvariante; unten rechts rotweiße Farbphase, Punkte am Schwanzstiel gut zu erkennen.

**Größe:** Bis 40 cm.

**Merkmale:** Recht schlanker Körperbau; tiefe Mundspalte; vorstehender Unterkiefer; Rückenflosse durchgängig, im vorderen Teil 9 kräftige Stachelstrahlen; Schwanzstiel kurz, kräftig; Schwanzflosse gerade; 2 schwarze Punkte auf der Unterlippe; 2 schwarze Punkte hinter der Rückenflosse am Schwanzstiel.

**Lebensraum:** 5–20 m; Fels- und Korallenriffe; meist in der Nähe von Unterschlüpfen; recht scheu, aber neugierig.

**Verbreitung:** Südliches Florida, Bermudas bis Brasilien.

**Ernährung:** Krebstiere, kleine Fische.

**Biologie:** 3 Farbphasen sind bekannt:
– rot mit vielen blauen Punkten am ganzen Körper;
– zweifarbig: Rücken rot, Bauch weiß; mit zahlreichen Punkten am ganzen Körper;
– leuchtend gelb mit einigen blauen Punkten am Kopf; dies ist die seltendste Farbvariante.

## Marmor-Zackenbarsch △
*Epinephelus inermis*
Marbled Grouper
**Größe:** Bis 90 cm.
**Merkmale:** Massiger Körperbau; <u>hoch-rückig</u>; tiefe Mundspalte; vorstehender Unterkiefer; Rückenflosse durchgängig, im vorderen Teil kräftige Stachelstrahlen; Schwanzstiel kurz, kräftig; Schwanzflosse gerade; <u>olivbraun mit großen weißen Flecken und kleinen schwarzen Punkten.</u>
<u>Jungtier:</u> schwarz mit weißen Flecken.
**Lebensraum:** 3–200 m; Fels- und Korallenriffe, meist in Höhlen.
**Verbreitung:** Südliches Florida, Bermudas bis Brasilien.

## Nassau-Zackenbarsch ▷
*Epinephelus striatus*
Nassau Grouper
**Größe:** Bis 120 cm.
**Merkmale:** Massiger Körperbau; tiefe Mundspalte; vorstehender Unterkiefer; Rückenflosse durchgängig, im vorderen Teil kräftige Stachelstrahlen; Schwanzstiel kurz, kräftig; Körper mit 5 unregelmäßigen dunklen Querstreifen auf hellem Grund; <u>dunkler Streifen von der Schnauze durchs Auge bis zum Beginn der Rückenflosse; schwarzer Fleck am Schwanzstiel.</u>
**Lebensraum:** 1–55 m, meist über 30 m; flache Riffe, Seegraswiesen.
**Verbreitung:** North Carolina, Bermudas bis Brasilien.

## Judenfisch △
*Epinephelus itajara*
Jewfish
**Größe:** Bis 240 cm.
**Merkmale:** Massiger Körperbau; tiefe Mundspalte; vorstehender Unterkiefer; Rückenflosse durchgängig, im vorderen Teil kräftige Stachelstrahlen; Schwanzstiel kurz, kräftig; Schwanzflosse rund; olivbraun mit hellen Flecken und dunklen Punkten.
**Lebensraum:** 3 – 30 m; flache Riffe, Mangroven, Seegraswiesen; oft in Höhlen.
**Verbreitung:** Florida bis Brasilien.

## Ähnliche Arten
*Epinephelus morio* (Roter Zackenbarsch/Red Grouper); bis 90 cm; Rückenflosse durchgängig, im vorderen Teil kräftige, hohe Stachelstrahlen, daher nahezu gerade Linie zwischen Stachel- und Weichstrahlbereich; verschiedene Erdfarben, manchmal mit Querstreifen und Flecken (ähnlich *E. striatus*); bevorzugt Felsriffe in 5 – 120 m Tiefe, selten an Korallenriffen; Verbreitung: Massachusetts, Bermudas bis Brasilien; häufig Florida, Bahamas.

Fam. Barsche

## Gelbmaul-Zackenbarsch △
*Mycteroperca interstitialis*
Yellowmouth Grouper
**Größe:** Bis 70 cm.
**Merkmale:** Massiger Körperbau; tiefe Mundspalte; vorstehender Unterkiefer; Rückenflosse durchgängig, im vorderen Teil kräftige Stachelstrahlen; Schwanzstiel kurz, kräftig; braun bis graubraun gefärbt, Punkte und Flecken können auftreten; <u>Maul innen gelb; Mundwinkel gelb</u>; Flossen mit schwach gelbem Rand.
**Lebensraum:** 2 – 25 m; Korallenriffe, oft in Höhlen.
**Verbreitung:** Bermudas, Florida (selten) bis Brasilien.

## Linien-Zackenbarsch ▽
*Mycteroperca rubra*
Comb Grouper
**Größe:** Bis 75 cm.
**Merkmale:** Massiger Körperbau; tiefe Mundspalte; vorstehender Unterkiefer; Rückenflosse durchgängig, im vorderen Teil kräftige Stachelstrahlen; Schwanzstiel kurz, kräftig; <u>Körper dunkel graubraun gefärbt mit weißen Punkten und Flecken; 3 – 4 dunkle Linien, die vom Auge zum Kiemendeckel laufen</u>.
**Lebensraum:** 3 – 45 m; Fels- und Korallenriffe.
**Verbreitung:** Texas, Große Antillen bis Brasilien.

## Tiger-Zackenbarsch △
*Mycteroperca tigris*
Tiger Grouper
**Größe:** Bis 100 cm.
**Merkmale:** Massiger Körperbau; tiefe Mundspalte; vorstehender Unterkiefer; Rückenflosse durchgängig, im vorderen Teil kräftige Stachelstrahlen; Schwanzstiel kurz, kräftig; rotbraun gefärbt; tigerähnliche Zeichnung am Rücken (9 dunkle Querstreifen über hellem Grund).
**Lebensraum:** 2 – 30 m; flache Fels- und Korallenriffe, besonders auf Riffdächern.
**Verbreitung:** Yukatan, Bermudas, Florida bis Brasilien.

## Gelbflossen-Zackenbarsch ▽
*Mycteroperca venenosa*
Yellowfin Grouper
**Größe:** Bis 90 cm.
**Merkmale:** Massiger Körperbau; tiefe Mundspalte; vorstehender Unterkiefer; Rückenflosse durchgängig, im vorderen Teil kräftige Stachelstrahlen; Schwanzstiel kurz, kräftig; heller Untergrund mit dunkleren länglichen Flecken (die Farbe kann stark variieren: grau bis braun und rot; äußeres Drittel der Brustflosse hellgelb gefärbt.
**Lebensraum:** 3 – 30 m; Fels- und Korallenriffe.
**Verbreitung:** Bermudas, Florida, südlicher Golf von Mexiko bis Brasilien.

## Kreolenbarsch △
*Paranthias furcifer*
Creolefish
**Größe:** Bis 35 cm.
**Merkmale:** <u>Körper recht stromlinienför-mig</u>; vorstehender Unterkiefer; Rücken-flosse durchgängig, im vorderen Teil kräftige Stachelstrahlen; Schwanzstiel kurz, kräftig; <u>Schwanzflosse gegabelt</u>; <u>rötlich gefärbt</u>; 3 weiße oder schwarze Punkte auf dem Rücken unterhalb der Rückenflosse; <u>blutroter Fleck am Ansatz der Brustflosse</u>.
**Lebensraum:** 8–60 m; tiefe Lagunen und Außenriffe; oft in Schwärmen.
**Verbreitung:** Südflorida bis Brasilien.

**Biologie:** Schwärme jagen im Freiwas-ser nach Zooplankton; ziehen sich bei Gefahr sofort ins Riff zurück.
Die Tiere leiden oft unter den großen schmarotzenden Fischasseln, die sich an ihnen festbeißen (vgl. Foto S. 19).

## Pfefferminz-Höhlenbarsch

*Liopropoma rubre*
Peppermint Bass
**Größe:** Bis 8 cm.
**Merkmale:** Körper stromlinienförmig; Rückenflosse zweigeteilt; Schwanzflosse gerade; hell gefärbt mit rotbraunen Längsstreifen; am Ende der Rücken- und Afterflosse je ein dunkler Fleck; am Ende der Schwanzflosse 2 dunkle Flecken, die ineinander übergehen.
**Lebensraum:** 3 – 45 m; Korallenriffe, tief in Spalten.
**Verbreitung:** Südliches Florida, Yukatan bis Venezuela.

## Großer Seifenfisch ▽

*Rypticus saponaceus*
Greater Soapfish
**Größe:** Bis 33 cm.
**Merkmale:** Körper recht massig; tiefe Mundspalte; stark vorstehender Unterkiefer; Rückenflosse durchgängig, Weichstrahlen lang; Schwanzstiel kurz, kräftig; meist bräunlich gefärbt.
**Lebensraum:** 1 – 55 m; Fels- und Korallenriffe; lebt versteckt.
**Verbreitung:** Bermudas, Florida bis Brasilien.

# Feenbarsche
*(Grammatidae)*

## Aussehen
Die Feenbarsche sind kleine Fische, die bis 10 cm groß werden und durch ihr farbenprächtiges Aussehen auffallen. Die Rückenflosse ist durchgängig. Rücken- und Afterflosse sind lang ausgezogen.

## Lebensweise
Die Feenbarsche leben recht versteckt und entfernen sich meist nicht weit von ihrem Unterschlupf. Sie kommen hauptsächlich an exponierten Stellen im Korallenriff und an Drop-Offs vor, wo ständig Plankton vorbeidriftet, und sind sowohl im Flachwasserbereich als auch in 300 m Tiefe anzutreffen. Auffällig ist ihre Schwimmweise. Manchmal schwimmen sie mit dem Bauch nach oben.

# Brunnenbauer
*(Opistognathidae)*

## Aussehen
Die Brunnenbauer sind kleine Fische mit großem Kopf, großen Augen und großem Maul. Ihr Körper ist langgestreckt und etwas zusammengedrückt. Die Bauchflossen liegen vor den Brustflossen und sind recht lang. Die Rückenflosse ist durchgängig, die Schwanzflosse abgerundet.

## Lebensweise
Alle Arten graben Höhlen in den Sand, die sie mit Muschelschalen und Korallenskeletten verstärken. Einige Brunnenbauerarten schweben in senkrechter Haltung über dem Loch, in das sie sich bei Gefahr absinken lassen, und halten nach Plankton – ihrer Hauptnahrungsquelle – Ausschau. Beim Drohen wird das Maul weit aufgerissen. Es sind Maulbrüter.

## Königs-Feenbarsch
*Gramma loreto*
Fairy Basslet
**Größe:** Bis 8 cm.
**Merkmale:** Körper schlank; Rückenflosse durchgängig; <u>zweifarbig: Kopf bis Körpermitte violett, dann gelb</u>; <u>schwarzer Fleck vorn auf der Rückenflosse</u>.
**Lebensraum:** 1 – 40 m; Korallenriffe, in Höhlen und unter Überhängen; in kleinen Gruppen.
**Verbreitung:** Bermudas, Bahamas bis Venezuela, Kleine Antillen; in Florida nicht beobachtet.

## Baskenmützen-Feenbarsch
*Gramma melacara*
Blackcap Basslet
**Größe:** Bis 10 cm.
**Merkmale:** Körper schlank; Rückenflosse durchgängig; <u>violett gefärbt</u>; <u>schwarze »Kappe« von der Lippe bis zum Anfang der Rückenflosse</u>.
**Lebensraum:** 11 – 50 m; steile Hänge an Außenriffen; einzeln oder in kleinen Gruppen.
**Verbreitung:** Bahamas, Jamaika, Cayman Islands bis Venezuela.

## Gelbstirn-Brunnenbauer
*Opistognathus aurifrons*
Yellowhead Jawfish
**Größe:** Bis 10 cm.
**Ernährung:** Plankton.
**Merkmale:** Körper langgestreckt; großer Kopf, große Augen, großes Maul; Körper blaß; <u>Kopf gelb</u>; Rücken-, After- und Schwanzflosse bläulich.
**Lebensraum:** 3 – 25 m; Sand- und Korallenkies, in Kolonien; in 30 – 35 cm tiefen Gängen; stehen senkrecht über dem Höhleneingang.
**Verbreitung:** Florida, Bahamas bis Venezuela.
**Biologie:** Die Eier werden 6 – 7 Tage im Maul bebrütet. Dies ist am leicht geöffneten Maul zu erkennen. Während der Futtersuche werden die Eier in einer kammerartigen Gangerweiterung abgelegt.

# Großaugenbarsche
*(Priacanthidae)*

### Aussehen
Die Großaugenbarsche sind mittelgroße Fische. Ihr Körper ist oval, seitlich abgeflacht.
Das wesentliche Kennzeichen der Angehörigen dieser Familie sind die riesengroßen Augen. Auch die Mundöffnung ist sehr groß und meist schräg, fast senkrecht nach oben gerichtet. Der Unterkiefer springt leicht vor. Körper und Kopf sind von Rundschuppen bedeckt. Diese weisen eine Besonderheit auf; sie besitzen stachelartige Fortsätze.
Die Rückenflosse ist durchgängig und hat im vorderen Teil 10 Stachelstrahlen; Bauchflossen groß.
Die Tiere sind meist leuchtend rot gefärbt. Einige Arten sind in der Lage, die Farbe von durchgängig rot über rotgescheckt bis hin zu silbrig zu ändern.

### Lebensweise
Die Großaugenbarsche sind nachtaktive Bodenbewohner. Sie machen Jagd auf großes Zooplankton wie z. B. Fischlarven, Krabbenlarven und kleine Tintenfische. Am Tag halten sich Großaugenbarsche oft unter Überhängen und unter Korallen auf.

### Ähnliche Arten
*Cookeolus boops* (<u>Bullenauge/</u>Bulleye); in 100–200 m Tiefe; Felsgrund; Verbreitung: New Jersey bis Argentinien; bis 50 cm; Rücken und Afterflossen lang ausgezogen; Bauchflossen dunkel, sehr lang; rot gefärbt, Augen rot.
*Pristigenys alta* (<u>Kleines Großauge/</u> Short Bigeye); in 100–200 m Tiefe; Jungtiere meist in Seetang in flachem Wasser; Verbreitung: Maine, Bermudas bis Brasilien, selten auf den Großen Antillen; bis 30 cm; Bauchflossen lang; rot oder rotgescheckt.

## Glasauge
*Heteropriacanthus cruentatus*
Glasseye
**Größe:** Bis 32 cm.
**Merkmale:** Körper oval, seitlich abgeflacht; riesengroße Augen; Mundöffnung sehr groß, schräg; Rückenflosse durchgängig; Bauchflossen kurz; <u>rötlich gefärbt, meist jedoch große rote Flecken auf silbrigem Grund</u>; Farbwechsel möglich.
**Lebensraum:** 1–20 m; flache Korallenriffe, tagsüber in Höhlen.
**Verbreitung:** Zirkumtropisch; New Jersey, nördlicher Golf von Mexiko bis Brasilien; häufiger um Inseln als in der Nähe des Festlandes anzutreffen.

## Roter Großaugenbarsch
*Priacanthus arenatus*
Bigeye
**Größe:** Bis 40 cm.
**Merkmale:** Körper oval, seitlich abgeflacht; riesengroße Augen; Mundöffnung sehr groß, schräg; Rückenflosse durchgängig; Bauchflossen an der Spitze meist dunkel, fast schwarz gefärbt; <u>durchgängig rot bis orangerot gefärbt</u>.
**Lebensraum:** 15–45 m; tiefe Lagunen und Außenriffe, oft in kleinen Gruppen.
**Verbreitung:** Massachusetts, Bermudas bis Argentinien, auf beiden Seiten des Atlantiks.

Fam. Großaugenbarsche     **87**

# Kardinalbarsche
*(Apogonidae)*

## Aussehen
Die Kardinalbarsche sind kleine Fische, meist nur etwa 6 cm groß. Wie schon der Name sagt, sind einige Arten rötlich gefärbt. Kardinalbarsche besitzen ein recht großes, vorstülpbares Maul mit schräger Mundspalte und sehr große Augen. Ihr Körper ist seitlich abgeflacht und meist relativ schlank. Die 1. und 2. Rückenflosse sind deutlich voneinander getrennt und haben oft eine dreieckige Form. Der Schwanzstiel ist deutlich abgesetzt, die Schwanzflosse bei vielen Arten gegabelt.

## Lebensweise
Die Kardinalbarsche sind hauptsächlich im Flachwasser anzutreffen. Einige Arten leben auch im Brackwasserbereich der Mangroven oder vergesellschaftet mit Schwämmen bzw. Schnecken. Es sind keine schnellen Schwimmer.
Den Tag verbringen Kardinalbarsche in Spalten und Höhlen, meist in größeren Gruppen. Erst nachts oder mit beginnender Dämmerung verlassen sie ihre Unterschlüpfe und verteilen sich, um zu jagen. Es sind Planktonfresser, die sich überwiegend von Fischlarven und Krebschen ernähren.
Weltweit gibt es mehr als 200 Arten. Da alle karibischen Arten dämmerungs- bzw. nachtaktiv sind und die typischen Charakteristika aufweisen – große Augen, rote Färbung – sind sie recht schwer auseinanderzuhalten.

## Fortpflanzung
Viele *Apogon*-Arten sind Maulbrüter, bei manchen brütet das Männchen, bei anderen Arten das Weibchen. Es wird beschrieben, daß bei einigen Arten die Männchen die Eier bzw. die Jungen nur bei Gefahr aufsammeln.

## Ungefleckter Kardinalbarsch
*Apogon aurolineatus*
Bridle Cardinalfish
**Größe:** Bis 5 cm.
**Merkmale:** Körper seitlich abgeflacht; Maul groß, vorstülpbar; Augen sehr groß; 1. und 2. Rückenflosse deutlich voneinander getrennt; Schwanzstiel deutlich abgesetzt; rötlich bis lachsfarben gefärbt, <u>ohne Zeichnung</u>, manchmal mit 2 dunklen Strichen am Auge.
**Lebensraum:** 0,5–40 m; Fels- und Korallenriffe, leben in Höhlen und unter Überhängen; oft in Anemonen.
**Verbreitung:** Südflorida, Bahamas bis nördliches Südamerika.

## Gürtel-Kardinalbarsch
*Apogon townsendi*
Belted Cardinalfish
**Größe:** Bis 6 cm.
**Merkmale:** Körper seitlich abgeflacht, schlank; Maul groß, vorstülpbar; Augen sehr groß; 1. und 2. Rückenflosse deutlich voneinander getrennt; Schwanzstiel deutlich abgesetzt; rötlich gefärbt; <u>1 dunkler vertikaler Streifen am Ende der 2. Rückenflosse, 2 dunkle vertikale Streifen am Ende des Schwanzstiels</u> (der Bereich zwischen den beiden Streifen kann ebenfalls dunkel sein).
**Lebensraum:** 3–55 m; nahe Dropoffs in Höhlen.
**Verbreitung:** Südliches Florida bis Venezuela.

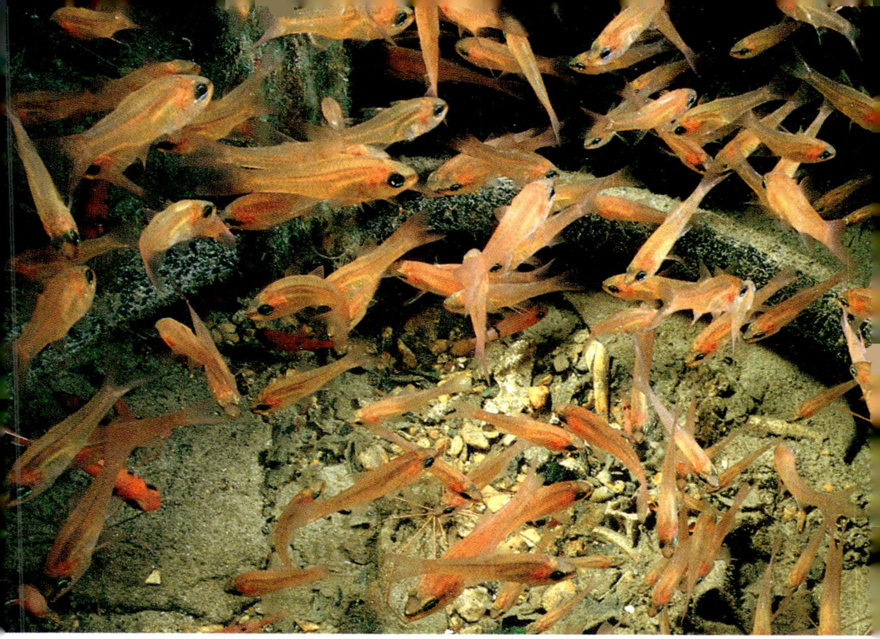

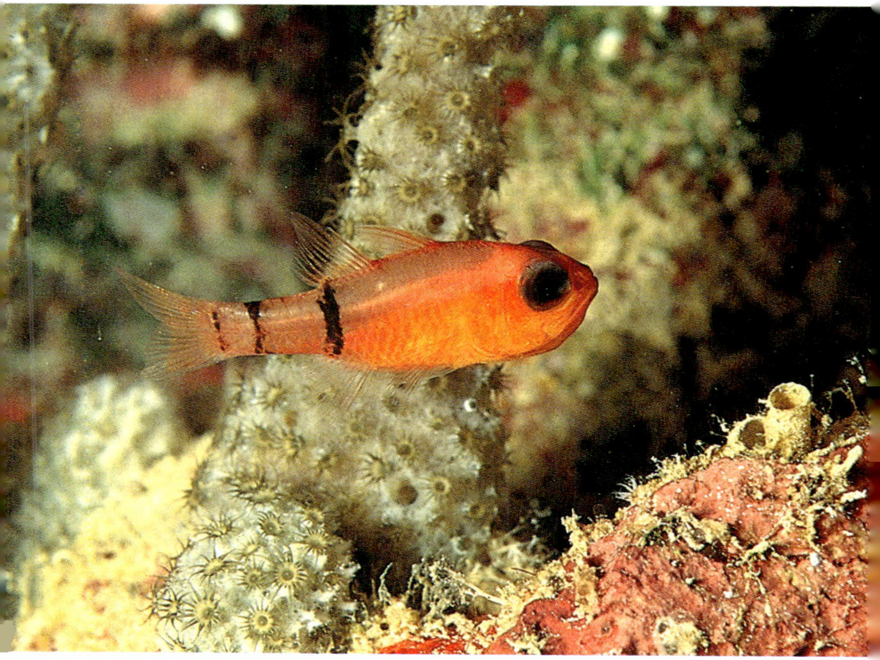

## Leuchtstern- △
## Kardinalbarsch
*Apogon lachneri*
Whitestar Cardinalfish
**Größe:** Bis 6,5 cm.
**Merkmale:** Körper seitlich abgeflacht, schlank; Maul groß, vorstülpbar; Augen sehr groß; 1. und 2. Rückenflosse deutlich voneinander getrennt; Schwanzstiel deutlich abgesetzt; rötlich gefärbt, mit einem schwarzen und einem leuchtend weißen Fleck am Rücken hinter der 2. Rückenflosse.
**Lebensraum:** 5 – 70 m; Fels- und Korallenriffe, tagsüber in Höhlen und Spalten.
**Verbreitung:** Südflorida, Bahamas bis Venezuela.

## Ähnliche Arten
*Apogon pseudomaculatus* (Zweipunkt-Kardinalbarsch/Twospot Cardinalfish); oft im Flachwasserbereich von Riffen; bis 10,5 cm; lachsfarben, mit einem dunklen Punkt unter der 2. Rückenflosse und einem weiteren am Schwanzstiel.
*Apogon binotatus* (Gestreifter Kardinalbarsch/Barred Cardinalfish); bis 45 m Tiefe anzutreffen; bis 10,5 cm; hell lachsfarben, mit 2 Querstreifen, einer läuft von der 2. Rücken- zur Afterflosse, der andere sitzt am Schwanzstiel.
*Phaenoptyx conklini* (Sommersprossen-Kardinalbarsch/Freckled Cardinalfish); in klarem, flachem Wasser; lebt in leeren Muscheln; bis 6,5 cm; bräunlich gefärbt, 2. Rücken- und Afterflosse dunkelbraun am Ansatz, dunkler Streifen am Ende des Schwanzstiels, zahlreiche dunkle Punkte.

## Augenstreifen-Kardinalbarsch △
*Apogon maculatus*
Flamefish
**Größe:** Bis 10,5 cm.
**Merkmale:** Körper seitlich abgeflacht, schlank; Maul groß, vorstülpbar; Augen sehr groß; rot bis lachsfarben gefärbt; schwarzer Fleck unter der 2. Rückenflosse; dunkles Feld am Schwanzstiel; <u>2 weiße Linien laufen durchs Auge</u>; Kiemendeckel mit dunklem Punkt.
**Lebensraum:** 0,5 – 20 m; Fels- und Korallenriffe, tagsüber in Höhlen und Spalten.
**Verbreitung:** Massachusetts, südliches Florida, Bermudas bis Venezuela.

## Höhlen-Kardinalbarsch ▽
*Phaenoptyx pigmentaria*
Dusky Cardinalfish
**Größe:** Bis 6,5 cm.
**Merkmale:** Körper seitlich abgeflacht, schlank; Maul groß, vorstülpbar; Augen sehr groß; 1. und 2. Rückenflosse deutlich voneinander getrennt; Schwanzstiel deutlich abgesetzt; <u>durchscheinend bräunlich bis lachsfarben gefärbt; zahlreiche dunkle Punkte am Körper</u>.
**Lebensraum:** 1 – 30 m; tief in Korallen oder Höhlen, nachts an Gorgonenhäuptern.
**Verbreitung:** Bermudas, Florida bis Brasilien.

# Torpedobarsche
*(Malacanthidae)*

## Aussehen
Die Torpedobarsche werden in 2 Sub-
familien unterteilt, die Malacanthinae
(Sand-Torpedobarsche) und die
Latilinae.
Der Körper ist langgstreckt, spindelförmig oder zusammengepreßt.
Rücken- und Afterflosse sind lang und
durchgängig und werden hauptsächlich
von Weichstrahlen gebildet.
Der Körper der Sand-Torpedobarsche
ist langgestreckter und schmaler als der
der Latilinae.

## Lebensweise
Torpedobarsche sind tagaktiv. Die
Sand-Torpedobarsche bauen Wohn-
röhren und leben in Tiefen bis 50 m.
Die Latilinae dagegen sind normaler-
weise unterhalb 50 m anzutreffen.

# Schiffshalter
*(Echeneidae)*

## Aussehen
Die Schiffshalter sind spindelförmige
Fische, die leicht an ihrer zur Haftscheibe umgeformten 1. Rückenflosse
zu erkennen sind. Die Haftscheibe liegt
der Kopfoberseite auf.
2. Rückenflosse und Afterflosse stehen
sich gegenüber und sind fast gleich
lang. Die Brustflossen sind sehr hoch
angesetzt und spitz oder abgerundet.

## Lebensweise
Die Schiffshalter leben freischwimmend
in allen warmen Meeren der Welt. Sie
sind sehr gute Schwimmer, lassen sich
jedoch gern von größeren, pelagischen
Meerestieren durchs Wasser ziehen.
Hierzu heften sie sich z. B. an Haien,
Thunfischen, aber auch an Seeschild-
kröten an.

## Sand-Torpedobarsch
*Malacanthus plumieri*
Sand Tilefish
**Größe:** Bis 60 cm.
**Merkmale:** Körper langgestreckt,
schlank; Kopf spitz; 1 durchgängige
lange Rückenflosse; <u>Schwanzflosse
gebabelt, mit lang ausgezogenen
Enden</u>; Stachel am Operculum;
Körper blaß grau bis bräunlich gefärbt,
mit bläulichem Schimmer; Flossen gelblich, <u>Ränder der Schwanzflosse stärker
gefärbt, dunkler Fleck in der oberen
Hälfte der Schwanzflosse.</u>
**Lebensraum:** 2 – 50 m; meist unter
9 m, auf Sand und Geröll; Jungfische
pelagisch, Adulte bauen Wohnröhre, in
die sie sich bei Gefahr zurückziehen.
**Verbreitung:** South Carolina, Bermudas
bis Brasilien.
**Ernährung:** Wirbellose, Fische.

## Hai-Schiffshalter
*Echeneis naucrates*
Sharksucker
**Größe:** Bis 100 cm.
**Merkmale:** Körper spindelförmig;
<u>1. Rückenflosse zur Haftscheibe umge-
wandelt</u>; Maul oberständig; dunkelgrau
bis braun gefärbt; Bauch weißlich;
<u>dunkles Band mit weißer Zone an jeder
Seite läuft in Körpermitte von der
Schnauze durch das Auge bis zur
Schwanzflosse</u>; Flossen dunkel, mit
weißen Spitzen und äußeren Kanten
der vertikalen Flossen.
**Lebensraum:** Offenes Meer (an Haien
angesaugt).
**Verbreitung:** Zirkumglobal; Nova
Scotia, Bermudas bis Uruguay.
**Biologie:** Lebt zur Laichzeit paarweise.
Bei der Balz versucht sich das Männchen am Kopf des Weibchens festzu-
saugen. Zum Ablaichen schießen sie
aufwärts und stoßen so 4 – 5mal in der
Stunde Eier und Samen aus. Die Eier
sind planktisch.

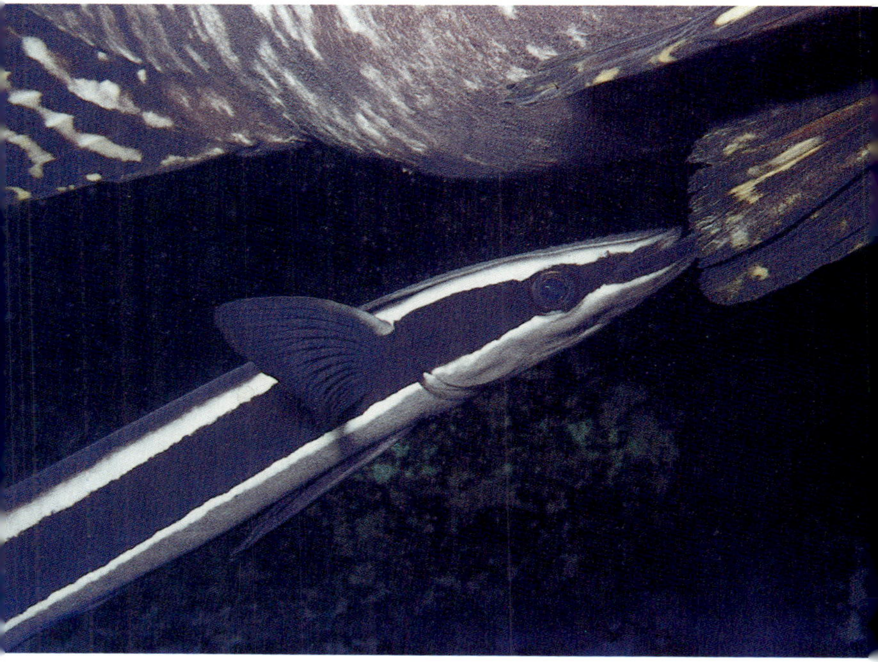

Fam. Torpedobarsche
und Schiffshalter

93

# Stachelmakrelen
*(Carangidae)*

## Aussehen

Die Stachelmakrelen sind in allen tropischen und gemäßigten Meeren als wertvolle Speisefische bekannt. Ihre Gestalt und die Größe sind sehr variabel. Beispielsweise sind Hochseeformen (*Elagatis*) nahezu spindelförmig, Arten der Gattung *Caranx* seitlich zusammengedrückt und mäßig hochrückig, wieder andere Formen sehr hochrückig mit sehr steilem Kopfprofil (*Selene*).

Der Körper ist nackt oder von winzigen Rundschuppen bedeckt, die Seitenlinie vollständig und bei einigen Arten zum Schwanzstiel hin mit großen gekielten Schuppenplatten besetzt.

Auch das Aussehen der Flossen variiert sehr stark. Es gibt jedoch einige gemeinsame Merkmale. So ist die Schwanzflosse stets gegabelt und recht hoch, der Schwanzstiel ist schmal. Die Brustflossen sind besonders bei den hochrückigen Arten (z. B. *Selene*) sehr lang und sichelförmig. Die Bauchflossen sind brustständig. Die Rückenflosse ist zweigeteilt, mit kurzen Stachelstrahlen, die in einer Grube versenkbar sind. Die 2. Rückenflosse steht beinahe symmetrisch zur Afterflosse. Sie ist am Anfang langstrahlig und bildet dann einen schmalen Saum, der sich bis zum Schwanzstiel zieht. Auch die Afterflosse bildet einen Flossensaum und besteht aus 3 Stachelstrahlen und zahlreichen Weichstrahlen, die sich bis zum Schwanzstiel hinziehen. Hinter Rücken- und Afterflossen sind bei einigen Arten zahlreiche Flössel zu finden. Bei den Stachelmakrelen stehen die ersten beiden Stachelstrahlen losgelöst vom Rest der Afterflosse. Dies ist ein wichtiges Unterscheidungsmerkmal zu den Makrelen.

Allen Stachelmakrelen gemeinsam sind somit die für schnelle Schwimmer typischen Merkmale: stromlinienförmiger Körper, seitlich zusammengedrückt,

## Regenbogen-Stachelmakrele
*Elagatis bipinnulata*
Rainbow Runner
**Größe:** Bis 120 cm.
**Merkmale:** Lang, sehr schlank; Kopf lang, spitz; Schwanzflosse stark gegabelt, groß; Brustflossen kurz; Bauchflossen brustständig; je 1 Flössel hinter Rücken- und Afterflosse; Oberseite blaugrün, Unterseite silbrig, Seiten mit 2 schmalen blauen Streifen.
**Lebensraum:** 1 – 150 m; pelagisch; offenes Meer, selten Riffe.
**Verbreitung:** Zirkumtropisch; Massachusetts, Golf von Mexiko bis Venezuela.
**Ernährung:** Zooplankton, kleine Fische.

## Blaurücken-Stachelmakrele
*Carangoides ruber*
Bar Jack
**Größe:** Bis 60 cm.
**Merkmale:** Hochrückig; Schwanzflosse gegabelt; Brustflossen lang sichelförmig; Bauchflossen brustständig; schwarzer und blauer Streifen von der Rückenflosse bis in den unteren Teil der Schwanzflossenlappen.
**Lebensraum:** 0 – 22 m; offenes Meer, Riffe; in Schulen.
**Verbreitung:** New Jersey, Bermudas bis Venezuela.

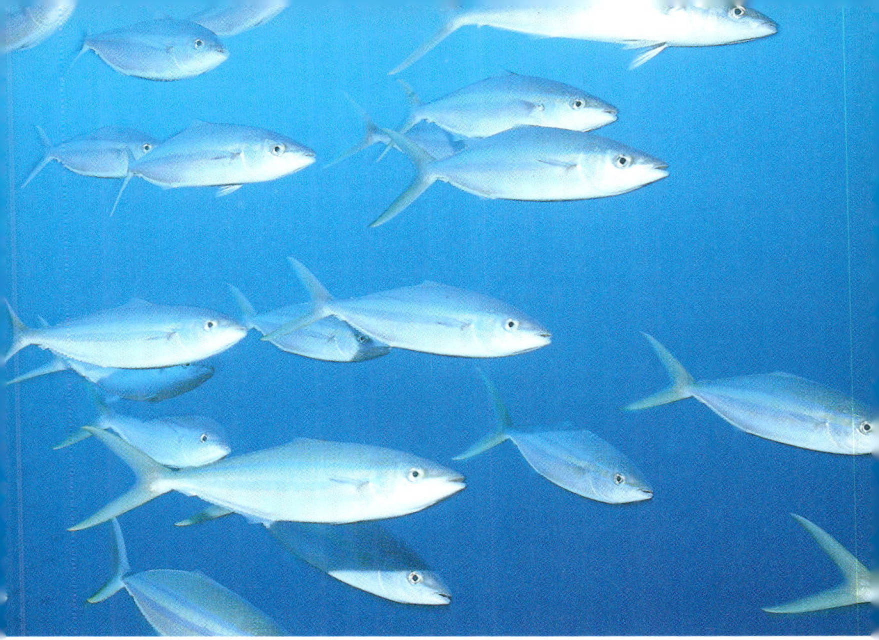

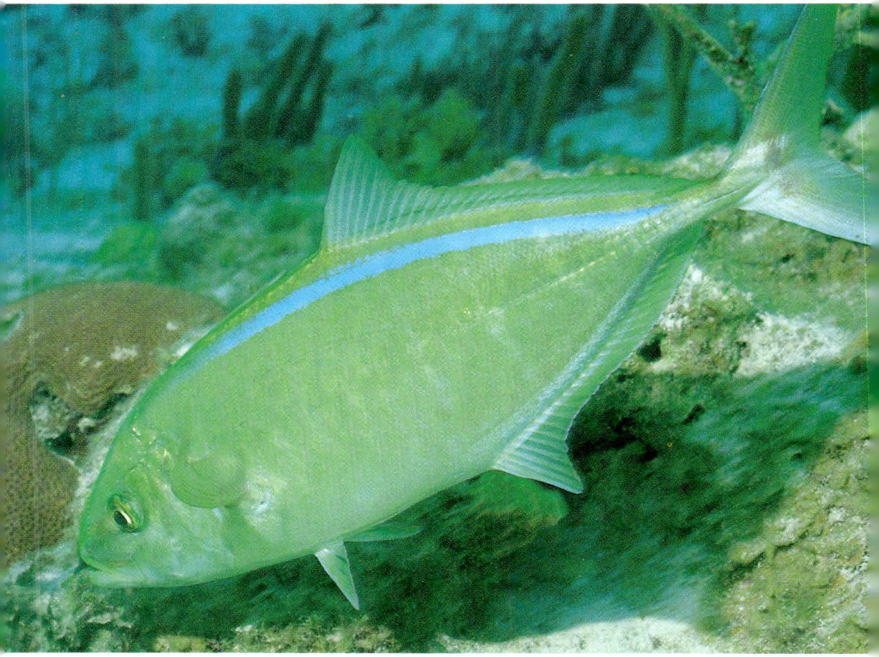

schmaler Schwanzstiel und gegabelte Schwanzflosse.
Die Stachelmakrelen sind meist silbrig gefärbt, mit einem metallischblauen oder -grünen Rücken.

## Lebensweise

Die Stachelmakrelen sind schnelle Raubfische, die auf ihren ausgedehnten Wanderungen Sardinenschwärmen bis an die Küste folgen. Dabei finden sie sich oft zu großen Schulen zusammen. Obwohl sie eigentlich keine Rifffische sind, werden sie oft an äußeren Riffkanten und Drop-Offs gefunden. Es sind tag- und nachtaktive Fische.

## Fortpflanzung

Die Stachelmakrelen geben ihre Eier und Samen ins freie Wasser ab. Die Eier sind klein und treiben mit den Meeresströmungen dahin. Nach dem Schlüpfen wird ein langes pelagisches Larvenstadium angenommen.

## Gelbschwanz-Stachelmakrele

*Carangoides bartholomaei*
Yellow Jack
**Größe:** Bis 100 cm.
**Merkmale:** Körper seitlich zusammengedrückt; Kopfprofil nicht hoch; Schwanzflosse gegabelt, recht hoch; Brustflossen sehr lang, sichelförmig; Bauchflossen brustständig; Seitenlinie gewölbt; Schwanzflosse gelb; silbrig gefärbt, oft mit gelblichem Hauch.
**Lebensraum:** 0–50 m; Außenriffe; meist einzeln.
**Verbreitung:** Massachusetts, nördlicher Golf von Mexiko bis Brasilien.

## Großaugen-Stachelmakrele

*Caranx latus*
Horse-eye Jack
**Größe:** Bis 75 cm.
**Merkmale:** Leicht hochrückig; Kopfprofil hoch abgerundet; Schwanzflosse gegabelt, gelblich; schwarze gekielte Schuppenplatten; Brustflossen kurz sichelförmig, ohne schwarzen Fleck; Bauchflossen brustständig; kleiner schwarzer Fleck am Kiemendeckel, kann fehlen.
**Lebensraum:** 0–30 m; offenes Wasser; in kleinen Schulen.
**Verbreitung:** New Jersey, Bermudas, Florida bis Brasilien.
**Ernährung:** Shrimps, Wirbellose.

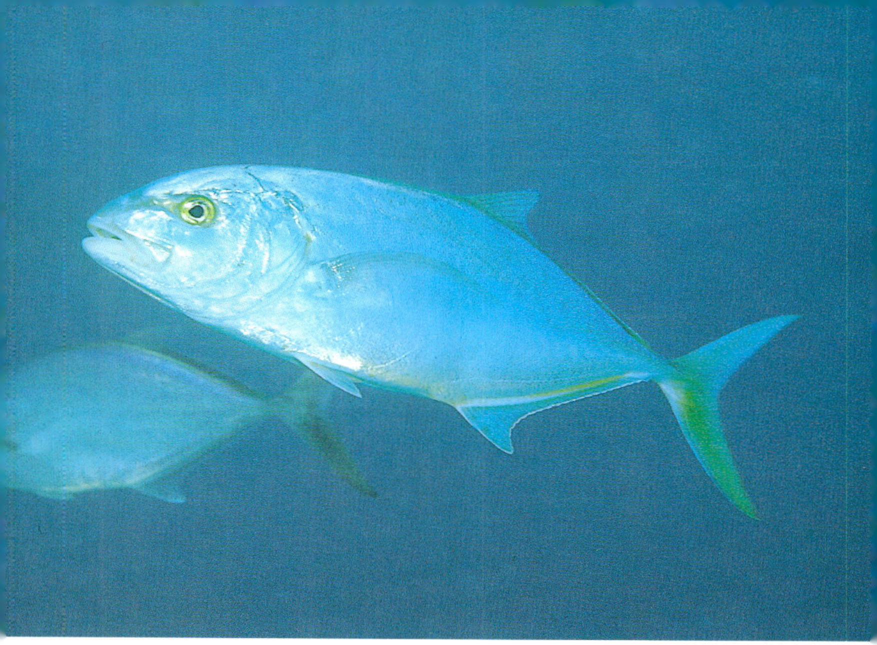

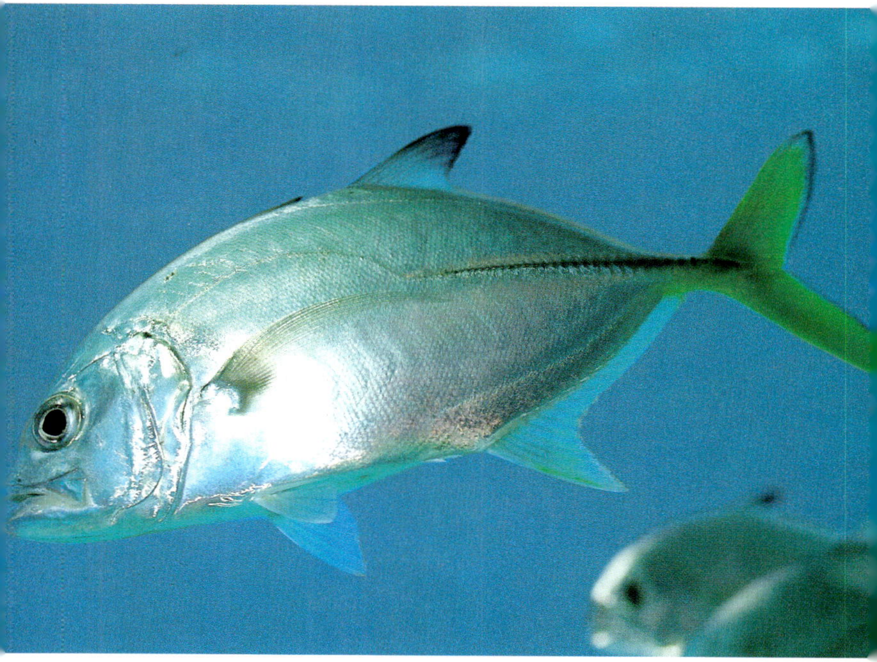

## Schwarze Stachelmakrele △

*Caranx lugubris*
Black Jack
**Größe:** Bis 100 cm.
**Merkmale:** Hochrückig; <u>Kopfprofil hoch, steil; Schwanzflosse gegabelt, schwarz; schwarze gekielte Schuppenplatten; Rücken- und Afterflossen schwarz; kleiner schwarzer Fleck am Kiemendeckel</u>; grau bis schwarz gefärbt, silberner Schimmer.
**Lebensraum:** 12 – 350 m; offenes Meer, tiefe Außenriffe; meist einzeln.
**Verbreitung:** Zirkumtropisch; Florida bis Brasilien.

## Bogengucker-Makrele ▽

*Selene vomer*
Lookdown
**Größe:** Bis 30 cm.
**Merkmale:** <u>Sehr steiles Kopfprofil mit steiler Stirn</u>; sehr hochrückig; extrem zusammengepreßt; Brustflossen sehr lang, sichelförmig; Bauchflossen brustständig; Seitenlinie stark gewölbt; <u>vordere Lappen der 2. Rücken- und der Afterflosse sehr lang</u>.
**Lebensraum:** 1 – 53 m; in Küstennähe über Sandgrund.
**Verbreitung:** Maine bis Uruguay.

## Permit △

*Trachinotus falcatus*
Permit
**Größe:** Bis 115 cm.
**Mermale:** <u>Sehr hohes, abgerundetes Kopfprofil</u>; sehr hochrückig; extrem zusammengepreßt; Schwanzflosse gegabelt; Brustflossen kurz; Bauchflossen brustständig; Seitenlinie schwach gewölbt; vordere Lappen der 2. Rücken- und der Afterflosse etwas verlängert; <u>oft dunkler runder Fleck hinter der Brustflosse</u>.
**Lebensraum:** 0 – 30 m; in Küstennähe über Sandgrund.
**Verbreitung:** Massachusetts bis Brasilien, Bahamas, Große Antillen.

## Palometa ▽

*Trachinotus goodei*
Palometa
**Größe:** Bis 50 cm.
**Merkmale:** Abgerundetes Kopfprofil; sehr hochrückig; extrem zusammengepreßt; <u>Schwanzflosse gegabelt, mit schwarzen äußeren Rändern</u>; Seitenlinie schwach gewölbt; <u>vordere Lappen der 2. Rücken- und der Afterflosse extrem verlängert und schwarz</u>; <u>4 dunkle Streifen am Körper</u>.
**Lebensraum:** 0 – 12 m; in der Nähe von Riffen.
**Verbreitung:** Massachusetts bis Argentinien.
**Ernährung:** Wirbellose, Fische.

# Schnapper
*(Lutjanidae)*

## Aussehen

Die Schnapper sind robuste, mittelgroße Fische mit ovaler oder hochrückiger Körperform. Sie besitzen ein endständiges, mittelgroßes bis großes Maul mit recht tiefer Mundspalte. Ihre Zähne sind spitz, einige Arten besitzen verlängerte Fangzähne. Die Rückenflosse ist durchgängig oder mit einer leichten Kerbe versehen; die Schwanzflosse kann stark gegabelt sein.

Die Grundfärbung ist meist gelb, rot oder bräunlich, mit dünnen blauen oder gelben Längsstreifen. Schnapper, die in tieferen Regionen leben, sind überwiegend rötlich gefärbt, während die im Riff lebenden Arten meist gelb oder bräunlich sind. Viele Arten besitzen einen dunklen Punkt unter dem Weichstrahlbereich der Rückenflosse oder einen blauen Streifen unter dem Auge. Einige Arten weisen beide Merkmale auf. Bei den Jugendformen überwiegen dunkle Längs- oder Querbinden.

Der Körper ist mit kleinen Kammschuppen besetzt, die allerdings vor den Augen fehlen.

Schnapper sind gute Speisefische. Allerdings kann es zu Vergiftungen durch das Ciguatera-Gift kommen. Dieses wird von den Schnappern mit der Nahrung aufgenommen. Da das Gift auch beim Kochen nicht zerstört wird, ist Vorsicht geboten.

## Lebensweise

Die Schnapper sind außer auf Korallenriffen auch an Felsküsten, in Seegraswiesen und Algenwäldern anzutreffen. Sie leben meist über dem Grund. Jungfische dringen manchmal in den Bereich der Mangroven und sogar in den Unterlauf von Flüssen vor. Schnapper sind Raubfische, die sich hauptsächlich während der Nacht auf die Jagd begeben. Ihre Hauptnahrung

## Schulmeister-Schnapper

*Lutjanus apodus*
Schoolmaster
**Fotos:** Oben und Mitte verschiedene Farbvarianten.
**Größe:** Bis 60 cm.
**Merkmale:** Körper spindelförmig, leicht hochrückig; Schwanzflosse leicht gegabelt; durchgängige Rückenflosse; Flossen gelb gefärbt; 8 helle, vertikale Streifen am Rücken; die Farbzeichnung kann sehr unterschiedlich ausgeprägt sein.
**Lebensraum:** 2 – 30 m; Fels- und Korallenriffe, Mangroven; in kleinen Gruppen, manchmal gemeinsam mit dem Grauen Schnapper.
**Verbreitung:** Massachusetts, Bermudas, nördlicher Golf von Mexiko bis Brasilien.

## Großfleck-Schnapper

*Lutjanus synagris*
Lane Snapper
**Größe:** Bis 36 cm.
**Merkmale:** Körper spindelförmig; Schwanzflosse gerade; durchgängige Rückenflosse, hinterer Rand schwarz; silbrig mit gelblichen Seitenstreifen, dunkler ovaler Punkt am Rücken.
**Lebensraum:** 3 – 400 m; Lagunen und tiefe Außenriffe.
**Verbreitung:** North Carolina, Bermudas, Golf von Mexiko bis Brasilien; um Florida häufig; bei den Bahamas und Großen Antillen selten.
**Biologie:** Bildet zur Laichzeit große Schwärme.

stellen kleinere Fische dar, allerdings werden auch Krebstiere und Kopffüßer nicht verschmäht. Die Gattung *Ocyurus* ernährt sich dagegen von Plankton.

## Fortpflanzung
Die Schnapper sind getrenntgeschlechtlich und durchlaufen keine Geschlechtsumkehr. Auch gibt es kaum Unterschiede zwischen den Geschlechtern.

## Ähnliche Arten
*Lutjanus cyanopterus* (<u>Cubera-Schnapper/</u>Cubera Snapper); Korallen- und Felsriffe, Felsüberhänge; Jungtiere im Brackwasser; scheu; Verbreitung: südliches Florida, Bahamas südlich bis Brasilien; bis 150 cm; recht dicke Lippen; Rücken grau bis dunkelbraun gefärbt.

*Lutjanus jocu* (<u>Hundsschnapper/</u>Dog Snapper); Fels- und Korallenriffe; einzeln; scheu; Verbreitung: Massachusetts, Bermudas, Golf von Mexiko bis Brasilien; bis 30 cm; leicht hochrückig; ein helles Dreieck unter dem Auge sowie ein blauer Strich, der sich in Punkte auflöst.

*Pristipomoides aquilonaris* (<u>Lavendel-Schnapper/</u>Wenchman); Verbreitung: Florida, Golf von Mexico, Antillen bis Guayana; bis 30 cm; Schwanzflosse stark gegabelt; Rückenflossenrand im Stachelstrahlbereich gelblich; Rücken lavendelfarben; Iris dunkel gefärbt.

# Grauer Schnapper
*Lutjanus griseus*
Gray Snapper
**Größe:** Bis 60 cm.
**Merkmale:** Körper spindelförmig, leicht hochrückig; Schwanzflosse gerade; durchgängige Rückenflosse; Schuppenmitte oft gelblich, Ränder weiß; <u>grau gefärbt, oft mit dunklem Streifen von der Schnauze durchs Auge.</u>
**Lebensraum:** 1 – 30 m; Fels- und Korallenriffe, Häfen; Jungtiere häufig in Mangroven.
**Verbreitung:** Bermudas bis Brasilien.
**Biologie:** Diese Art kann in Sekundenschnelle ihre Färbung ändern, um sich dem Hintergrund anzupassen.

# Mahagoni-Schnapper

*Lutjanus mahogani*
Mahogany Snapper
**Größe:** Bis 38 cm.
**Merkmale:** Körper spindelförmig, leicht hochrückig; Schwanzflosse leicht gabelt; durchgängige Rückenflosse; Brustflossen rötlich; metallig silbern gefärbt, manchmal mit rötlichem Schimmer; oft dunkler Punkt unterhalb des Weichstrahlbereichs der Rückenflosse; Rand der Schwanzflosse rötlich.
**Lebensraum:** 5–20 m; flache Korallenriffe; einzeln oder in kleinen Gruppen bei Gorgonien und Korallenblöcken.
**Verbreitung:** North Carolina, Bahamas bis Guayana; um Florida selten.

## Gelbschwanz-Schnapper
*Ocyurus chrysurus*
Yellowtail Snapper
**Größe:** Bis 70 cm.
**Merkmale:** Körper spindelförmig; Schwanzflosse stark gegabelt; durchgängige Rückenflosse; Rücken silbrig bis leicht bläulich gefärbt, gelb gefleckt, Bauchseite hell; breiter gelber Seitenstreifen vom Auge bis zur Schwanzflosse; Schwanzflosse gelb.
**Lebensraum:** 1 – 20 m; Korallenriffe; meist einzeln.
**Verbreitung:** Massachusetts, Bermudas, nördlicher Golf von Mexiko bis Brasilien.
**Ernährung:** Plankton.
**Biologie:** Zusammen mit *Lutjanus synagris* der häufigste Schnapper der Karibik. Jahresfang 1983: 5178 Tonnen.

# Silberlinge
## (Gerreidae)

## Aussehen
Die Silberlinge sind an ihrer spitzen Schnauze und ihrem eingedellten Bauchprofil zu erkennen. Das Maul ist sehr weit vorstreckbar und die Augen sind groß. Der Körper ist mehr oder minder zusammengepreßt und oft hochrückig. Rücken- und Afterflosse können in einer Schuppenscheide versenkt werden. Die Schwanzflosse ist tief gegabelt.

## Lebensweise
Die Silberlinge bilden Schulen und leben über flachen sandigen Böden. Sie suchen nach im Sand vergrabenen Organismen, indem sie ihr weit vorstülpbares Maul in den Sand stoßen. Als Hauptnahrung dienen Würmer und kleine Krebstiere.

# Grunzer
## (Haemulidae)

## Aussehen
Die Grunzer, auch Süßlippen genannt, sind mittelgroße Fische mit ovaler Form und seitlich zusammengedrücktem Körper. Sie ähneln den Meerbrassen und wurden früher mit den Schnappern zusammengefaßt. Die Haemulidae haben ein kleines Maul mit wulstigen Lippen, unter dem Kinn sind 2 Poren zu erkennen. Die Innenseite des Mauls ist meist orangerot gefärbt. Das Operculum ist mit 1 Stachel versehen. Die Rückenflosse ist lang durchgängig und besitzt starke Stachelstrahlen im vorderen Teil. Die Form der Schwanzflosse ist variabel.
Ihren Namen verdanken die Grunzer der Fähigkeit, grunzende Laute von sich zu geben. Die Geräusche entstehen durch Aufeinanderreiben der oberen und unteren Schlundzähne, zur

## Gelbflossen-Silberling
*Gerres cinereus*
Yellowfin Mojarra
**Größe:** Bis 39 cm.
**Merkmale:** Spitze Schnauze mit weit vorstülpbarem Maul; eingedelltes Bauchprofil; Augen groß; silbrig gefärbt, mit 7 – 8 dunkelblauen oder rötlichen vertikalen Streifen auf der Seite; Bauchflossen gelb; Rücken- und Schwanzflosse dunkel.
Die Zeichnung der Silberlinge variiert zwischen den einzelnen Arten nicht sehr stark; es ist daher praktisch unmöglich, sie unter Wasser auseinanderzuhalten.
**Lebensraum:** 0 – 15 m; Flachwasserzonen mit Seegras, Sand in Riffnähe; dringt in Brack- und Süßwasser ein.
**Verbreitung:** Florida, Karibik bis Brasilien.
**Ernährung:** Würmer, Krebse, Muscheln (aus dem Sand gewühlt).

## Gelbstreifen-Grunzer
*Haemulon chrysargyreum*
Smallmouth Grunt
**Größe:** Bis 23 cm.
**Merkmale:** Körper zylinderförmig, länglich; durchgängige Rückenflosse; dicke Lippen; silbrig gefärbt mit bläulichem Schimmer; 5 – 6 gelbe horizontale Streifen; Flossen gelb (bis auf Brustflossen).
**Lebensraum:** 2 – 18 m; flache, exponierte Fels- und Korallenriffe.
**Verbreitung:** Südliches Florida bis Brasilien.
**Ernährung:** Krabben, Garnelen, Würmer, Plankton.

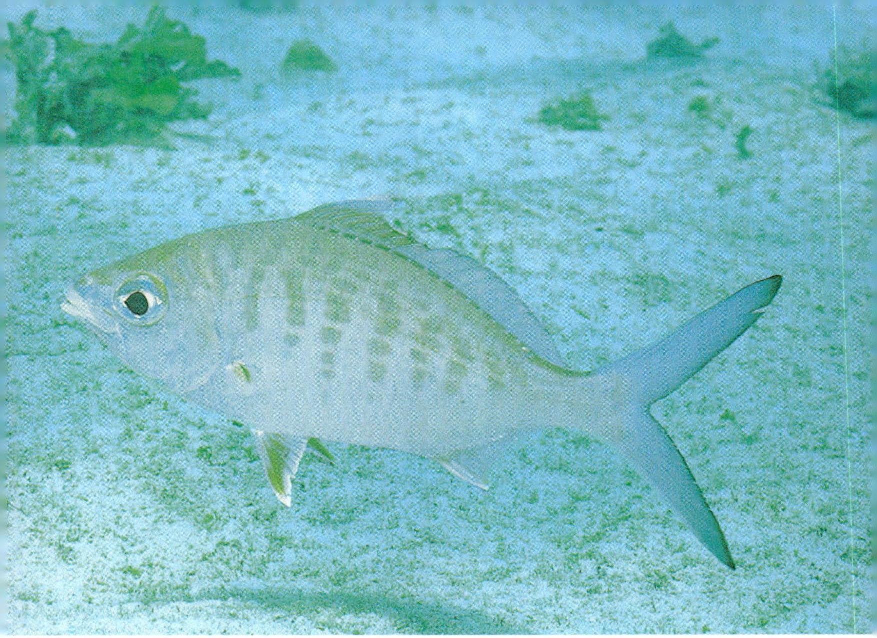

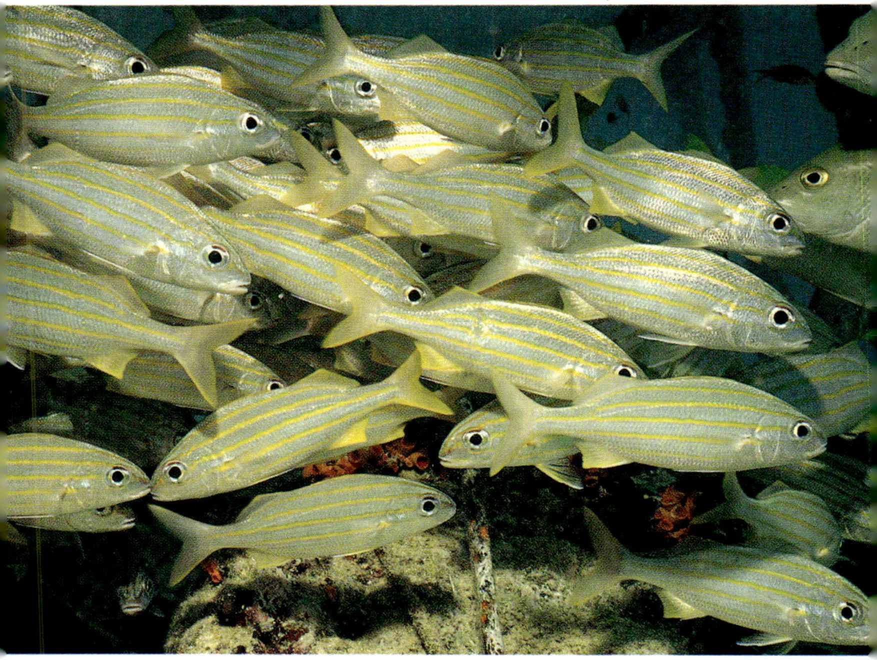

Lautverstärkung dient die Schwimmblase.
Die meisten Jungtiere haben einen
dunklen Längsstreifen an der Seite, der
in einem Punkt bei der Schwanzflosse
endet (vgl. Foto rechts Mitte).

## Lebensweise
Die Grunzer leben im Flachwasser und
sind in Riffen, Seegraswiesen und auf
Sand- und Schlammgrund anzutreffen.
Einige Arten bilden am Tag Schwärme
und halten sich meist dichtgedrängt
unter Korallenstöcken auf. Nachts
lösen sich die Schwärme auf und die
Grunzer begeben sich auf Nahrungssuche. Sie ernähren sich von Wirbellosen und kleinen Fischen.

# Franzosen-Grunzer
*Haemulon flavolineatum*
French Grunt
**Fotos:** Oben adult; Mitte Jugendform
mit typischen dunklen Längsstreifen
an der Seite und dunklem Punkt auf
dem Schwanzstiel.
**Größe:** Bis 30 cm.
**Merkmale:** Körper zusammengedrückt;
hohes Kopfprofil; durchgängige
Rückenflosse; dicke Lippen; silbrig
gefärbt; gelbe Streifen am ganzen Kör-
per, unter der Seitenlinie diagonal, über
der Seitenlinie horizontal; alle Flossen
gelb.
**Lebensraum:** 1 – 30 m; Fels- und
Korallenriffe.
**Verbreitung:** South Carolina, Bermudas
bis Brasilien; häufig Südflorida und
Antillen.
**Biologie:** Führt ritualisierte Kämpfe mit
Maulschieben (»Küssen«) aus.

# Kopfstreifen-Grunzer
*Haemulon plumieri*
White Grunt
**Größe:** Bis 45 cm.
**Merkmale:** Körper zusammengedrückt;
hohes Kopfprofil; durchgängige
Rückenflosse; dicke Lippen;
gelblich bis bronze gefärbt; abwech-
selnd blaue und bronzene Streifen nur
am Kopf.
**Lebensraum:** 3 – 15 m; Fleckriffe, über
Sand und Korallenformationen.
**Verbreitung:** Bermudas, Maryland bis
Brasilien.
**Ernährung:** Krebstiere, kleine Fische,
Borstenwürmer, Stachelhäuter.
**Biologie:** Oft mit *H. sciurus* vergesell-
schaftet; führt ritualisierte Kämpfe mit
Maulschieben (»Küssen«) aus.

## Blaustreifen-Grunzer △
*Haemulon sciurus*
Bluestriped Grunt
**Größe:** Bis 45 cm.
**Merkmale:** Körper zusammengedrückt;
hohes Kopfprofil; durchgängige
Rückenflosse; dicke Lippen; Grund-
farbe gelb mit blauen, horizontalen
Streifen; Schwanzflosse und hinterer
Teil der Rückenflosse überwiegend
schwarz.

**Lebensraum:** 3 – 30 m; an Fels- und
Korallenriffen.
**Verbreitung:** Bermudas, South Carolina
bis Brasilien.
**Biologie:** Führt ritualisierte Kämpfe mit
Maulschieben (»Küssen«) aus.

## Schweins-Grunzer ▷
*Anisotremus virginicus*
Porkfish
**Größe:** Bis 38 cm.
**Merkmale:** Körper zusammengedrückt;
sehr hohes Kopfprofil; durchgängige
Rückenflosse; dicke Lippen;
goldgelbe und silbrige Seitenstreifen;
1. diagonaler dunkler Streifen läuft
durchs Auge, 2. diagonaler Streifen
vom Anfang der Rückenflosse bis zur
Brustflosse (manchmal schwach ausgebildet); Flossen gelb;

Jungtier: Schnauze, Nacken und vorde-
rer Teil der Rückenflosse leuchtend
gelb, Körper weiß, schwarzer Fleck am
Schwanzstiel, 2 dunkle Seitenstreifen.
**Lebensraum:** 2 – 20 m; Fels- und
Korallenriffe.
**Verbreitung:** Bermudas, Florida, Yuka-
tan bis Brasilien; Bahamas und Karibik
selten, Florida Keys häufig.
**Ernährung:** Jungtiere: übernehmen teil-
weise Putzerfunktion; ansonsten
Mollusken, Krebse, Würmer.

## Surinam-Grunzer △
*Anisotremus surinamensis*
Black Margate
**Größe:** Bis 60 cm.
**Merkmale:** Körper zusammengedrückt; <u>sehr hohes Kopfprofil</u>; durchgängige Rückenflosse; dicke Lippen; silbergrau gefärbt; Schuppen am Rücken mit dunklem Zentrum; <u>Flossen dunkel; großes schwarzes Areal hinter der Brustflosse.</u>

**Lebensraum:** 2 – 20 m; Felsriffe, Geröllzonen; einzeln oder in kleinen Gruppen.
**Verbreitung:** Florida, Golf von Mexiko bis Brasilien.
**Ernährung:** Seeigel, Fische, Krebstiere. Ist auf Diademseeigel spezialisiert.

# Meerbrassen
*(Sparidae)*

## Aussehen
Bei den Meerbrassen handelt es sich um meist hochrückige Fische, mit seitlich stark zusammengedrücktem Körper. Sie glänzen stark silbrig und besitzen oft dunkle Querbinden und einen schwarzen Schwanzfleck. Ihr Kopfprofil ist steil. Das Maul ist klein, mit kräftigem Gebiß und kann vorgestreckt werden.
Die Rückenflosse ist lang und durchgängig, wobei die vorderen Stachelstrahlen in eine Grube zurückgelegt werden können. Die Brustflossen sind lang und zugespitzt. Die Schwanzflosse ist eingekerbt oder gegabelt. Eine große Schwimmblase ist vorhanden.

## Lebensweise
Die Meerbrassen bilden vor allem in der Jugend größere Schwärme. Die meisten Arten sind standorttreu. In der Regel halten sich die größeren Exemplare in tieferen Schichten als die kleineren auf.
Die Arten der Gattung *Calamus* ernähren sich von Seeigeln, Krebsen und Weichtieren.

## Fortpflanzung
Die Meerbrassen sind protogyne oder protandrische Zwitter, bei manchen Arten ist nur ein Teil der Population hermaphroditisch. Die Eier sind pelagisch mit ca. 1 mm Durchmesser.

## Ähnliche Arten
*Calamus pennatula* (Pluma-Brasse/ Pluma); Sandboden in Riffnähe, dicht über dem Boden; bis 35 cm; silbrig mit gelbem Schimmer; gelber Punkt am Ansatz der Brustflosse; zahlreiche blaue horizontale Wellenlinien zwischen Maul und Auge; kurzer blauer Streifen hinter dem Auge.

## Dickkopf-Brasse
*Calamus bajonado*
Jolthead Porgy
**Größe:** Bis 68 cm.
**Merkmale:** Köper seitlich zusammengedrückt; steiles Kopfprofil; Schwanzflosse gegabelt; durchgängige Rückenflosse; silbrig gefärbt mit bläulichem Schimmer, blauer Streifen am unteren Augenrand, Mundwinkel orangegelb, horizontale Streifen auf der Wange zwischen Maul und Augen.
**Lebensraum:** 3 – 45 m; flache Riffe und sandige Zonen.
**Verbreitung:** Rhode Island, Bermudas, nördlicher Golf von Mexiko bis Brasilien; sehr häufig bei den Antillen.
**Ernährung:** Seeigel, Krabben, Mollusken.

## Großaugen-Brasse
*Calamus calamus*
Saucereye Porgy
**Größe:** Bis 41 cm.
**Merkmale:** Köper seitlich zusammengedrückt; steiles Kopfprofil; Schwanzflosse gegabelt; durchgängige Rückenflosse; silbrig gefärbt, oft mit gelblichem Schimmer, mehrere kurze blaue Linien unter dem Auge, blauer Fleck an der Brustflosse.
**Lebensraum:** 1 – 72 m; über Sand, Seegras und an Riffen.
**Verbreitung:** North Carolina, Bermudas bis Brasilien.

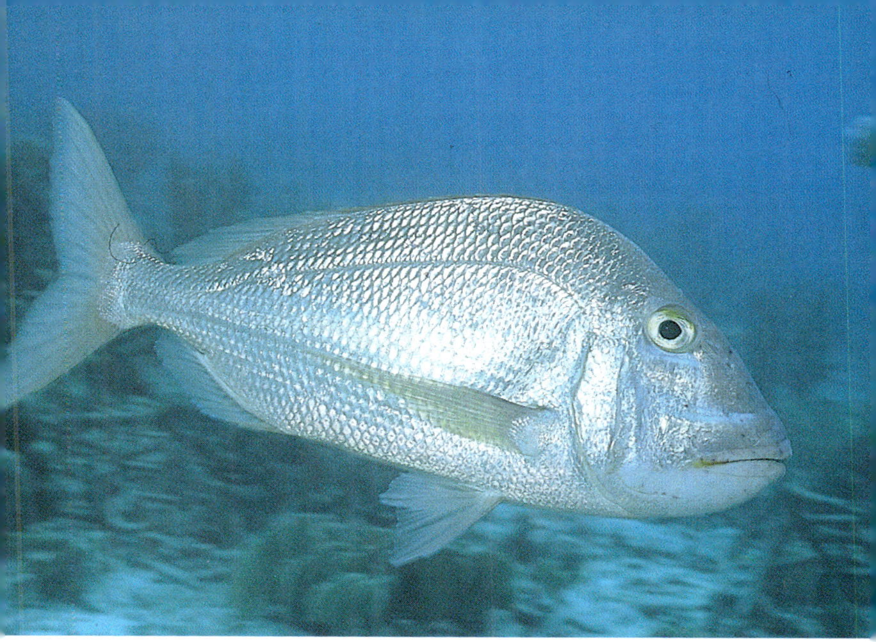

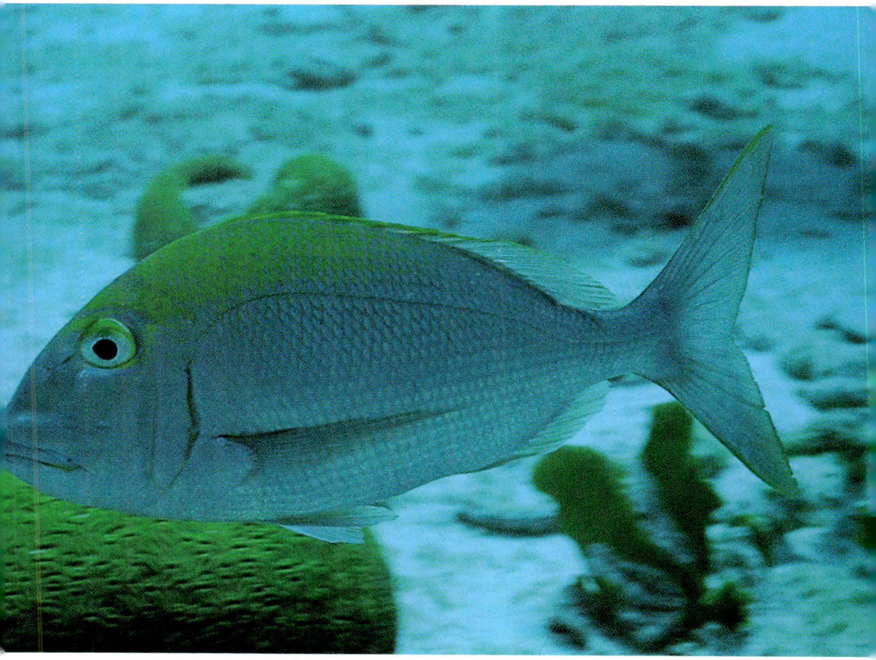

# Trommler
*(Sciaenidae)*

## Aussehen

Der Körper der Trommler ist zusammengedrückt und mit Rund- und Kammschuppen bedeckt. Der Kopf ist recht groß und mit Schleimkanälen besetzt, das Maul end- oder unterständig, wobei der Unterkiefer oft mit kurzen Barteln besetzt ist und zahlreiche Poren aufweist. Die Rückenflosse ist zwischen Stachel- und Weichteil tief eingeschnitten, die Schwanzflosse gerade oder rund, jedoch nie gegabelt. Die Trommler besitzen eine recht große Schwimmblase, mit Ausnahme der Gattung *Menticirrhus*. Den Angehörigen dieser Gattung fehlt die Schwimmblase; sie werden daher auch als stumme Trommler bezeichnet.

Die Schwimmblase spielt nämlich bei der Lauterzeugung eine wichtige Rolle. Die Töne werden durch schnelle Schwingungen besonderer Muskeln erzeugt, wobei die Schwimmblase als Resonanzkörper dient und die Geräusche verstärkt.

Zu den Trommlern gehören nicht nur die hier behandelten Ritterfische, sondern auch einige als Speisefische sehr geschätzte Fische z. B. der Gattung *Cynoscion* (im engl. als »Seatrout« bezeichnet). Diese sind jedoch kaum in Riffgebieten und um Inseln herum anzutreffen.

Die Ritterfische (Gattungen *Equetus*, *Pareques*) dagegen leben in den Korallenriffen. Sie unterscheiden sich durch ihre absonderliche Körperform von allen anderen Trommlern. Der Körper erinnert an ein Dreieck, auf dessen Spitze eine lange, sensenartige Rückenflosse steht.

## Lebensweise

Die Trommler sind überwiegend im Uferbereich, zeitweise im Brackwasser und in Flußmündungen anzutreffen. Die meisten Arten leben über Sand-

# Tüpfel-Ritterfisch

*Equetus punctatus*
Spotted Drum
**Fotos:** Oben adult; unten Jugendform.
**Größe:** Bis 25 cm.
**Merkmale:** Relativ hochrückig; steiles Kopfprofil; 1. Rückenflosse stark verlängert; weiß-schwarze Querstreifen am Kopf, Längsstreifen am Körper; 2. Rückenflosse und Schwanzflosse schwarz mit weißen Punkten.
Jungtier: vorderer Teil der Rückenflosse extrem verlängert; schwarze und weiße Streifen am Kopf, ein schwarzer Streifen läuft vom vorderen Teil der verlängerten Rückenflosse über den Körper bis in die Schwanzflosse; schwarzer Punkt auf der Nase.
**Lebensraum:** 3 – 30 m; flache Lagunen, Außenriffe; einzeln unter Überhängen
**Verbreitung:** Bermudas, Florida bis Brasilien.
**Ernährung:** Krebse, Garnelen, Borstenwürmer.

Fam. Trommler

und Schlammgrund im Bereich der Ästuare.
Die Ritterfische sind nachtaktive Fische, die sich während des Tages verborgen halten.
Die Mehrzahl der Trommler ernährt sich von Fischen, Krebsen und Weichtieren.

### Ähnliche Arten

*Pareques umbrosus* (<u>Brauner Ritterfisch</u>/Cubby); flache Küstengewässer, unter Überhängen; bis 25 cm; leicht hochrückig; 1. Rückenflosse kaum verlängert; braun gefärbt, mit dunkleren Längsstreifen.

## Streifen-Ritterfisch

*Pareques acuminatus*
Highhat
**Größe:** Bis 23 cm.
**Merkmale:** Relativ hochrückig;
<u>1. Rückenflosse verlängert; Körper mit weißen und schwarzen Längsstreifen</u>, Bauch-, Brust, Schwanz- und Afterflosse überwiegend schwarz.
**Lebensraum:** 3 – 20 m; flache Korallen- und Felsriffe in Höhlen und Spalten.
**Verbreitung:** Bermudas, South Carolina bis Brasilien.

## Wimpel-Ritterfisch

*Equetus lanceolatus*
Jackknife Fish
**Foto:** Jugendform.
**Größe:** Bis 25 cm.
**Merkmale:** <u>1. Rückenflosse stark verlängert; cremfarbig mit 3 schwarzen Streifen</u>, die silbrig eingefaßt sind, 3. schwarzer Streifen läuft von 1. Rückenflosse über den Körper in die Schwanzflosse;
<u>Jungtier:</u> <u>vorderer Teil der Rückenflosse verlängert</u> (ähnlich *E. punctatus*), jedoch <u>gelb und schwarz gestreift</u>.
**Lebensraum:** Fels- und Korallenriffe.
**Verbreitung:** Bermudas, South Carolina bis Brasilien.

Fam. Trommler

# Meerbarben
*(Mullidae)*

## Aussehen

Das Erkennungszeichen der Meerbarben sind 2 lange, unverzweigte, fleischige Barteln, die vom Kinn herabhängen. Diese Barteln, die unabhängig voneinander bewegt werden können, sind mit vielen Geschmacks- und Tastsinneszellen versehen und dienen dem Aufspüren von Nahrung. Die Bartfäden können nach hinten in Gruben zurückgelegt werden.

Der Körper der Meerbarben ist recht niedrig und mit großen Schuppen bedeckt. Der Kopf ist groß mit mehr oder minder steil abfallender Stirn, kleinem Maul und wulstigen Lippen. Das Maul kann vorgestülpt werden.

Es sind 2 gut voneinander getrennte, kurze Rückenflossen vorhanden, die Schwanzflosse ist gegabelt. Die Meerbarben sind oft rötlich gefärbt und zu einem intensiven Farbwechsel fähig.

## Lebensweise

Bei den Meerbarben handelt es sich um Küstenfische, die in kleinen Trupps oder in Schwärmen Seegraswiesen und Sandgrund mit vorgestreckten Barteln absuchen. Dabei wühlen sie heftig im Untergrund und wirbeln große Schlickwolken auf. Beutetiere sind kleine Fische und Würmer, Krebstiere und Schlangensterne. Oft werden Meerbarben von Lippfischen begleitet, die versuchen, ihnen die Beute wegzuschnappen. Es gibt sowohl tag- als auch nachtaktive Meerbarben.

## Fortpflanzung

Bei der Balz führen die Männchen schlängelnde Bewegungen mit ihren Barteln aus. Das Ablaichen erfolgt oft paar- oder gruppenweise. Die Eier schweben dank eingelagerter Ölkugeln frei im Wasser und werden mit der Strömung verdriftet. Die Jungfische entwickeln sich im offenen Meer.

## Gelbe Meerbarbe

*Mulloidichthys martinicus*
Yellow Goatfish
**Größe:** Bis 38 cm.
**Merkmale:** Länglicher Körper; 2 getrennte Rückenflossen; 2 Barteln am Kinn; weiß gefärbt, mit gelber Schwanzflosse und gelbem Längsstreifen in der Körpermitte.
**Lebensraum:** 1 – ca. 50 m; Sandflächen von Lagunen und Außenriffen; am Tag oft in größeren Gruppen, nachts meist einzeln benthische Wirbellose suchend.
**Verbreitung:** Florida, Bermudas, Bahamas bis Brasilien.

## Gefleckte Meerbarbe

*Pseudupeneus maculatus*
Spotted Goatfish
**Größe:** Bis 28 cm.
**Merkmale:** Länglicher Körper; 2 getrennte Rückenflossen; Schnauze recht lang; 2 Barteln am Kinn; weiß bis silbrig mit rötlichem Schimmer, eine Reihe von 3 rechteckigen dunklen Flecken in der Körpermitte.
**Lebensraum:** 1 – ca. 50 m; Sand- und Geröllflächen von Lagunen und Außenriffen; ruhen oft in kleinen Gruppen am Boden.
**Verbreitung:** New York, Bermudas bis Brasilien; nördliches Florida selten.
**Biologie:** Farbwechsel in der Ruhephase: rötlich-weiß gescheckt; nun am Boden liegend anzutreffen.

# Bogas
*(Inermiidae)*

## Aussehen
Die Inermiidae sind stromlinienförmige Fische mit vorstülpbarem Maul. Auf jeder Seite des Schwanzstiels befinden sich 2 Kiele. Die Schwanzflosse ist tief gegabelt; die Rückenflossen sind fast oder vollständig getrennt.
Es gibt nur 2 Arten im westlichen Atlantik.

## Lebensweise
Die Inermiidae sind schnelle Schwimmer, die in Schulen im offenen, klaren Wasser anzutreffen sind, meist in der Nähe von Korallenriffen – in der Mitte zwischen Oberfläche und Grund. Sie ernähren sich von Zooplankton und kleinen Fischen. Indem sie den oberen Kiefer weit vorstrecken, schnappen sie nach ihrer Beute.

# Beilbauchfische
*(Pempheridae)*

## Aussehen
Die Beilbauchfische sind kleine Fische, deren Körper extrem zusammengepreßt ist. Das Bauchprofil ist tief und eckig. Sie haben große Augen und eine schräge Mundspalte. Der Körper ist von Rund- oder Kammschuppen bedeckt. Es ist nur eine kurze Rückenflosse vorhanden, die etwa in der Körpermitte ansetzt. Sie besteht aus 4 – 7 Stachel- und 7 – 12 Weichstrahlen. Die Afterflosse dagegen ist recht lang, mit 2 – 3 Stachel- und 17 – 45 Weichstrahlen. Der Schwanzstiel ist relativ schmal, im Verhältnis zur Schwanzflosse.

## Lebensweise
Die Beilfische sind nachtaktive Planktonfresser, die sich am Tag in großen Schwärmen in Höhlen aufhalten.

## Boga
*Inermia vittata*
Boga
**Größe:** Bis 25 cm.
**Merkmale:** Körper stromlinienförmig; Maul vorstülpbar; 2 Rückenflossen gehen ineinander über; metallischblau auf der Oberseite; Schnauze gelblich; dunkle, gut sichtbare Längsstreifen am Körper.
**Lebensraum:** 20 – 40 m; offenes Wasser, tiefe Riffe; in Schulen.
**Verbreitung:** Südliches Florida, Bahamas, Bermudas bis nördliches Südamerika.

## Kupfer-Beilbauchfisch
*Pempheris schomburgki*
Glassy Sweeper
**Größe:** Bis 15 cm.
**Merkmale:** Körper stark zusammengepreßt; Bauchprofil tief und eckig; 1 Rückenflosse; glänzend kupferfarben mit schwarzem Band am Ansatz der Afterflosse.
**Lebensraum:** 3 – 30 m; in Schwärmen in Höhlen und Spalten.
**Verbreitung:** Südliches Florida, Bahamas bis Brasilien.

# Falterfische
*(Chaetodontidae)*

## Aussehen

Die Falterfische fallen durch ihre prächtige Färbung und Zeichnung sofort auf. Im Gegensatz zu den nah verwandten Kaiserfischen (Pomacanthidae) besitzen sie keinen Stachel am Kiemendeckel. Es handelt sich um kleine bis höchstens mittelgroße Fische mit hohem, stark zusammengedrücktem Körper. Das Maul ist klein, endständig und vorstülpbar. Bei manchen Gattungen ist das Maul mehr oder weniger verlängert. Dadurch ist es diesen Arten möglich, für andere Arten unzugängliche Futterquellen zu erschließen.

Ein gemeinsames Merkmal der meisten Falterfische ist das Vorhandensein eines dunklen, die Augen durchziehenden Streifens. Zusätzlich besitzen einige Arten am hinteren Teil des Körpers noch einen dunklen Fleck, den sogenannten Augenfleck. Dieser Augenfleck dient zusammen mit dem dunklen, das eigentliche Auge tarnenden Streifen als Ablenkung für Raubfische. So trifft der auf das empfindliche Auge gerichtete Angriff den relativ unempfindlichen Rücken des Tieres. Der Falterfisch flieht in die entgegengesetzte Richtung, die der Angreifer erwartet, und ist deshalb meist in der Lage, die schützenden Riffspalten zu erreichen.

Die Rückenflosse ist durchgängig und hinten abgerundet (im Gegensatz zu den Pomacanthidae), die Schwanzflosse endet konvex oder gerade. Die Brustflossen sind farblos und durchsichtig (im Gegensatz zu den Pomacanthidae). Sie dienen der Fortbewegung.

## Lebensweise

Die Falterfische bewohnen ausschließlich die tropischen Meere, besonders die Korallenriffe. Sie leben meist einzeln oder in Paaren.
Alle sind tagaktive Tiere, die sich nachts in den Spalten der Korallenriffe

# Vieraugen-Falterfisch

*Chaetodon capistratus*
Foureye Butterflyfish
**Größe:** Bis 15 cm.
**Merkmale:** Körper hoch, zusammengedrückt; kleines Maul; durchgängige Rückenflosse; silbergrau gefärbt, mit dunklen in der Körpermitte entspringenden Diagonalstreifen; dunkler Streifen über dem Auge; <u>ein dunkler Fleck – »falsches Auge« – mit weißem Rand am hinteren Teil des Körpers</u> (daher Vieraugen-Falterfisch).
**Lebensraum:** 3 – 20 m; Geröllflächen, Riffdächer mit gutem Korallenbewuchs.
**Verbreitung:** Florida, Bermudas bis Venezuela.
**Ernährung:** Borstenwürmer, Gorgonien, Seescheiden.

verstecken. Einige Arten nehmen während der Nacht eine andere Färbung an (z. B. *C. capistratus*). Die Chaetodontidae ernähren sich hauptsächlich von kleinen Krebstieren, Polypen und Würmern.

## Fortpflanzung
Über das Fortpflanzungsverhalten der Falterfische ist wenig bekannt. Man weiß, daß die Eier ins Freiwasser abgegeben werden und dort als Plankton davontreiben.
Nach ca. 2 Tagen schlüpfen die ebenfalls planktonischen Larven. Das Larvenstadium dauert mehrere Wochen bis Monate.

## Riff-Falterfisch
*Chaetodon sedentarius*
Reef Butterflyfish
**Größe:** Bis 15 cm.
**Merkmale:** Körper hoch, zusammengedrückt; kleines Maul; durchgängige Rückenflosse; Rücken und Rückenflosse gelblich, Bauchseite silbrig-weiß gefärbt; schwarze Augenbinde; breiter dunkler Streifen am Körperende, Ansatz der Rücken- und Afterflosse ebenfalls dunkel gefärbt.
**Lebensraum:** 6 – 50 m; Riffe und Geröllhalden.
**Verbreitung:** North Carolina, nördlicher Golf von Mexiko, Bahamas bis Brasilien.
**Ernährung:** Borstenwürmer, Krebstiere.

## Gestreifter Falterfisch
*Chaetodon striatus*
Banded Butterflyfish
**Größe:** Bis 15 cm.
**Merkmale:** Körper hoch, zusammengedrückt; kleines Maul; durchgängige Rückenflosse; silbrig-weiß gefärbt; Körperende dunkel umsäumt einschließlich der Rücken- und Afterflosse; schwarze Augenbinde; 2 zusätzliche Querstreifen ähnlich der Augenbinde.
**Lebensraum:** 3 – 20 m; Geröllhalden und Riffe; einzeln oder in Paaren.
**Verbreitung:** Bermudas, Florida bis Brasilien.
**Ernährung:** Borstenwürmer, Korallenpolypen, Krebstiere.

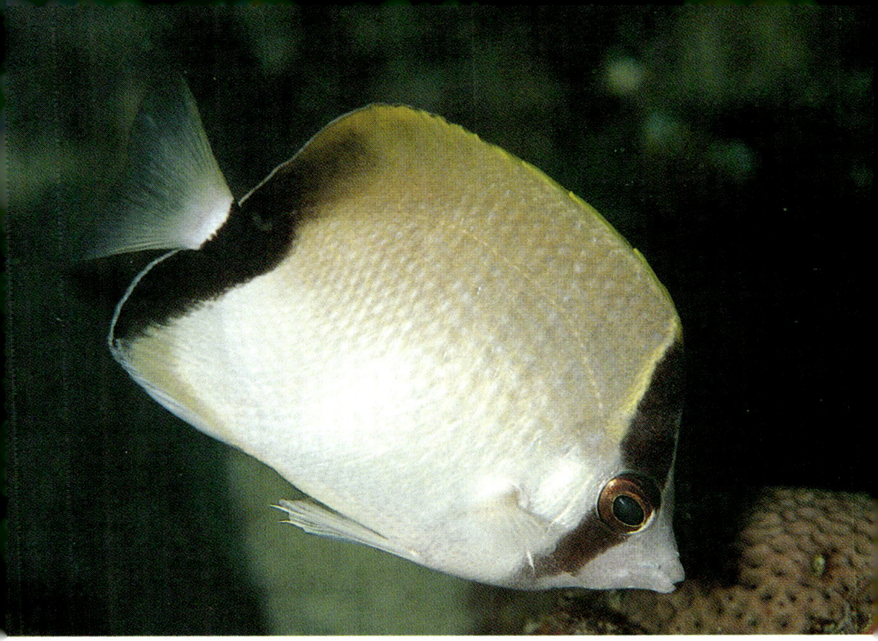

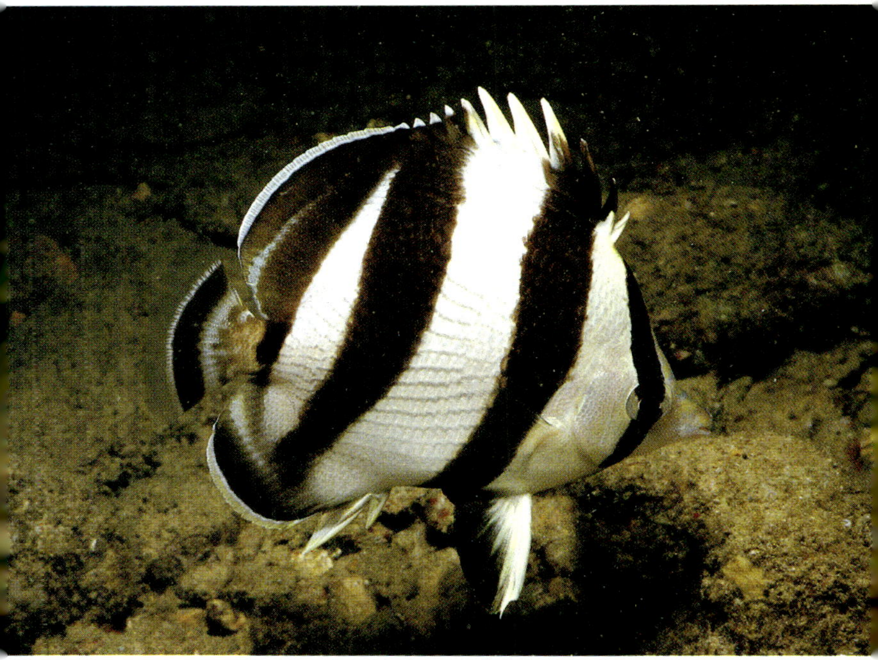

# Flossenfleck-Falterfisch
*Chaetodon ocellatus*
Spotfin Butterflyfish
**Größe:** Bis 20 cm.
**Merkmale:** Körper hoch, zusammengedrückt; Maul klein; Rückenflosse durchgängig; silbrig-weiß gefärbt; schwarze Augenbinde; außer den Brustflossen sind alle Flossen gelb gefärbt; kleiner schwarzer Punkt außen an der Rückenflosse.

**Lebensraum:** 3 – 20 m; Geröllhalden und Riffe.
**Verbreitung:** Florida, Bermudas bis Brasilien.
**Biologie:** Er nimmt in der Dunkelheit eine andere Färbung an: 2. größerer Punkt unter der Rückenflosse, sowie größere diffuse dunkle Streifen.

# Karibik-Pinzettfisch

*Chaetodon aculeatus*
Longsnout Butterflyfish
**Größe:** Bis 8 cm.
**Merkmale:** Körper hoch, zusammengedrückt; Maul klein, endständig; Schnauze verlängert; durchgängige dunkelgefärbte Rückenflosse; keine Augenbinde, nur ein schwach gefärbter Streifen oberhalb des Auges; Bauch weiß, sonst hellgelb gefärbt, bis hin zu brauner Färbung der Rückenflosse.

**Lebensraum:** 20 – 100 m, selten über 20 m anzutreffen; Steilwände und Riffe.
**Verbreitung:** Südliches Florida, Bahamas bis Venezuela.
**Ernährung:** Kleine Krebstiere, sessile Wirbellose; durch die ausgezogene Schnauze ist diese Art in der Lage, Nahrung aus Spalten und Ritzen herauszupicken, an die andere Arten nicht herankommen.

# Kaiserfische
*(Pomacanthidae)*

## Aussehen
Die Kaiserfische fallen durch ihre auffällige Färbung und ihre diskusartige Form sofort ins Auge. Von den nah verwandten Falterfischen unterscheiden sie sich durch eine meist auffälligere Färbung sowie das Vorhandensein eines Vorkiemenstachels! Dieser Vorkiemenstachel beginnt unten am Kiemendeckel und ist nach hinten gerichtet.
Die Kaiserfische besitzen eine durchgehende Rückenflosse. Rücken- und Afterflosse sind oft nach hinten ausgezogen. Die Schwanzflosse endet gerade oder leicht konvex gewölbt, nie gegabelt. Die Brustflossen sind gefärbt (Unterschied gegenüber den Falterfischen) und dienen der Fortbewegung.

## Lebensweise
Am Körperbau sowie an den Flossen und der Schwimmuskulatur läßt sich erkennen, daß die Tiere an das Leben im Korallenriff angepaßt sind. Sie entfernen sich nie weit vom Fels und damit vom nächsten Zufluchtsspalt.
Alle Kaiserfische sind tagaktive Tiere mit einem ausgeprägten Territorialverhalten. Das von ihnen beanspruchte Revier wird gegenüber Artgenossen heftig verteidigt. Die Tiere leben meist einzeln, selten jedoch auch paarweise. In diesem Fall wird das Territorium vom Männchen gegen Eindringlinge verteidigt. Dieses Territorialverhalten sichert die Ernährung, da so Nahrungskonkurrenten vertrieben werden.
Das kleine Maul ist mit scharfen und spitzen Zähnen besetzt. Als Nahrung dienen bei den meisten *Holacanthus*- und *Pomacanthus*-Arten vor allem Schwämme, aber auch Algen, Fischeier, Seegras und Gorgonien.
Die kleineren Arten der Gattung *Centropyge* ernähren sich hauptsächlich von Algen.

## Zwergherzogfisch
*Centropyge argi*
Cherubfish
**Größe:** Bis 6,5 cm.
**Merkmale:** Körper abgerundet, seitlich abgeflacht; kleines Maul; durchgängige Rückenflosse; orangegelber Kopfbereich, sonst blauviolett; dünner, blauer Ring um die Augen.
**Lebensraum:** 20 – 50 m; tiefe Korallenriffe und Steilwände.
**Verbreitung:** Bermudas, südliches Florida, Bahamas bis Brasilien.
**Ernährung:** Algen und sessile Wirbellose.

## Diadem-Kaiserfisch
*Holacanthus ciliaris*
Queen Angelfish
**Fotos:** Mitte adult; unten Jugendform.
**Größe:** Bis 45 cm.
**Merkmale:** Körper abgerundet, diskusartig abgeflacht; kleines Maul; durchgängige, nach hinten ausgezogene Rückenflosse; erwachsenes Tier: gelbblaue Färbung, mit blauer Krone auf der Stirn; Schwanz-, Brust und Bauchflossen gelb;
Jungtier: gelb mit blauen Querstreifen; breiter blauer Streifen über der Augenpartie.
**Lebensraum:** 6 – 70 m; tiefe Riffe und Geröllflächen.
**Verbreitung:** Bermudas, südliches Florida, Bahamas bis Brasilien.
**Ernährung:** Schwämme, sessile Wirbellose.
**Biologie:** Jungtiere betätigen sich als Putzer.

Mit Einbruch der Dämmerung ziehen sich die Kaiserfische in ihre festen Schlafpätze zurück.

## Fortpflanzung

Die *Pomacanthus*- und *Holacanthus*-Arten finden sich zu Paaren zusammen, während die Arten der Gattung *Centropyge* auch Harems bilden. Ein solcher Harem besteht aus einem Männchen und mehreren Weibchen. Verschwindet das Männchen, so macht das ranghöchste Weibchen eine Geschlechtsumwandlung durch und wird zum Männchen. Es ist bisher nicht bekannt, ob auch *Pomacanthus*- und *Holacanthus*-Arten zu einer Geschlechtsumwandlung fähig sind. Die Eiablage erfolgt gewöhnlich paarweise bei Sonnenuntergang im Freiwasser. Hierbei stupst das auf- und abschwimmende Männchen das Weibchen in den Bauch. Dann werden Eier und Spermien simultan ausgestoßen. Die Eier treiben an der Oberfläche. Eine Besonderheit stellt der Farbwechsel vom Jungtier zum adulten Tier bei den Gattungen *Pomacanthus* und *Holacanthus* dar. So wechseln die Jungtiere, kurz bevor sie geschlechtsreif werden, innerhalb weniger Wochen die Färbung und die Zeichnung. Der Wechsel im Aussehen ist bei der Gattung *Pomacanthus* ausgeprägter.

# Dreifarben-Kaiserfisch

*Holacanthus tricolor*
Rock Beauty
**Größe**: Bis 36 cm.
**Merkmale**: Körper abgerundet, diskusartig abgeflacht; kleines Maul; durchgängige Rückenflosse; vorderes Körperdrittel sowie Schwanzflosse gelb, ansonsten dunkel, nahezu schwarz gefärbt; blauer Rand um die Augen (daher »tricolor«); Lippen ebenfalls blauschwarz;
Jungtier: gelb, mit blauem Rand um die Augen sowie dunklem Bereich im letzten Körperdrittel; dieser dunkle, fast schwarze Bereich vergrößert sich im Laufe des Wachstums, bis er nahezu 2 Drittel des Körpers ausmacht (adultes Tier).
**Lebensraum:** 4–30 m; Außenriffe, Riffdächer, Geröllhalden.
**Verbreitung:** Georgia, Bermudas, nördlicher Golf von Mexiko bis Brasilien.
**Ernährung:** Schwämme, sessile Wirbellose.

## Ähnliche Arten

*Holacanthus bermudensis* (Bermuda-Kaiserfisch/Blue Angelfish); bis 45 cm; blau gefärbt, Schwanzflosse und Brustflossen mit gelbem Saum;
Jungtier: dunkelblau mit blauen Querstreifen, Schnauze, Schwanz-, Brust- und Bauchflossen gelb;
Verbreitung: North Carolina, Bermudas bis Yukatan.

# Grauer Kaiserfisch

*Pomacanthus arcuatus*
Gray Angelfish
**Fotos:** Oben adult; unten rechts Jugendform.
**Größe:** Bis 60 cm.
**Merkmale:** Körper abgerundet, diskusartig abgeflacht; kleines Maul; durchgängige Rückenflosse nach hinten ausgezogen; grau; jede Schuppe hat einen schwarzen Punkt; Mund und Schnauze weiß; Brustflossen auf der Innenseite gelb gefärbt; Schwanzflosse gerade abgeschnitten;
Jungtier: schwarz-gelb gestreift; Schwanzflosse gerade abgeschnitten, mit gelben oder transparentem Rand.
**Lebensraum:** 4–30 m; Korallenriffe.
**Verbreitung:** New York, Bermudas, nördlicher Golf von Mexiko bis Brasilien.
**Ernährung:** Schwämme, sessile Wirbellose, Hornkorallen.

## Franzosen-Kaiserfisch
*Pomacanthus paru*
French Angelfish
**Fotos:** Oben adult; unten rechts Jugendform.
**Größe:** Bis 38 cm.
**Merkmale:** Körper abgerundet, diskusartig abgeflacht; kleines Maul; durchgängige Rückenflosse nach hinten ausgezogen; grau mit gelben Punkten; Augen gelb umrandet; Mund und Schnauze weiß; Schwanzflosse abgerundet;
Jungtier: schwarz mit 3 gelben Querstreifen; gelber Querstreifen über den Kopf, Lippen werden ausgespart; Schwanzflosse gelbumrandet, abgerundet.
**Lebensraum:** 4 – 30 m; Korallenriffe und Geröllflächen; paarweise.
**Verbreitung:** Florida, Bermudas bis Brasilien.
**Ernährung:** Schwämme, sessile Wirbellose, Algen, Hornkorallen.

# Pilotbarsche
*(Kyphosidae)*

## Aussehen
Die Pilotbarsche sind mittelgroße Fische. Ihr Körper ist oval, abgeflacht, mit kleinem Kopf. Das Maul ist ebenfalls klein, endständig und mit kammähnlichen Zähnen besetzt. Die Rückenflosse ist durchgängig, die Schwanzflosse meist gegabelt. Der größte Teil des Kopfes, der Körper und Teile der Flossen sind mit kleinen Kammschuppen bedeckt.
Die Färbung ist unauffällig silbergrau.

## Lebensweise
Pilotbarsche sind Schwarmfische, die in Küstennähe über Felsboden, Korallenriffen oder Seegraswiesen anzutreffen sind. Es sind Allesfresser, die sich jedoch bevorzugt von benthischen Algen ernähren.

# Büschelbarsche
*(Cirrhithidae)*

## Aussehen
Die Büschelbarsche, auch Korallenwächter genannt, sind kleine Fische mit recht auffälliger Färbung. Ein Merkmal sind die Hartstrahlen der Rückenflosse, die mit auffallenden Hautbüscheln besetzt sind. Die Brustflossen bestehen aus 14 Strahlen, wobei die unteren 5 – 7 unverzweigt und verdickt sind und frei stehen. Kopf und Rumpf sind mit mittelgroßen Schuppen bedeckt.

## Lebensweise
Büschelbarsche leben allein oder paarweise. Es sind schlechte Schwimmer, die nur zum Beutefang kurze Vorstöße ins freie Wasser machen. Ansonsten verspreizen sich die territorial lebenden Fische mit ihren Brustflossen zwischen Korallenästen.

## Bermuda-Pilotbarsch
*Kyphosus sectatrix*
Bermuda Chub
**Größe:** Bis 35 cm.
**Merkmale:** Körper oval, abgeflacht; Kopf in Seitenansicht abgerundet; Maul klein, endständig; Rückenflosse durchgängig, Schwanzflosse gegabelt; silbriggrau gefärbt, mit gelblichen Linien; gelblicher Streifen unter dem Auge; die gelblichen Zeichnungen sind oft nur sehr schwer zu erkennen.
**Lebensraum:** 5 – 25 m; Riffe, Felsgrund.
**Verbreitung:** Cape Cod, Bermudas bis Brasilien.
**Ernährung:** Schwimmende oder abgerissene Pflanzenteile.

## Karibik-Büschelbarsch
*Amblycirrhitus pinos*
Redspotted Hawkfish
**Größe:** Bis 10 cm.
**Merkmale:** hochrückig; Rückenflosse mit Hautbüscheln; Brustflossen mit unverzweigten, freistehenden Strahlen; Körper sandfarben mit dunkleren Streifen; Kopf, Rückenflosse und Körperoberseite mit leuchtend roten Punkten; Schwanzstiel mit breitem schwarzen Streifen; großer schwarzer Fleck am Ende der Rückenflosse.
**Lebensraum:** 5 – 25 m; Riffe; lauert auf Korallen oder Felsen, territorial.
**Verbreitung:** Südliches Florida bis Venezuela.
**Ernährung:** Wirbellose.

Fam. Pilotbarsche
und Büschelbarsche

**135**

# Riffbarsche
*(Pomacentridae)*

## Aussehen
Die Riffbarsche bilden eine der artenreichsten Familien. Es sind kleine Fische bis 15 cm Größe. Sie sind hochrückig und seitlich zusammengepreßt. Das Maul ist klein und kann vorgestreckt werden. Auf jeder Seite des Kopfes haben sie nur eine einzige Nasenöffnung. Der Körper ist mit rauhen Kammschuppen bedeckt; die Rückenflosse ist durchgängig.

Die Fische sind meist bunt gefärbt, wobei Jungfische und adulte Tiere unterschiedlich gefärbt sein können. Bei der Unterfamilie der Chrominae ist die Schwanzflosse, im Gegensatz zu der der Pomacentrinae, stark gegabelt und schmal. Bei den Pomacentrinae ist außerdem der Rand des Praeoperculums und der meisten anderen Kiemendeckelknochen gezähnt.

## Lebensweise
Riffbarsche leben meist im Flachwasser von Korallenriffen. Sie ernähren sich sowohl von Algen als auch von tierischen Organismen. Die algenfressenden Arten sind in der Regel weniger auffällig gefärbt als die Planktonfresser. Viele Riffbarsche zeigen ein ausgeprägtes Territorialverhalten, vor allem die Arten, die sich von Algen ernähren. Sie verteidigen ihr Revier heftig gegen alle Eindringlinge, unabhängig von deren Größe. Dieses Revier wird während der Fortpflanzungsperiode noch vergrößert. Viele Arten der Unterfamilie Chrominae leben an tieferen Außenriffen mit Strömung. Sie bilden oft große Schwärme und ernähren sich von Plankton.

## Fortpflanzung
Die Riffbarsche zeigen ein sehr stereotypes Verhalten bei der Fortpflanzung. Zunächst wird der am Grund gelegene Brutplatz gesäubert. Dann beginnt das Männchen eine Art Balztanz mit

## Blauer Chromis
*Chromis cyanea*
Blue Chromis
**Größe:** Bis 12,5 cm.
**Merkmale:** Körper länglich, hochrückig; kleines Maul; durchgängige Rückenflosse; Schwanzflosse tief gegabelt; Kopf und Körper leuchtend blau gefärbt, Rücken dunkler, fast schwarz; oberer und unterer Rand der Schwanzflosse schwarz gefärbt.
**Lebensraum:** 5 – 55 m; Riffe; in Schwärmen.
**Verbreitung:** Südliches Florida, Bermudas, nördlicher Golf von Mexiko bis Venezuela.
**Ernährung:** Zooplankton.

## Brauner Chromis
*Chromis multilineata*
Brown Chromis
**Größe:** Bis 16,5 cm.
**Merkmale:** Körper länglich, hochrückig; kleines Maul; durchgängige Rückenflosse; Schwanzflosse tief gegabelt; Körper und Kopf grau bis olivbraun gefärbt, Oberseite dunkler; Ränder von Rücken- und Spitzen der Schwanzflosse gelb; dunkelbrauner Fleck am Ansatz der Brustflosse, weißer Fleck am Ansatz des letzten Rückenflossenweichstrahls.
**Lebensraum:** 12 – 30 m; Riffe; in Schwärmen.
**Verbreitung:** Bermudas, Florida bis Brasilien.
**Ernährung:** Zooplankton.

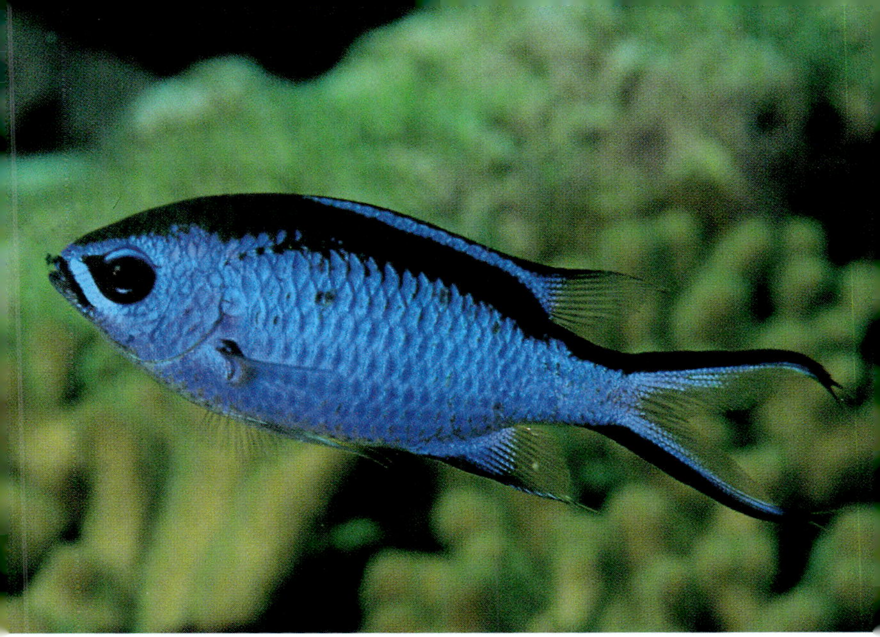

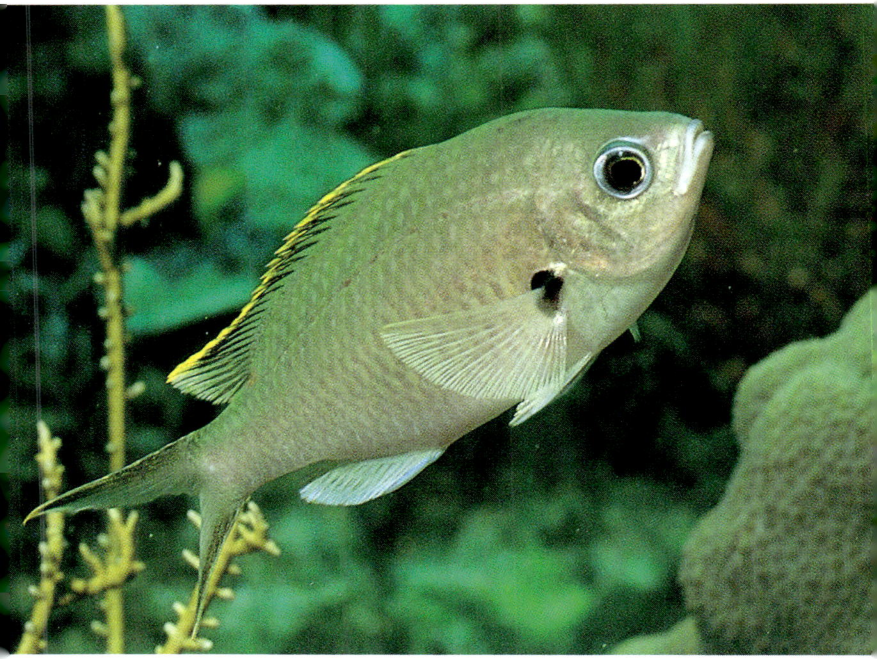

schnellen Auf- und Abbewegungen. Abhängig von der Art werden zwischen 100 und 1000 Eier gelegt. Die ovalen Eier werden mittels haftender Schnüre am Grund befestigt. Die Bewachung des Geleges wird meist vom Männchen übernommen. Das Gelege wird mit den Brustflossen befächelt, tote Eier und Schmutzpartikel werden entfernt.
Innerhalb von 2 – 7 Tagen schlüpfen die kleinen Larven und wandern zur Oberfläche. Sie werden durch die Strömungen des Ozeans verdriftet. Diese Periode dauert zwischen 10 und 50 Tagen, abhängig von der Art. Schließlich schwimmen die jungen Fische zum Grund und ihre durchsichtigen Körper nehmen die Jugendfärbung an. Die Jungfische wachsen 5 – 15 mm pro Monat.
Die Lebensdauer der Riffbarsche kann bis zu 10 Jahren betragen.

## Gestreifter Sergeant

*Abudefduf saxatilis*
Sergeant Major
**Größe:** Bis 15 cm.
**Merkmale:** Hochrückig; kleines Maul; durchgängige Rückenflosse; Unterseite silbergrau, Oberseite mit gelblichem Schimmer; 5 dunkle vertikale Streifen; dunkler Fleck am Ansatz der Brustflosse.
**Lebensraum:** 1 – 20 m; Riffe, Flachwasser, Sargassum; oft in Gruppen.
**Verbreitung:** New York bis Uruguay.
**Ernährung:** Zooplankton, Algen.
**Biologie:** Das Männchen befächelt die roten oder violetten Eier und ist in der Brutpflegephase dunkel.

## Dunkler Riffbarsch

*Stegastes dorsopunicans*
Dusky Damselfish
**Größe:** Bis 10 cm.
**Merkmale:** Hochrückig; kleines Maul; durchgängige Rückenflosse; hellgrau bis dunkelgrau gefärbt; After- und Rückenflosse lang ausgezogen; Jungtier: rotbraun am Rücken, darunter graublau; großer schwarzer Fleck mit blauem Rand auf der Rückenflosse im Bereich der Weichstrahlen, kleinerer Fleck am Schwanzstiel.
**Lebensraum:** 0 – 3 m; flache Riffe, Felsen; territorial.
**Verbreitung:** Florida, Bermudas, Golf von Mexiko bis Brasilien.
**Ernährung:** Algen, Detritus.

Fam. Riffbarsche **139**

## Langflossen-Riffbarsch
*Stegastes diencaeus*
Longfin Damselfish
**Foto:** Jugendform.
**Größe:** Bis 13 cm.
**Merkmale:** Hochrückig; kleines Maul; durchgängige Rückenflosse; dunkelbraun gefärbt; <u>Afterflosse lang und spitz ausgezogen</u>, reicht über den Ansatz der Schwanzflosse hinaus;

<u>Jungtier (Honey Gregory):</u> gelb mit leuchtend blauen Linien und Strichen vom Kopf zum Rücken und in die Rückenflosse hinein; <u>großer schwarzer Fleck mit blauem Rand im Stachelstrahlenbereich der Rückenflosse</u>.
**Lebensraum:** 4 – 25 m; flache Riffe, Felsen mit wenig Wellen; territorial.
**Verbreitung:** Florida, Bahamas bis Venezuela.

## Zweifarben-Riffbarsch
*Stegastes partitus*
Bicolor Damselfish
**Größe:** Bis 10 cm.
**Merkmale:** Hochrückig; kleines Maul; durchgängige Rückenflosse; zweifarbig: vorderer Teil dunkel, hinterer Teil cremefarben; Bauchseite kann gelb sein.
**Lebensraum:** 3 – 25 m; Riffdächer; territorial, verteidigt ein recht kleines Revier.
**Verbreitung:** Südliches Florida, Bermudas, nördlicher Golf von Mexiko bis Brasilien.

## Ähnliche Arten
*Stegastes leucostictus* (Schöner Gregory/Beaugregory); bis 10 cm; relativ schlank; grau bis braun gefärbt; Schwanzflosse blaß bis gelblich; in 3 – 20 m Tiefe; flache Riffe, Sand, Seegraswiesen, Felsen; territorial; Verbreitung: Maine, Bermudas, nördlicher Golf von Mexiko bis Brasilien.
*Stegastes variabilis* (Cocoa-Riffbarsch/Cocoa Damselfish); bis 13 cm; Körperoberseite bräunlich, Unterseite heller; dunkler Fleck am Schwanzstiel; Bereich um die Augen dunkel; in 5 – 25 m Tiefe; Riffe; territorial; Verbreitung: südliches Florida, Bahamas, Golf von Mexiko bis Brasilien.

## Dreipunkt-Riffbarsch
*Stegastes planifrons*
Threespot Damselfish
**Fotos:** Oben adult; unten Jugendform.
**Größe:** Bis 13 cm.
**Merkmale:** <u>Hochrückig</u>; kleines Maul; durchgängige Rückenflosse; gelbbraun bis grau gefärbt; leuchtend gelber Halbmond über dem Auge; <u>je ein dunkler Fleck am Ansatz der Brustflosse und am Schwanzstiel</u>;

<u>Jungtier:</u> <u>leuchtend gelb mit 2 schwarzen Flecken</u>: einer im Bereich der Rückenflosse, einer am Schwanzstiel.
**Lebensraum:** 3 – 25 m; Riffdächer; territorial.
**Verbreitung:** Florida, Bermudas, nördlicher Golf von Mexiko bis Venezuela.

## Juwelen-Riffbarsch

*Microspathodon chrysurus*
Yellowtail Damselfish
**Fotos:** Oben adult; unten Jugendform.
**Größe:** Bis 20 cm.
**Merkmale:** Hochrückig; kleines Maul; durchgängige Rückenflosse; Körper und Kopf braun mit blauen Punkten am Rücken, Schwanzflosse leuchtend gelb;

Jungtier: dunkelblau mit leuchtend blauen Punkten; Schwanzflosse bei ganz jungen Tieren durchsichtig oder weiß, geht mit zunehmendem Alter in gelb über.
**Lebensraum:** 18–73 m; Riffe; territorial.
**Verbreitung:** Südliches Florida, Bermudas, nördlicher Golf von Mexiko bis Venezuela.
**Ernährung:** Algen, Polypen von Feuerkorallen.

# Lippfische
*(Labridae)*

## Aussehen
Der Körper der Lippfische ist mehr oder minder barschähnlich, langgestreckt und mit Rundschuppen bedeckt. Das Maul ist meist recht klein, endständig und vorstülpbar. Bei vielen Arten ragen relativ große Fangzähne aus den recht wulstigen Lippen heraus.
Die Größe der Lippfische variiert sehr stark, so sind die kleinsten nur ca. 4 cm, während die größten 90 cm erreichen können.
Die Rückenflosse ist durchgängig lang, wobei deren vorderer Teil mit Stachelstrahlen meist länger ist als der weichstrahlige hintere Teil. Die Schwanzflosse der Lippfische ist meist abgerundet. Die Bauchflossen sind kehlständig. Die Fortbewegung erfolgt mit Hilfe der Brustflossen, die synchron bewegt werden. Dabei entsteht eine wippende Schwimmbewegung, die für die Lippfische typisch ist. Die Schwanzflosse wird nur bei Angriff oder Flucht eingesetzt.
Weibchen und Männchen sind unterschiedlich gefärbt und gemustert; männliche Lippfische sind meist brillanter und auffälliger. Die Tiere durchlaufen während ihrer Entwicklung eine Reihe von Farbvarianten, was das Bestimmen der Arten sehr erschwert. So sind von z. B. *Thalassoma bifasciatum* 3 Farbkleider bekannt (vgl. S. 151). Das schlichte Kleid tragen die Weibchen, sowie zunächst die Primär- und Sekundärmännchen (s. u.). Alle Männchen färben sich innerhalb weniger Wochen um und tragen währenddessen ein Übergangskleid, um schließlich die Endfärbung der Prachtmännchen zu erhalten.

## Lebensweise
Lippfische sind meist recht lebhaft und halten sich in kleinen Gruppen in Küstennähe zwischen Korallenriffen

## Spanischer Schweinslippfisch
*Bodianus rufus*
Spanish Hogfish
**Größe:** Bis 38 cm.
**Merkmale:** Körper-, Kopfoberseite sowie größter Teil der Rückenflosse rot oder violett; Bauch und Flossen gelb; sehr große Tiere können vollkommen schwarzviolett gefärbt sein; Jungtier: ähnlich dem adulten Tier, aber dunkelblau bis blauviolett auf der Oberseite; Rückenflosse mit einem dunkelblauen Punkt; bei sehr jungen Tieren 2 schmale schwarze Linien hinter den Augen; Putzer.
**Lebensraum:** 2 – 60 m; Riffe, Felsen.
**Verbreitung:** Südflorida, Bermudas bis Brasilien.
**Ernährung:** Krebstiere, Haarsterne, Mollusken, Seeigel.

## Pudding-Junker
*Halichoeres radiatus*
Puddingwife
**Foto:** Übergang zum Prachtmännchen.
**Größe:** Bis 51 cm.
**Merkmale:** Prachtmännchen: Körper grünlich; Oberseite dunkler als Unterseite; grünblaue Zeichnung am Kopf; weißer vertikaler Streifen in der Körpermitte; schwarzer Punkt am Ansatz der Brustflosse; Ende der Schwanzflosse gelblich;
adultes Tier: Körper blaugün bis oliv; Schwanzflosse gelblich; grünblaue Zeichnungen am Kopf; 5 weiße Bänder oder Flecken oben am Rücken.
Junngtier: 2 leuchtend gelbe Linien laufen vom Auge bzw. Mundwinkel bis zur Schwanzflosse; 4 dunkle Bänder am Rücken; Schwanzflosse gelb mit großem schwarzem Fleck.
**Lebensraum:** 3 – 20 m; flache Außenriffe.
**Verbreitung:** North Carolina, Bermudas, Golf von Mexiko bis Brasilien.
**Ernährung:** Weichtiere, Seeigel, Haarsterne, Krebstiere.

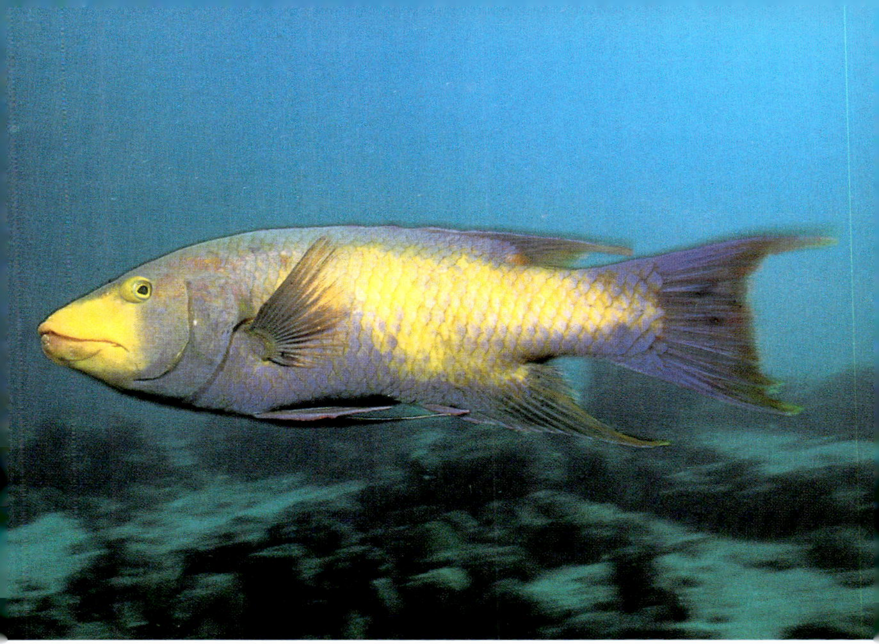

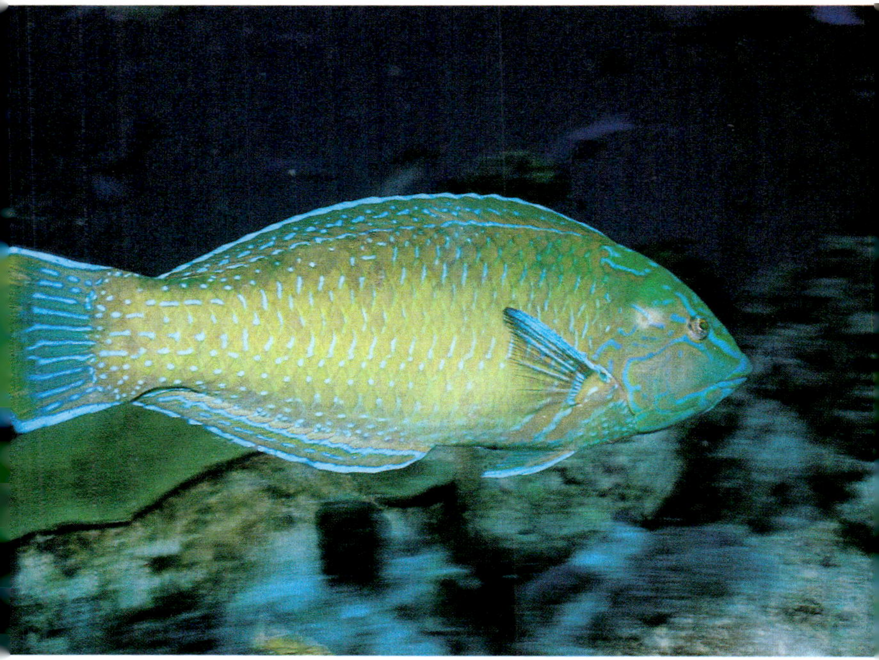

oder Felsen auf. Einige sind auch über Algenrasen und Sandgrund anzutreffen.

Es sind tagaktive Tiere. Nachts graben sich viele Arten zum Schlafen in den Sand ein, andere schlafen in Spalten oder Höhlen.

Die kleinen Lippfische sind flinke und wendige Schwimmer, die dauernd in Bewegung sind, während die größeren ruhig dahinschwimmen.

Sie ernähren sich von Bodentieren aller Art, in erster Linie von Schnecken, Muscheln und Krebsen, aber auch von anderen Wirbellosen. Auf der Nahrungssuche folgen Lippfische, z. B. der Gattungen *Halichoeres* und *Thalassoma,* nicht selten Meerbarben und schnappen aufgewühlte Beute flink auf.

Viele juvenile Lippfische übernehmen Putzerfunktionen, z. B. *Bodianus rufus.*

## Fortpflanzung

Viele Lippfische sind protogyne Zwitter, d. h., einige Männchen haben sich aus funktionellen Weibchen entwickelt. Man unterscheidet sogenannte »primäre« und »sekundäre« Männchen. Die »Primären« werden als Männchen geboren, die »Sekundären« entwickeln sich aus Weibchen. Der Unterschied zwischen beiden Typen ist an der Gonadenstruktur zu erkennen.

Das Ablaichen der Lippfische scheint von den Mondzyklen beeinflußt zu werden. Bei einsetzender Ebbe, wenn das Wasser ins offene Meer abfließt, suchen viele Arten zum Ablaichen Plätze am äußeren Riffabhang auf. Bei *Thalassoma bifasciatum* konnten 2 Formen des Ablaichens beobachtet werden.

Paarlaichen führen nur dominante Prachtmännchen aus, die einen Korallenstock besetzt halten und durch »Loopings« ihr Revier markieren. Laichwillige Weibchen werden angebalzt, indem die Männchen kreisen oder in achterförmigen Schlingen über ihnen schwimmen. Dann schwimmt

# Gelbkopf-Junker
*Halichoeres garnoti*
Yellowhead Wrasse
**Fotos:** Oben Prachtmännchen; unten Jungtier.
**Größe:** Bis 18 cm.
**Merkmale:** Prachtmännchen: diffuser schwarzer Streifen auf der Seite teilt den Körper in vorderen und hinteren Bereich; Kopf und vorderer Teil auf der Oberseite gelb, darunter blaugrün; hinterer Teil des Körpers grünlich, Rücken dunkelbraun; 2 dunkle Wellenlinien hinter dem Auge; Brustflosse mit schwarzer Spitze und einem Fleck am oberen Ende des Flossenansatzes; Weibchen/Übergangsform: Körper gelb, Oberseite dunkler; 2 oder mehrere dunkle, nach oben geneigte Linien gehen vom Auge aus; Schwanzflosse gelblich;
Jungtier: leuchtend gelborange mit einem silbrigblauen Streifen vom Auge bis zur Schwanzflosse.
**Lebensraum:** 2 – 60 m; flache Riffe und Steilhänge.
**Verbreitung:** Bermudas, südliches Florida bis Brasilien.

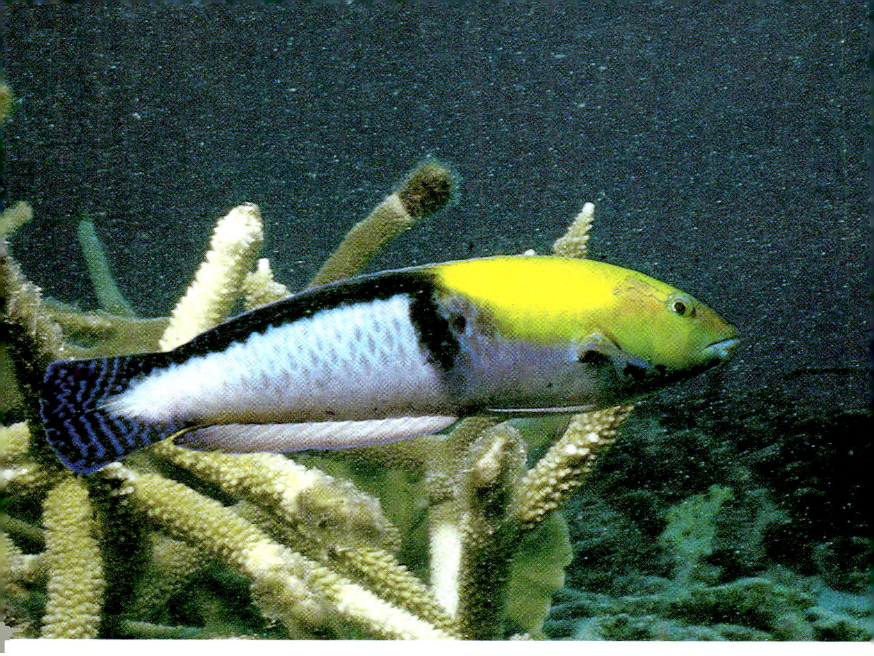

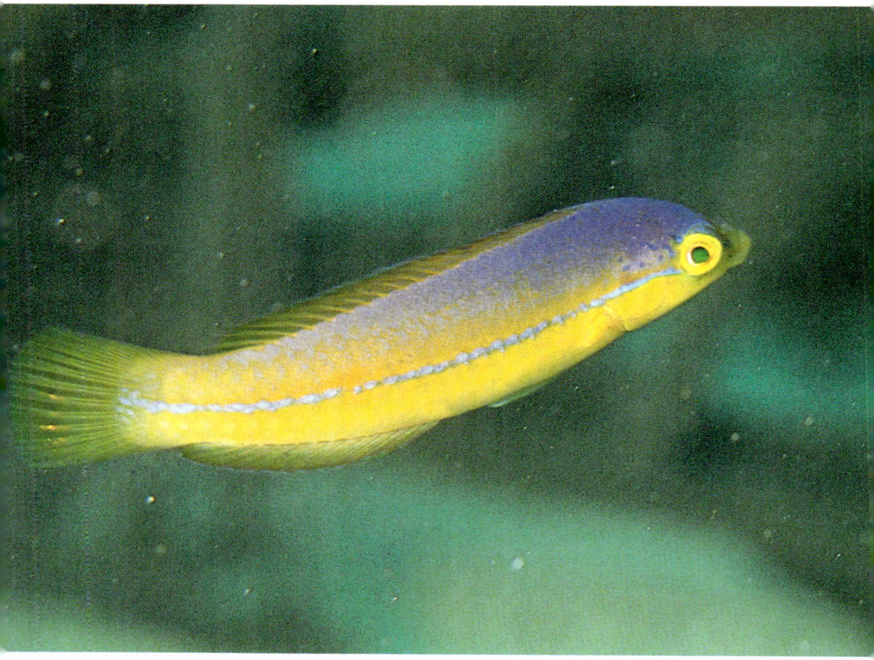

das Paar, das Weibchen voran, steil nach oben. In der Endphase berühren sie einander, wobei sich das Männchen blitzschnell um das Weibchen schlingt und die Spermien ausstößt.

Gruppenlaichen wurde an dicht besiedelten Riffen beobachtet, wobei 20–50 schlicht gefärbte *Thalassoma* zusammen steil an die Oberfläche schwimmen und ablaichen, ohne Paare zu bilden.

Nach etwa 1 Tag schlüpfen aus den transparenten, pelagischen Eiern die Larven. Sie bleiben ca. 1 Monat planktonisch.

Junge Lippfische von ca. 1 cm Größe werden wieder im Riff angetroffen. Einige Arten aus kälteren Gewässern, wie z. B. dem Mittelmeer, betreiben Brutpflege und bauen aus Sand oder Algen Nester, die entweder vom Männchen oder von beiden Eltern bewacht werden.

### Ähnliche Arten

*Bodianus pulchellus* (Punktflossen-Schweinslippfisch/Spotfin Hogfish); bis 15 cm; Kopf und vordere zwei Drittel des Körpers sowie der Rückenflosse rot, mit mehr bis minder auffälligem, weißem Seitenstreifen; hinteres Drittel der Rückenflosse sowie Schwanzflosse gelb gefärbt; Brustflossen farblos mit schwarzem Fleck an der Spitze; Jungtier: Körper und Kopf gelb, schwarzer Fleck am Ansatz der Rückenflosse, 2 dunkle Linien laufen vom Auge nach hinten; Putzer.

## Clown-Junker

*Halichoeres maculipinna*
Clown Wrasse
**Foto:** Übergangsform.
**Größe:** Bis 18 cm.
**Merkmale:** Männchen: Körperoberseite grünlich, Unterseite weißlich; **g**roßer dunkler Fleck auf der Seite über dem Ansatz der Afterflosse; orangebraune Streifen an der Körperoberseite über den Weichstrahlen der Rückenflosse; schwarzer Fleck im Bereich der Stachelstrahlen der Rückenflosse; Kopf mit zahlreichen orangebraunen Streifen; Weibchen/Jungtier: Breiter schwarzer Streifen von der Schnauze übers Auge bis zum Schwanz; Rücken gelb; Bauch weiß.
**Lebensraum:** 2–15 m; flache Riffe, Riffdächer.
**Verbreitung:** North Carolina, Bermudas bis Brasilien.

## Zweistreifen-Junker

*Halichoeres bivittatus*
Slippery Dick
**Foto:** Jungtier.
**Größe:** Bis 20 cm.
**Merkmale:** Oberseite grünlich; an den Seiten gelbgrün bis weißlich; 2 dunkle Längsstreifen an der Seite; zweifarbiger Fleck am Kiemendeckel; Jungtier: hellbraun bis weiß gefärbt; mit 2 Streifen an der Seite, der obere fast schwarz, der untere sehr hell.
**Lebensraum:** 2–15 m; flache Riffe, einzeln oder in Gruppen; schläft im Sand.
**Verbreitung:** North Carolina, Bermudas bis Brasilien.
**Ernährung:** Krebse, Seeigel, Schlangensterne, Mollusken.

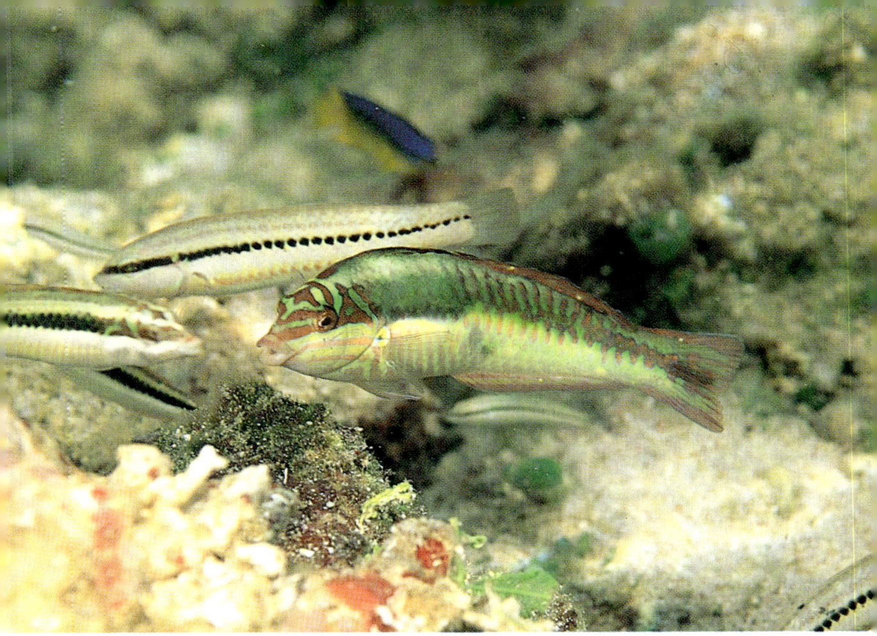

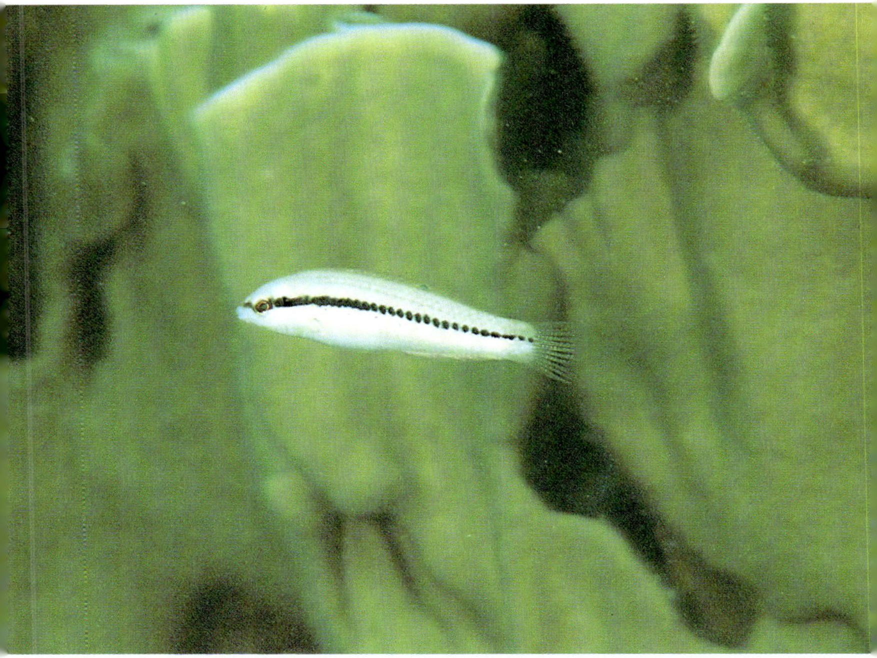

## Kreolen-Lippfisch
*Clepticus parrai*
Creole Wrasse
**Größe:** Bis 30 cm.
**Merkmale:** Zähne klein; Körperober-
seite <u>dunkelviolett</u>, zum Bauch hin hel-
ler werdend; <u>Schnauze und Stirn
schwarz</u>; gelber Bereich über der After-
flosse und am Schwanzstiel.
**Lebensraum:** 10–21 m; Außenriffe; in
größeren Verbänden.
**Verbreitung:** North Carolina, Bermu-
das, nördlicher Golf von Mexiko bis
Venezuela.

# Blaukopf-Junker
*Thalassoma bifasciatum*
Bluehead
**Fotos:** Oben Prachtmännchen; unten Jungtier/adulte Form.
**Größe:** Bis 18 cm.
**Merkmale:** <u>Prachtmännchen:</u> blauer Kopf, Körper grün; <u>die beiden Farben sind durch 2 schwarze vertikale Streifen, die am Bauch zusammenlaufen, getrennt; zwischen den schwarzen Stre fen liegt ein helles Areal;</u> <u>Übergangsform:</u> <u>alternierende schwarze und helle Balken vom Rücken bis zur Körpermitte;</u> Rückenflosse vorne mit großem schwarzen Fleck; <u>Jungtier/adulte Form:</u> <u>großer schwarzer Fleck vorn an der Rückenflosse; Körper gelb;</u> bei sehr jungen Tieren mit dunklem Seitenstreifen; bei etwas älteren Tieren Körperoberseite gelb, Unterseite weiß, ohne Querstreifen.
**Lebensraum:** 2 – 25 m; Seegraswiesen, Riffdächer, Außenriffe.
**Verbreitung:** Florida, Bermudas, südlicher Golf von Mexiko bis Venezuela.

## Schweinslippfisch
*Lachnolaimus maximus*
Hogfish
**Größe:** Bis 90 cm.
**Merkmale:** Körper zusammengedrückt, hochrückig; Farbe kann variieren, von perlweiß gesprenkelt bis rotbraun gestreift; Schnauze, Nacken bis hin zur Rückenflosse dunkler; Schnauze recht spitz; die ersten 3. Stachelstrahlen der Rückenflosse sind lang ausgezogen; schwarzer Fleck am Ende der Rückenflosse.

**Lebensraum:** 3 – 25 m; auf Fleckenriffen und über Außenriffen, über Sand.
**Verbreitung:** North Carolina, Golf von Mexiko bis Brasilien.
**Ernährung:** Gräbt im Sand nach Seeigeln, Mollusken, Krabben.

## Perlen-Schermesserfisch △
*Xyrichtys novacula*
Pearly Razorfish
**Größe:** Bis 38 cm.
**Merkmale:** <u>Körper blaß orange bis rosa</u>, Oberseite dunkler als Unterseite; breiter rosa diagonaler Strich auf der Seite; <u>Schwanzflosse abgerundet</u>; <u>Jungtier:</u> orangerot bis braun oder grünlich mit dunklen Zeichnungen, meist 4 diffuse dunkle Streifen am Körper und 1 unter dem Auge.
**Lebensraum:** 2 – 20 m; Sandgrund.
**Verbreitung:** North Carolina, nördlicher Golf von Mexiko bis Brasilien.
**Biologie:** Baut Nester im Korallengeröll.

## Grüner Schermesserfisch ▽
*Xyrichtys splendens*
Green Razorfish
**Größe:** Bis 15 cm.
**Merkmale:** <u>Männchen:</u> grünliches Aussehen; <u>1 (manchmal auch 2) mit Blau umrandeter schwarzer Fleck in der Körpermitte</u>; bläuliche und orange Streifen auf der Wange; 1. Flossenstrahl der Bauchflosse verlängert; <u>Weibchen/Jungtier:</u> leicht orange gefärbt; orange und blaue Streifen unter dem Auge.
**Lebensraum:** 2 – 15 m; Sandgrund.
**Verbreitung:** Südflorida, Bermudas bis Yukatan.
**Ernährung:** Weichtiere.

# Papageifische
*(Scaridae)*

## Aussehen
Für die Namensgebung der Papageifische sind ihre Zähne verantwortlich, die – mehr oder weniger verwachsen – einen papageischnabelähnlichen Kiefer bilden.
Papageifische sind mittelgroße Tiere, bei denen die großen Rundschuppen schon von weitem zu erkennen sind. Der große Kopf ist abgerundet, mit einem endständigen Maul, das nicht vorstülpbar ist. Mit zunehmendem Alter verändert sich das Kopfprofil, vor allem das der älteren Männchen. Der Kopf wird zunehmend stumpfer; so bekommt beim blauen Papageifisch der Schädel eine Ähnlichkeit mit dem des Pottwals.
Die Rückenflosse ist lang und durchgängig, die Form der Schwanzflosse kann stark variieren.
Papageifische sind sehr bunt. So führte ihr erheblicher Sexualdimorphismus (Unterschiede im Aussehen der Geschlechter) zur irrtümlichen Beschreibung neuer Arten, deren wissenschaftliche Bearbeitung noch nicht abgeschlossen ist. Am auffälligsten gefärbt sind die sogenannten Prachtmännchen.

## Lebensweise
Papageifische leben sowohl einzeln als auch in Gruppen beiderlei Geschlechts. Größere, ältere Tiere leben oft einzeln. Es sind tagaktive Fische, die sich nachts zum Schlafen in Spalten und Höhlen zurückziehen. Einige umgeben sich als zusätzliche Schutzmaßnahme mit einem Schlafrock aus Schleim (vgl. Foto S. 18). Der Schleimmantel beginnt als Falte vor dem Mund und hat hinter der Schwanzflosse eine Öffnung von einem oder mehreren Zentimetern, durch die das Atemwasser entweichen kann. Das Sekret ist transparent, gelatinös. Diese Hülle fällt zusammen, sobald der Fisch herausschlüpft. Die Papageifische

## Mitternacht-Papageifisch
*Scarus coelestinus*
Midnight Parrotfish
**Größe:** Bis 75 cm.
**Merkmale:** Körper kompakt; Maul endständig; Rückenflosse durchgängig; schwarzblau gefärbt mit großen leuchtend blauen Flecken am Kopf und im Zentrum der Schuppen; Zähne blaugrün.
**Lebensraum:** 2 – 30 m; flache Riffe.
**Verbreitung:** Südliches Florida, Bahamas bis Brasilien.

## Blauer Papageifisch
*Scarus coeruleus*
Blue Parrotfish
**Größe:** Bis 120 cm.
**Merkmale:** Körper kompakt; Maul endständig; Rückenflosse durchgängig; himmel- bis königsblau gefärbt, am Kopf etwas dunkler; Zähne weiß; Jungtier: hellgrau bis hellblau; oberer Teil des Kopfes und Nacken gelblich.
**Lebensraum:** 3 – 30 m; flache Riffe.
**Verbreitung:** Maryland, Bermudas bis Brasilien, fehlt im Golf von Mexiko.

## Ähnliche Arten
*Scarus croicensis* (Gestreifter Papageifisch/Striped Parrotfish); lebt auf flachen Riffen; Verbreitung: Bermudas, Florida, Karibik; bis 28 cm; Prachtmännchen: Körper grünlich; leuchtend gelborange über der Brustflosse; Schwanzflosse am Rand grün, die Mitte mit gelbgrünen Wellenlinien; adultes Tier: dunkelbraun, zur Bauchseite hin heller; 2 breite weiße Streifen laufen vom Kopf zur Schwanzflosse.

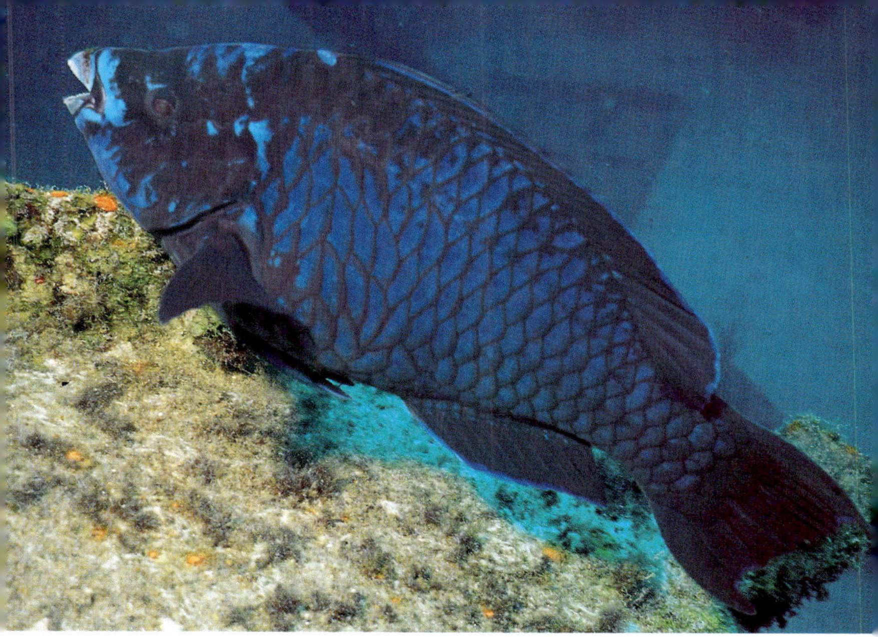

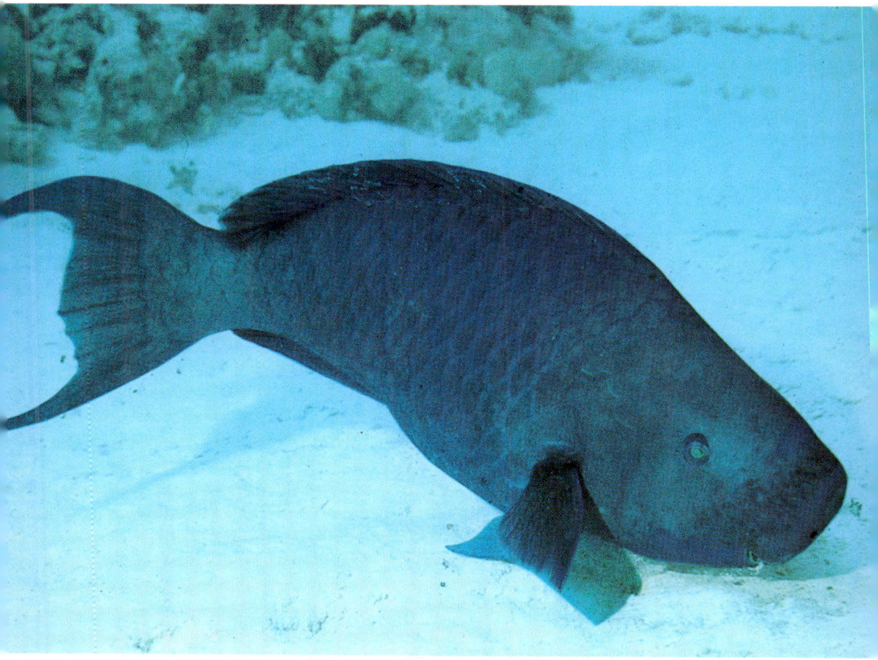

der Gattung *Sparisoma* bilden keinen Schlafrock aus.

Am Tag verlassen die Tiere ihren Unterschlupf und beginnen mit der Nahrungssuche. Sie suchen hierzu die Steilkanten der Korallenriffe auf, um den Algenbewuchs abzuweiden.

Früher hielt man die Papageifische für carnivor, da sie Korallen mit ihrem starkem Gebiß zermahlen; mittlerweile weiß man jedoch, daß sie sich hauptsächlich von Algen, die die toten Korallenblöcke überziehen, ernähren. Ihr Gebiß ist für diese Art der Nahrungsaufnahme hervorragend geeignet. Die in der Nahrung befindlichen organischen Nährstoffe werden verdaut und der Korallenkalk als Sandwolke ausgeschieden. Die Papageifische spielen daher beim Abbau der Riffe eine beträchtliche Rolle.

Die Fortbewegung erfolgt mittels der Brustflossen, während die Schwanzflosse als Ruder eingesetzt wird.

## Fortpflanzung

Die Papageifische weisen – ähnlich wie die Lippfische – im Erwachsenenstadium gewöhnlich 2 Farbphasen auf. Die erste Reifephase, manchmal nur aus Weibchen, aber öfter aus Männchen (Primärmännchen) und Weibchen bestehend, wird als <u>Initialphase</u> bezeichnet. Die Weibchen der meisten Arten sind in dieser Phase in der Lage, ihr Geschlecht umzuwandeln. Diese Geschlechtsumwandlung zum Männchen (Sekundärmännchen) geht mit einem Farbwechsel einher. Diese Phase wird als die <u>Termialphase</u> bezeichnet und ist durch ihre ausgesprochen prächtige Färbung zu erkennen, sogenannte Prachtmännchen.

Bei *Sparisoma viride* konnten 2. Formen des Ablaichens beobachtet werden. Beim <u>Paarlaichen</u> führen die Prachtmännchen einen Balztanz auf und laichen mit dem Partner ab. Beim <u>Gruppenlaichen</u> laichen zahlreiche schlicht gefärbte Männchen mit zahlreichen Weibchen gleichzeitig ab.

## Regenbogen-Papageifisch

*Scarus guacamaia*
Rainbow Parrotfish
**Größe:** Bis 120 cm.
**Merkmale:** Körper kompakt; Maul endständig; Rückenflosse durchgängig; Schwanzflosse an den Rändern ausgezogen; <u>vorderer Teil des Körpers orangebraun gefärbt, hinterer Teil kräftig grün</u>; keine Streifen an Kopf und Flossen; Zähne blaugrün; <u>kleinere Tiere:</u> Schuppen am Körper grünlich mit bräunlichem Rand; schläft in Schleimhüllen.
**Lebensraum:** 2 – 30 m; flache felsige Riffe; oft in Gruppen.
**Verbreitung:** Florida, Bermudas bis Argentinien, fehlt im Golf von Mexiko.

## Königin-Papageifisch

*Scarus vetula*
Queen Parrotfish
**Foto:** Prachtmännchen.
**Größe:** Bis 61 cm.
**Merkmale:** Körper leicht kompakt; <u>Prachtmännchen:</u> Kopf und Körper grün mit orange Zeichnungen auf den Schuppen; <u>auffällige wellenförmige blaue und gelbe Zeichnungen um die Schnauze und über dem Auge;</u> Rücken- und Afterflossen zweifarbig, Rand blaugrün, Mitte gelblich bis rosa gefärbt; Schwanzflosse blaugrün, mit einem gelblichen Streifen am oberen und unteren Rand; <u>Brustflossen grün mit gelblichem Streifen</u>; Bauchflossen gelb, vorderer Flossenstrahl grün; <u>Adultes Tier</u>: dunkelbraun gefärbt <u>mit einem breiten weißen Streifen von der Brustflosse bis zum Beginn der Schwanzflosse.</u>
**Lebensraum:** 3 – 30 m; flache Fels- und Korallenriffe.
**Verbreitung:** Südliches Florida, Bermudas bis Argentinien.

Fam. Papageifische

# Rotbinden-Papageifisch

*Sparisoma aurofrenatum*
Redband Parrotfish
**Foto:** Adult.
**Größe:** Bis 28 cm.
**Merkmale:** <u>Prachtmännchen:</u> Kopf und
Rücken meist grüngrau gefärbt, Seiten
gelblich gefärbt; <u>größerer gelber Fleck
mit schwarzen Punkten über der Brustflosse; rosa Streifen läuft vom Mundwinkel bis zum Kiemendeckel;</u> Spitzen
der Schwanzflosse schwarz; Rücken-
und Afterflosse orange bis rötlich
gefärbt; verteidigt große Reviere, die
auch jene von mehreren Weibchen
umfassen;

<u>adultes Tier:</u> olivgrün gefärbt, zur
Unterseite hin leicht rötlich; <u>Rücken-,
After- und Schwanzflosse rötlich</u>, weiß-
licher Punkt hinter der Rückenflosse;
<u>Jungtier:</u> bräunlicher Streifen auf der
Seite; <u>gelblichweißer Punkt hinter der
Rückenflosse.</u>
**Lebensraum:** 3 – 20 m; Seegraswiesen,
flache Fels- und Korallenriffe.
**Verbreitung:** Florida, Bermudas bis
Brasilien.

## Prinzessinnen-Papageifisch
*Scarus taeniopterus*
Princess Parrotfish

**Fotos:** Oben Prachtmännchen; unten Jungtier.

**Größe:** Bis 33 cm.

**Merkmale:** Körper länglich; Maul endständig; Rückenflosse durchgängig; Ähnlichkeit mit dem Gestreiften Papageifisch (vgl. Beschreibung S. 154); Prachtmännchen: Körper grünlich gefärbt, mit hellgelbem breitem Streifen über der Brustflosse; Rücken- und Afterflossen blaugrün, mit einem breiten gelben Streifen in der Mitte; Schwanzflosse blaugrün, mit gelben bis rosa Streifen am oberen und unteren Rand; adultes Tier/Jungtier: Körperoberseite dunkelbraun gefärbt, zur Unterseite hin heller werdend; 2 weiße Streifen beginnen vor den Augen und laufen zur Schwanzflosse; Schnauze gelblich; Färbung wird mit zunehmendem Alter einheitlicher bräunlich.

**Lebensraum:** 3 – 30 m; flache Riffe.

**Verbreitung:** Südliches Florida, Bermudas bis Brasilien.

## Rotflossen-Papageifisch △

*Sparisoma rubripinne*
Redfin Parrotfish
**Foto:** Adult.
**Größe:** Bis 46 cm.
**Merkmale:** Körper leicht kompakt;
Maul endständig; Rückenflosse durch-
gängig;
Prachtmännchen: dunkelgrün gefärbt
mit rötlichen oder bräunlichen Arealen;
dunkler Fleck am Ansatz der
Brustflosse;
adulte Tiere: braun gescheckt; Schup-
pen im Zentrum weiß; Brust- und
Afterflossen rötlich; Schwanzflosse
gelblich.
**Lebensraum:** 1 – 15 m; flache Riffe,
Seegraswiesen, Korallengeröll.
**Verbreitung:** Massachusetts, Bermudas
bis Brasilien.
**Biologie:** Gruppen- und Paarlaichen
konnte beobachtet werden
(vgl. S. 146, 148 und 156).

## Ampel-Papageifisch ▷

*Sparisoma viride*
Stoplight Parrotfish
**Fotos:** Rechts oben Prachtmännchen;
Mitte rechts adult; rechts unten
Jugendform.
**Größe:** Bis 51 cm.
**Merkmale:** Prachtmännchen: Körper
grünlich; Ränder der Schuppen orange-
braun gefärbt; Kiemendeckelrand röt-
lich mit leuchtend gelbem Punkt an der
Spitze; leuchtend gelber Bereich am
Ansatz der Schwanzflosse; äußerer
Rand der Schwanzflosse lachsfarben bis
gelb;
adultes Tier: Kopf bräunlich gefärbt;
Schuppen im Zentrum hell; Körper-
unterseite und Flossen rot;
Jungtier: bräunlich gefärbt mit zahlrei-
chen weißen Punkten; Ansatz der
Schwanzflosse weiß.
**Lebensraum:** 3 – 30 m; flache Fels- und
Korallenriffe.
**Verbreitung:** Florida, Bermudas bis
Brasilien.

# Zwerghähnchen
*(Tripterygiidae)*

## Aussehen
Die Zwerghähnchen oder Dreiflossen-Schleimfische sind kleine Fische (meist zwischen 3 – 15 cm) von langgestreckter Gestalt. Ihr Körper ist mit Kammschuppen bedeckt.
Der Kopf ist etwas zugespitzt, mit endständigem Maul. Die Rückenflosse ist dreigeteilt, worauf auch der Name hinweist. Der vorderste Rückenflossenteil ist sehr kurz, und besteht ebenso wie der 2. aus ungegliederten Stachelstrahlen. Die Bauchflossen weisen 2 langausgezogene Strahlen auf und sind kehlständig.
Die Tiere zeichnen sich durch zahlreiche Flecken und Streifen aus, sie sind jedoch nicht auffällig gefärbt.

## Lebensweise
Es handelt sich um bodenlebende Fische, die sich vorwiegend von Krebsen und Würmern ernähren. Die Fische benötigen viel Sauerstoff und sind daher oft im Flachwasser von dicht mit Algen bewachsenen Felsen anzutreffen. Sie haben keine festen Schlupfwinkel.

# Beschuppte Schleimfische
*(Labrisomidae)*

## Aussehen
Bei den Beschuppten Schleimfischen ist der Körper, im Gegensatz zu dem der Schleimfische, mit Rundschuppen bedeckt. Sie sind durch ein ziemlich spitzes Maul mit einer kleinen, endständigen Mundöffnung gekennzeichnet. Am Kopf befinden sich mehrere fädige Quasten (Cirri). Die Rücken- und Afterflosse sind lang und bilden

## Böhlkes Dreiflossen-Schleimfisch
*Enneanectes boehlkei*
Roughhead Triplefin
**Größe:** Bis 4 cm.
**Merkmale:** Körper länglich; Maul endständig; 3 Rückenflossen, 2. Rückenflosse etwas höher als die 1.; Körper und Flossen durchscheinend; Kopf und Zeichnungen erscheinen rotbräunlich, mehrere breite diagonale Streifen.
**Lebensraum:** 10 – 30 m; Riffe, oft auf roten Schwämmen.
**Verbreitung:** Bahamas, Karibik.

## Dreieck-Blenni
*Malacoctenus triangulatus*
Saddeled Blenny
**Größe:** Bis 7 cm.
**Merkmale:** Körper langgestreckt; Schnauze spitz; Augen hoch am Kopf stehend; Cirri am Kopf vor der Rückenflosse; 1 Rückenflosse; blaß grau gefärbt, mit roten Punkten; vom Rücken zur Bauchseite verlaufen 4 dunkelbraune bis dunkelgraue Balken, die sich nach unten verjüngen; 1 Streifen am Schwanzstiel.
**Lebensraum:** 2 – 20 m; Felsen und Riffe, oft auf Korallengeröll; häufig.
**Verbreitung:** Südliches Florida, Bahamas, Yucatan bis Brasilien.

Fam. Zwerghähnchen
und Beschuppte Schleimfische

163

Flossensäume. Der Stachelstrahlbereich der Rückenflosse ist wesentlich länger als der Bereich der Weichstrahlen. Die Bauchflossen sind kehlständig und bestehen meist nur aus 2 oder 3 Strahlen.

## Lebensweise

Die Labrisomidae leben vorwiegend im flachen Wasser ohne ausgesprochenen Korallenwuchs und oft in Algenzonen. Sie weisen ein ausgeprägtes Territorialverhalten auf und bewegen sich schlängelnd vorwärts.

Als Nahrungsquelle dienen vor allem am Boden lebende Wirbellose.

## Ähnliche Arten

*Labrisomus gobio* (<u>Fahlkopf-Blenni</u>/Palehead Blenny); lebt auf Sandgrund, Korallenbruch, Felsen; Verbreitung: südliches Florida, Bahamas, Yucatan bis Kleine Antillen; bis 6 cm; Augen vorstehend, hoch am Kopf; stumpfes Maul; blaß mit breiten, braunen Querstreifen.

*Malacoctenus boehlkei* (<u>Diamanten-Blenni</u>/Diamond Blenny); 4 – 25 m; lebt auf Riffen, sucht Schutz in Anemonen; Verbreitung: Bahamas, Virgin Islands, Belize bis Bonaire; bis 7 cm; Bauchflossen stark verlängert; Kopf gelblich; dunkler Fleck mit gelbem Rand vorn an der Rückenflosse.

## Mimikry-Blenni

*Labrisomus guppyi*
Mimic Blenni
**Größe:** Bis 12 cm.
**Merkmale:** Körper langgestreckt; Lippen dick; bräunlich gefärbt, mit dunkleren Querstreifen am Körper; <u>dunkler Fleck am Kiemendeckel, oft mit hellem Rand.</u>
**Lebensraum:** 1 – 15 m; Felsen, Fleckriffe; versteckt zwischen Felsen und Algen.
**Verbreitung:** Südliches Florida, Bahamas, Yucatan bis Brasilien.

## Zwerg-Blenni

*Starksia nanodes*
Dwarf Blenni
**Größe:** Bis 4 cm.
**Merkmale:** Körper schmal, langgestreckt; Augen stehen hoch am Kopf; Cirri auf der Schnauze, über den Augen und am Nacken bräunlich gefärbt; <u>dunkler Streifen unter dem Auge.</u>
**Lebensraum:** 10 – 30 m; Riffkronen.
**Verbreitung:** Bahamas, Große Antillen; selten.

# Hecht-Schleimfische
## (Chaenopsidae)

### Aussehen
Die Hecht-Schleimfische sind kleine Fische von langgestreckter Gestalt, die nicht beschuppt sind und keine Seitenlinie aufweisen. Die Rückenflosse ist durchgängig und kann bei den Männchen einiger Arten im vorderen Bereich stark erhöht sein. Die Afterflosse ist ebenfalls sehr lang.

### Lebensweise
Die Hecht-Schleimfische leben bevorzugt im Flachwasserbereich in verlassenen Röhren von z. B. Borstenwürmern. Sie weisen ein ausgeprägtes Territorialverhalten auf.
Verlassen sie ihre Unterschlüpfe, so bewegen sie sich schlängelnd vorwärts. Als Nahrungsquelle dienen vor allem am Boden lebende Wirbellose.

### Ähnliche Arten
*Chaenopsis limbaughi* (Gelbgesicht-Hechtblenni/Yellowface Pikeblenny); lebt in Löchern in Sandgrund und Korallenbruch; Verbreitung: südliches Florida, Bahamas bis Venezuela; bis 9 cm; Körper sehr lang und schmal; 1 Rückenflosse, vorne erhöht; hell bis gelbbraun gefärbt; beim Männchen dunkler Fleck (mit gelber Zone darüber) auf der Rückenflosse, zwischen 1. und 2. Flossenstrahl.
*Chaenopsis ocellata* (Blaukehl-Hechtblenni/Bluethroat Pikeblenny); lebt in Röhren von Röhrenwürmern, territorial; Verbreitung: südliches Florida, Bahamas bis Kuba, bis 13 cm; Körper sehr lang und schmal; 1 Rückenflosse, vorne leicht erhöht; hell bis gelbbraun gefärbt, Kehle blau gefärbt.

## Dornenkopf-Blenni
*Acanthemblemaria maria*
Secretary Blenny
**Größe:** Bis 4 cm.
**Merkmale:** Körper länglich, schmal; Augen vorstehend; zahlreiche kleine, stark verzweigte Quasten am gesamten Kopf; braun bis schwarz gefärbt, Maul und Nacken hell; Kopf hell gesprenkelt; Iris gelbgrün gefärbt.
**Lebensraum:** 2 – 10 m; Löcher in Korallenriffen.
**Verbreitung:** Bahamas, Karibik.

## Segelflossen-Blenni
*Emblemaria pandionis*
Sailfin Blenny
**Größe:** Bis 5 cm.
**Merkmale:** Körper langgestreckt, schmal; Schnauze kurz; Augen stehen hoch am Kopf; die Rückenflosse erscheint zweigeteilt, vorne stark ausgezogen (bei Männchen stärker); Bauchflosse lang; Körper graubraun gefärbt, mit einzelnen dunklen Flecken; nach Erreichen der Geschlechtsreife dunklere Färbung.
**Lebensraum:** 0,5 – 15 m; Löcher in Korallenbruch, Felsen, Sand.
**Verbreitung:** Florida, Bahamas, Golf von Mexiko bis Venezuela.

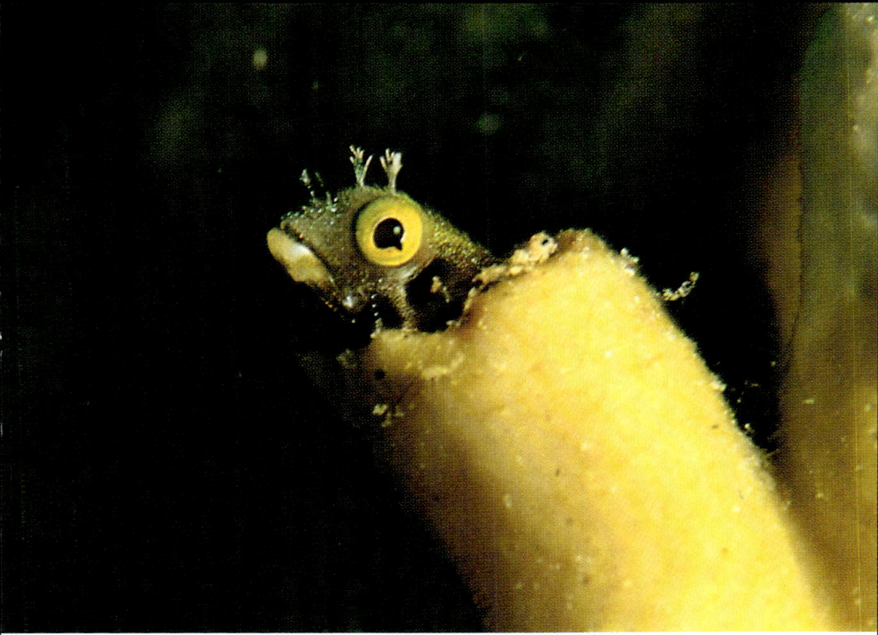

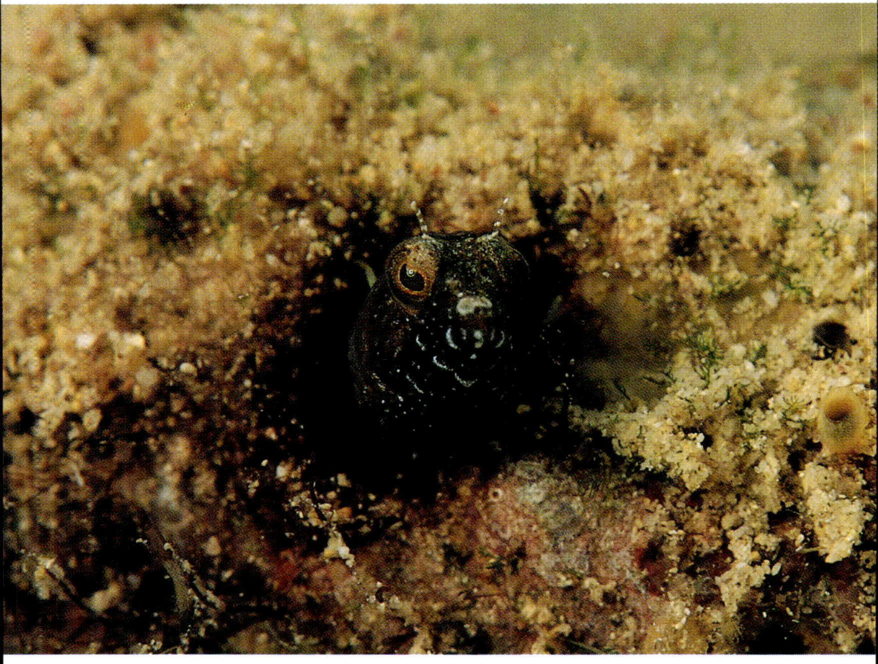

# Schleimfische
*(Blenniidae)*

## Aussehen

Die Schleimfische sind kleine Fische (meist zwischen 5 – 15 cm) von langgestreckter Gestalt. Die Haut ist schuppenlos, besitzt dafür aber sehr viele schleimabsondernde Drüsen. Das Maul ist endständig. Am Kopf befinden sich bei vielen Arten einfache bis fächerartige Quasten (Cirri).
Rücken- und Afterflosse sind gut entwickelt. Die Rückenflosse erstreckt sich in der Regel vom Beginn der Rumpfgegend, die Afterflosse ungefähr von der Körpermitte bis zur Schwanzflosse. Die kehlständigen Bauchflossen sind im Gegensatz zu denen der Meergrundeln nicht zu einer Haftscheibe umgebildet.

## Lebensweise

Die Schleimfische leben vorwiegend in Küstennähe im Flachwasser. Die meisten Arten sind ortstreu und bewohnen Schlupfwinkel im seichten Felslitoral.
Sie bewegen sich schlängelnd mit dem ganzen Körper vorwärts (im Gegensatz zu den Meergrundeln, die sich ruckartig mit gestrecktem Körper fortbewegen). Bei engen Spalten schlüpfen die Fische mit dem Schwanz zuerst hinein.
Liegen die Schleimfische am Boden, so stützen sie sich mit ihren fächerförmigen Brustflossen ab.
Es gibt sowohl räuberische Arten, die Algen als Zusatznahrung zu sich nehmen, als auch solche, die sich ausschließlich pflanzlich ernähren.

## Fortpflanzung

Das Männchen wählt den Laichplatz aus und versucht nun, ein laichbereites Weibchen ins Nest zu locken. Das angelockte Weibchen schwimmt zur Eiablage mit dem Schwanz voran ins Nest. Die nicht sehr zahlreichen, haftenden Eier werden vom Männchen besamt und anschließend bewacht. Die Larven sind pelagial.

## Rotlippen-Blenni

*Ophioblennius atlanticus*
Redlip Blenny
**Größe:** Bis 12 cm.
**Merkmale:** Körper länglich, schmal; Augen hoch am Kopf stehend; <u>Kopf abgeplattet</u>; 1 Rückenflosse; <u>Kopf und Rumpf rotbraun gefärbt</u>; hinterer Teil des Körpers variiert von grau bis rotbraun; <u>Lippen groß und rot</u>.
**Lebensraum:** 1 – 12 m; flache Korallenriffe, Felsformationen; ausgeprägtes Territorialverhalten.
**Verbreitung:** North Carolina, Bermudas bis Brasilien.
**Ernährung:** Algen.
**Biologie:** Der Schleim übernimmt anstelle der Schuppen die Schutzfunktion.

## Ähnliche Arten

*Parablennius marmoreus* (<u>Seegras-Blenni</u>/Seaweed Blenny); bis 9 cm; heller Körper mit zahlreichen graubraunen Zeichnungen; eine Reihe von dunklen Flecken bildet seitlich einen Streifen vom Auge zum Schwanz; auf Sandgrund und mit Algen bedecktem Felsgrund; Verbreitung: Bermudas, nördlicher Golf von Mexiko bis Venezuela.

# Meergrundeln
## (Gobiidae)

## Aussehen

Die Meergrundeln sind eine große Fischfamilie, allein in der Karibik gibt es mehr als 70 Arten. Hier werden einige der häufigeren Arten angesprochen. Es sind kleine Fische – meist zwischen 2 und 15 cm – von gedrungener oder länglicher Gestalt. Der Kopf ist recht groß, mit auffallenden Augen. Das Maul ist oftmals endständig und vorstülpbar.

Die Grundeln besitzen gewöhnlich 2 getrennte Rückenflossen, von denen die vordere kürzer ist als die hintere. Ist nur eine Rückenflosse vorhanden, so ist diese tief eingekerbt. Die brustständigen Bauchflossen stehen dicht beisammen und sind durch Flossenhäute an den hinteren Strahlen in ganzer Länge miteinander verwachsen. Dadurch entsteht eine trichterförmige, vorn offene Saugscheibe. Mit den großen Brustflossen stützen sich die Meergrundeln vom Boden ab.

Der Körper ist meistens von kleinen Kammschuppen bedeckt, wobei die Seitenlinie nicht ausgebildet ist. Die meisten Meergrundeln besitzen keine Schwimmblase.

Die Grundeln sind mit ihrem Aussehen gut an die Umgebung angepaßt. Trotzdem variieren Musterung und Zeichnung sehr stark. Die Männchen sind meist auffälliger gefärbt als die Weibchen.

## Lebensweise

Die Meergrundeln leben vorwiegend als Bodenfische im Flachwasser. Sie bewegen sich im Gegensatz zu den oft im gleichen Lebensraum lebenden Schleimfischen ruckartig gleitend knapp über dem Boden (Schleimfische bewegen sich schlängelnd). Der Antrieb erfolgt mittels Brust- und Schwanzflossen. Dabei wird der gestreckte Körper meist nur wenige Meter fortbewegt.

## Fahle Grundel
*Coryphopterus eidolon*
Pallid Goby
**Größe:** Bis 5 cm.
**Merkmale:** Körper länglich, schmal; 2 Rückenflossen; Körper durchsichtig mit schwach goldfarbenen Strichen und Punkten, schwach hellgrauer Fleck am Ansatz der Brustflosse, gelber Streifen hinter dem Auge, dunkler Strich am Schwanzstiel.
**Lebensraum:** 6 – 30 m; Sandgrund, Korallenblöcke.
**Verbreitung:** Südliches Florida, Bahamas bis Jamaika, Kleine Antillen.

## Zügel-Grundel
*Coryphopterus glaucofraenum*
Bridled Goby
**Größe:** Bis 8 cm.
**Merkmale:** Körper länglich, schmal; 2 Rückenflossen; Körper weißlich bis transparent, oft ohne Markierungen; heller Strich unter dem Auge.
**Lebensraum:** 2 – 45 m; Sandgrund, Korallenbruch, Seegraswiesen.
**Verbreitung:** North Carolina, Bermudas bis Brasilien.

## Masken-Grundel
*Coryphopterus persaonatus*
Masked Goby
**Größe:** Bis 3 cm.
**Merkmale:** Körper länglich, schmal; 2 Rückenflossen; Körper hellorange durchsichtig gefärbt, dunkler Bereich zwischen Augen und Maul, Linie aus kleinen, weißen Rechtecken an der Körperseite.
**Lebensraum:** 3 – 35 m; Korallenblöcke, Sandboden; meist in Gruppen.
**Verbreitung:** Bermudas, Florida, Bahamas bis Kleine Antillen.

Mit Hilfe des Bauchflossentrichters können sie sich immer wieder am Untergrund festsaugen.
Die Meergrundeln sind tagaktive Räuber, die auf dem Boden liegend auf Beute lauern.
Sie ernähren sich hauptsächlich von Krebsen, Würmern, Weichtieren und kleinen Fischen.

## Fortpflanzung

Bei den meisten Arten ist das Geschlecht von Anfang an vorgegeben. Die Meergrundeln der Karibik laichen meist von Januar bis Mai.
Beim Weibchen kommt es zum Anschwellen der Bauchregion, woraufhin das Männchen mit den Vorbereitungen für den Nestbau beginnt. Der ausgewählte Laichplatz – unter Steinen, Muschelschalen, Wasserpflanzen – wird gereinigt und vom Männchen verteidigt. Das laichbereite Weibchen wird vom Männchen zum Nest gelockt, indem das Männchen das Weibchen in die Seite stupst und die Brustflossen abspreizt. Dann schließt sich eine Art Balztanz an. Nach erfolgter Balz folgt das Weibchen dem Männchen zum Nest und stößt dort seine Eier aus. Im selben Augenblick besamt das Männchen die Eier. Die birnenförmigen Eier haften am Boden oder der Decke des Laichplatzes und werden vom Männchen bewacht.
Die Larven schlüpfen nach ca. 5 bis 6 Tagen. Das planktonische Larvenstadium dauert einige Wochen, bei der Gattung *Gobiosoma* z. B. 3 Wochen.

## Blaunasen-Grundel

*Coryphopterus lipernes*
Peppermint Goby
**Größe:** Bis 2,5 cm.
**Merkmale:** Körper länglich, schmal; 2 Rückenflossen; Körper goldgelb durchsichtig gefärbt, helle Linien hinter den Augen, leuchtend blaue Markierung am Maul.
**Lebensraum:** 12 – 50 m; Korallenblöcke.
**Verbreitung:** Florida Keys bis Zentralamerika.

## Kurzstreifen-Neongrundel

*Gobiosoma chancei*
Shortstripe Goby
**Größe:** Bis 3 cm.
**Merkmale:** Körper sehr schmal, länglich; 2 Rückenflossen; Körperoberseite dunkel gefärbt, Unterseite hell, Maul und Nacken blaß; je 1 kurzer, hellgelber Streifen läuft von den Augen nach hinten bis über die Brustflosse.
**Lebensraum:** 10 – 30 m; Schwämme.
**Verbreitung:** Bahamas, Antillen bis Venezuela; fehlt in Mittelamerika.

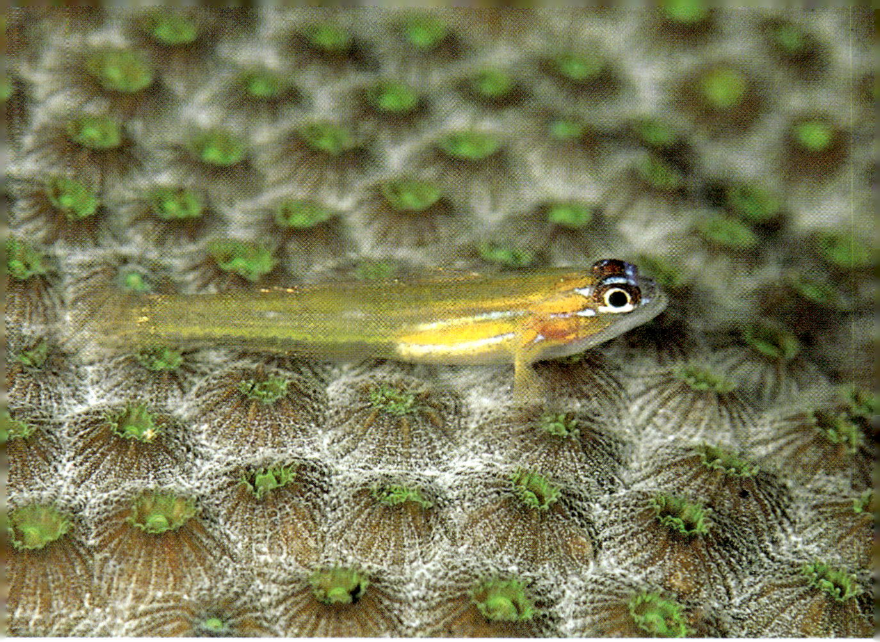

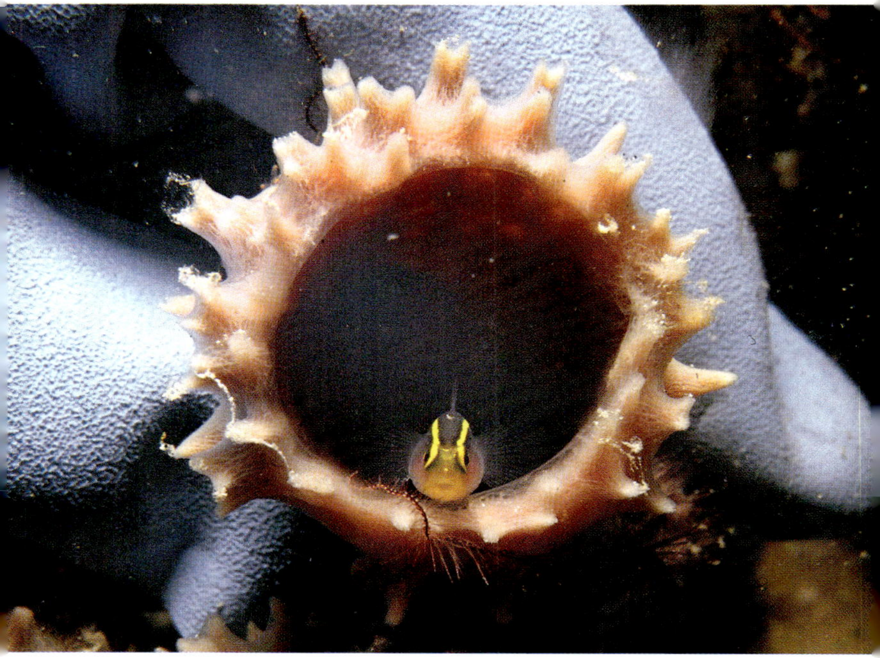

## Rotflecken-Grundel △
*Gobiosoma dilepsis*
Orangesided Goby
**Größe:** Bis 2,5 cm.
**Merkmale:** 2 Rückenflossen; hinterer
Teil des Körpers durchsichtig, rote und
schwarze Markierungen am Kopf;
2 rechteckige, rötliche Flecken hinter
der Brustflosse, die schwarz umrandet
sind; eine weiß, rot, schwarz gestreifte
Linie verläuft an der Seite des Körpers
bis zum Schwanzstiel.
**Lebensraum:** 8–35 m; Schwämme,
Korallenblöcke.
**Verbreitung:** Bahamas, Cayman
Islands, Kleine Antillen bis Venezuela,
Mittelamerika.

## Hainasen-Neongrundel ▽
*Gobiosoma evelynae*
Sharknose Goby
**Größe:** Bis 3,5 cm.
**Merkmale:** 2 Rückenflossen; Köper auf
der Oberseite dunkel gefärbt, Unterseite hell; V-förmige Zeichnung auf
dem Maul, die in Streifen zum Körperende hin ausläuft, Farbe des V gelb
oder weißlich, Streifen blau, gelb oder
weißlich.
**Lebensraum:** 10–35 m; Korallenblöcke, Putzerstationen.
**Verbreitung:** Bahamas bis Kleine Antillen; fehlt in Kuba.
**Ernährung:** Reinigt Fische von Ekto-
parasiten.

## Gelbnasen-Grundel △
*Gobiosoma randalli*
Yellownose Goby
**Größe:** Bis 4,5 cm.
**Merkmale:** 2 Rückenflossen; Körper-oberseite dunkel, Unterseite hell gefärbt; <u>Maul hell gefärbt</u>, gelber Streifen läuft vom Auge zum Schwanz-stiel; <u>hellgelber Strich auf der Schnauze, läuft vom Maul bis zwischen die Augen.</u>
**Lebensraum:** 7–30 m; Putzerstationen.
**Verbreitung:** Puerto Rico, Kleine Antillen, Venezuela.
**Ernährung:** Reinigt Fische von Ekto-parasiten.

## Schwebende Grundel ▽
*Ptereleotris helenae*
Hovering Goby
**Familie:** Schwebende Meergrundeln (Microdesmidae).
**Größe:** Bis 12 cm.
**Merkmale:** <u>Maul oberständig;</u> 2 Rückenflossen, die vordere sehr kurz; Körper blaugrau gefärbt; Flossen gelb-lich; <u>Schwanzflosse abgerundet;</u> (kein schwarzer Streifen auf der Rückenflosse wie bei *Ptereleotris calliurus*).
**Lebensraum:** 12–50 m; Sandgrund, über ihrem Bau »schwebend«.
**Verbreitung:** Florida, Bahamas bis Antillen.

# Spatenfische
*(Ephippidae)*

## Aussehen

Die Spatenfische sind mittelgroße, diskusartige, hochrückige Fische, deren Rücken- und Afterflossen besonders bei Jungtieren verlängert sind. Die hartstrahlige 1. Rückenflosse ist von der weichstrahligen 2. getrennt. Das Maul ist klein und endständig.
Die Fische sind silbrig gefärbt und weisen breite dunkle Querstreifen auf.
Der einzige Vertreter dieser Familie im Atlantik ist *Chaetodipterus faber*.

## Lebensweise

Die Spatenfische sind oft in großen Schwärmen in Küstennähe anzutreffen. Es sind ruhige Schwimmer, die sich von Muscheln, Schwämmen, Algen und Quallen ernähren.
*Chaetodipterus faber* ist in der Lage, mit den Schlundzähnen und der Schwimmblase Laute zu erzeugen.

## Spatenfisch

*Chaetodipterus faber*
Spadefish
**Größe:** Bis 90 cm.
**Merkmale:** Körper diskusartig, hochrückig; kleines endständiges Maul; Brustflossen kürzer als Kopf; 1., hartstrahlige Rückenflosse kaum von der 2., weichstrahligen getrennt; vorderer Lappen von 2. Rücken- und Afterflosse lang ausgezogen; silbrig gefärbt mit breiten dunkelbraunen oder grauen Querbinden, Querbinden können bei großen Tieren fehlen;
Jungtier: 3. Stachelstrahl der 1. Rückenflosse lang.
**Lebensraum:** 3 – 25 m; Flachwasser in Küstennähe, Mangroven, Sandflächen; oft in großen Schwärmen.
**Verbreitung:** Massachusetts, Bermudas, Golf von Mexiko bis Brasilien.
**Ernährung**: Muscheln, Schwämme, Algen, Quallen.

# Doktorfische
## (Acanthuridae)

### Aussehen
Die Doktorfische sind in der Regel auffällig gefärbte Fische mit einem seitlich stark zusammengedrückten Körper. Es handelt sich um mittelgroße Fische; so erreichen die meisten *Acanthurus*-Arten eine Länge von durchschnittlich 30 cm.
Die Rücken- und Afterflossen sind durchgehend und lang, die Schwanzflosse ist häufig sichelförmig. Die Augen stehen verhältnismäßig hoch am Kopf. Das Maul ist klein.
Das Erkennungsmerkmal der Doktorfische sind die Dornen an beiden Seiten des Schwanzstiels. Diese Knochenstacheln sind bei vielen Arten scharf wie ein Skalpell (»Doktormesser«) und bei den einzelnen Gattungen sehr unterschiedlich entwickelt. Die hier besprochenen Doktorfische der Unterfamilie Acanthurinae besitzen auf jeder Seite einen beweglichen Stachel, der bei einigen Arten mit Warnfarben versehen ist. Er ist am hinteren Ende locker mit Sehnen befestigt und kann abgespreizt werden, wenn der Fisch seinen Körper so krümmt, daß die entsprechenden Sehnen gespannt werden, d. h. nur der Stachel an der nach außen gewölbten Körperseite ist abgespreizt.
Dieser Verteidigungsapparat hat sich aus einer Schuppe entwickelt.

### Lebensweise
Die Doktorfische sind tagaktive Tiere. Die adulten Tiere ernähren sich hauptsächlich von Algen. Sie werden daher oft im Flachwasserbereich, in dem das Algenwachstum am stärksten ist, angetroffen. Junge Doktorfische weisen dabei ein ausgeprägtes Territorialverhalten auf, während sich die Alttiere zu großen Schwärmen zusammenschließen und über das Riff schwimmen. Um den Algenrasen abzuweiden, befinden sie sich in ständiger Bewe-

## Doktorfisch
*Acanthurus chirurgus*
Doctorfish
**Größe:** 30 cm.
**Merkmale:** Körper flach zusammengedrückt; kleines Maul; hoch am Kopf stehende Augen; Messer am Schwanzstiel; hell- bis dunkelbraun gefärbt, abhängig vom Standort (Sandgrund, Riff); mit 10–12 dunkleren vertikalen Streifen; Schwanzflosse leicht sichelförmig.
**Lebensraum:** 2–20 m; Riffe und Flachwasserbereiche.
**Verbreitung:** Bermudas, Golf von Mexiko, Karibik bis Brasilien.

## Ozean-Doktorfisch
*Acanthurus bahianus*
Ocean Surgeonfish
**Größe:** Bis 36 cm.
**Merkmale:** Körper flach zusammengedrückt; kleines Maul; hoch am Kopf stehende Augen; Messer am Schwanzstiel; graubraun bis hellgelb gefärbt; Schwanzflosse sichelförmig, mit hellem Band am Schwanzstiel; blaue Linien um die Augen.
**Lebensraum:** 2–25 m; Riffe und Flachwasserbereiche; meist paarweise.
**Verbreitung:** Bermudas, nordwestlicher Golf von Mexiko, Karibik bis Brasilien.

### Ähnliche Arten
*Acanthurus randalli* (Golf-Doktorfisch/ Gulf Surgeon); auf Riffen und in Flachwasserbereichen anzutreffen; Verbreitung: Miami, Florida Keys, nordöstlicher Golf von Mexiko, ersetzt im östlichen Teil *Acanthurus bahianus;* bis 18 cm; bräunlich gefärbt mit horizontalen Linien; Schwanzflosse mit blauem Streifen am Rand; Rückenflosse mit blauen und olivfarbenen Linien.

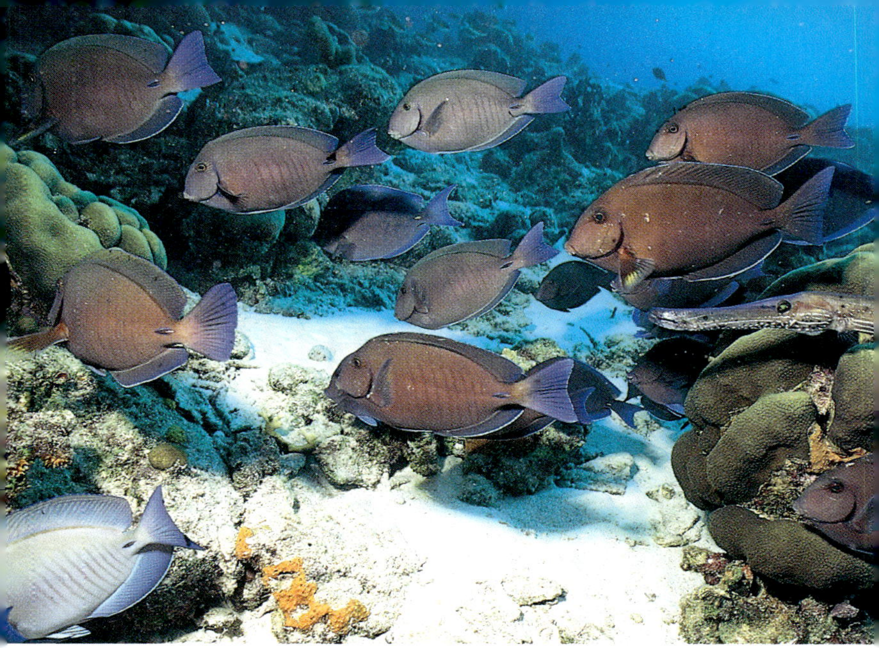

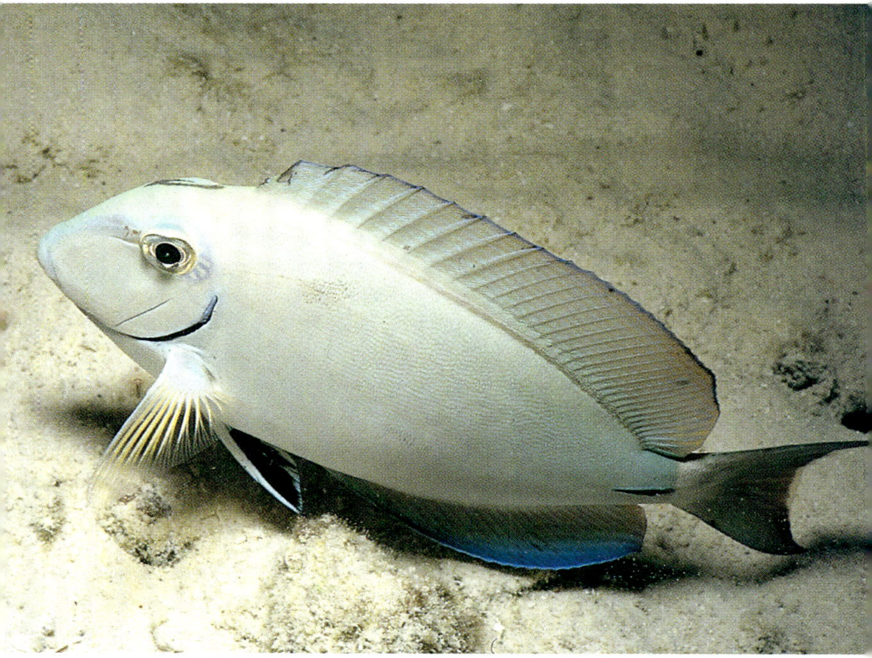

gung. Zur Fortbewegung werden dabei in der Regel die Brustflossen eingesetzt. Diese werden meist gleichzeitig flach wie Flügel nach hinten geschlagen. Werden die Doktorfische angegriffen, versuchen sie, sich den Feind durch einen gezielten Schwanzschlag und damit durch das Ausklappen des Messers vom Leibe zu halten.

## Fortpflanzung

Geschlechtsspezifische Unterschiede im Aussehen der Doktorfische gibt es kaum. Allerdings sind die Männchen gewöhnlich etwas größer als die Weibchen, und es können Farbunterschiede zwischen den Geschlechtern in der Balzzeit auftreten.

Das Ablaichen erfolgt bei den Doktorfischen in Abhängigkeit von den Mondphasen hauptsächlich zwischen Februar und April. Laichreife Tiere – erkennbar durch einen Farbwechsel – schließen sich paarweise oder in Gruppen zusammen, die gemeinsam zur Wasseroberfläche schwimmen. Am höchsten Punkt ihrer Schwimmkurve geben dann die Partner gleichzeitig Sperma und Eier ins freie Wasser ab. Nach 1–2 Tagen schlüpfen die Larven. Sie beginnen jedoch erst nach etwa 5 Tagen mit der Nahrungsaufnahme (Plankton, vor allem kleine Krebse und Brut anderer Fischarten). Nun folgt das sogenannte Acronurus-Stadium. In diesem Stadium ist der Körper kreisrund, durchsichtig und weist mehrere vertikale Striche auf. Das Messer am Schwanzstiel ist bereits ausgebildet. Im Anschluß an dieses Stadium – nach ca. 10 Wochen – erfolgt dann die Umwandlung zum Doktorfisch. Diese jungen Doktorfische siedeln sich im Flachwasser der Riffe an und entwickeln ein ausgeprägtes Territorialverhalten. Parallel hierzu findet auch eine Umstellung der Ernährung statt. Als Hauptnahrungsquelle dienen nun Fadenalgen.

Im Alter von 2 Jahren erlangen sie die Geschlechtsreife.

# Spätblauer Doktorfisch

*Acanthurus coeruleus*
Blue Tang
**Fotos:** Oben adult; unten Jugendform.
**Größe:** Bis 35 cm.
**Merkmale:** Körper flach zusammengedrückt; kleines Maul; hoch am Kopf stehende Augen; Messer am Schwanzstiel;
erwachsene Tiere: blau gefärbt, mit dunklen wellenförmigen Längsstreifen; Messerscheide weiß oder gelb gefärbt; Jungtiere: limonengelbe Färbung. Übergang von Jung- zum adulten Tier: blauer Körper mit gelbem Schwanz, daher der Name Spätblauer Doktorfisch.
**Lebensraum:** 2–20 m; Riffe und Flachwasserbereiche; paarweise oder in Schwärmen.
**Verbreitung:** Bermudas, Golf von Mexiko, Karibik bis Brasilien.

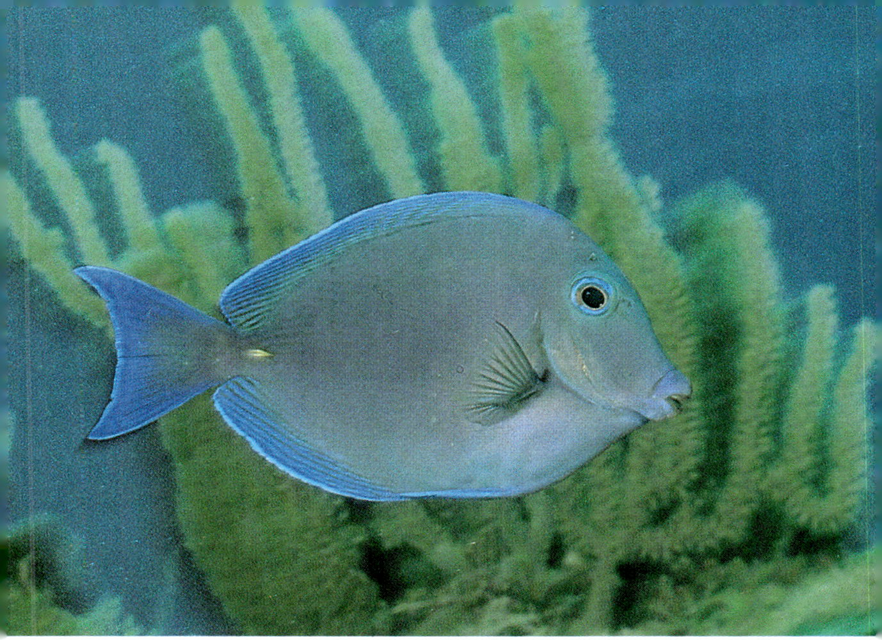

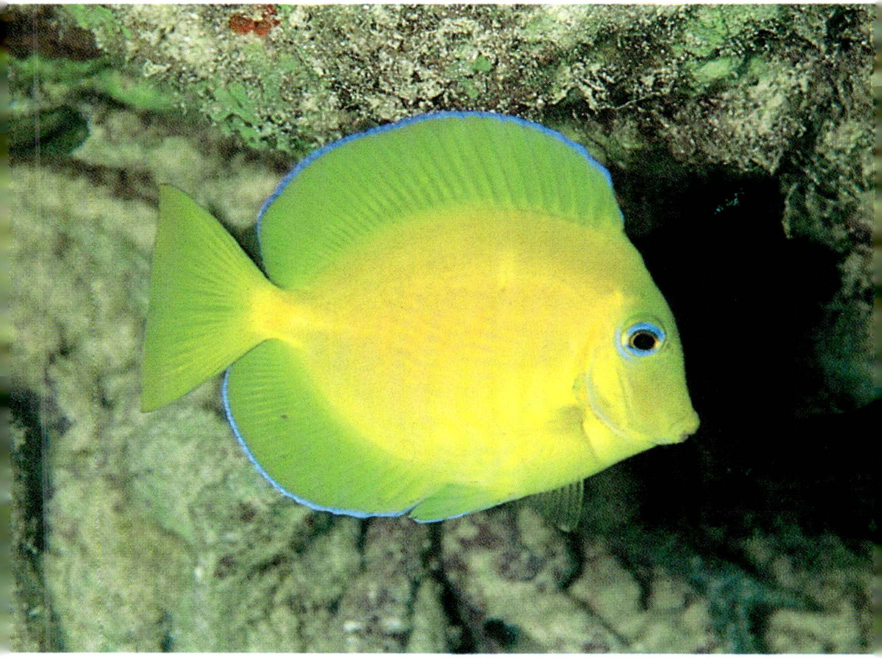

# Barrakudas
*(Sphyraenidae)*

## Aussehen

Die Barrakudas sind räuberische Fische bis 2 m Größe, die in allen Weltmeeren verbreitet sind. Der Körper ist langgestreckt mit zugespitztem Kopf, der Unterkiefer verlängert und das Maul (oberständig) sehr groß. Auch die Zähne sind sehr groß, scharf, kegelförmig und unregelmäßig. Die Seitenlinie ist gut entwickelt und verläuft gerade. Der Körper ist mit Rundschuppen bedeckt.

Barrakudas besitzen zwei gut voneinander getrennte Rückenflossen. Die 1. Rückenflosse besteht aus 5 Stachelstrahlen, während die 2. einen Stachelstrahl und 9 Weichstrahlen aufweist. Der Ansatz der kleinen Brustflossen liegt vor dem der Bauchflossen. Auch die Bauch- und Afterflossen sind klein. Die Schwanzflosse ist gegabelt.

Barrakudas sind silbrig gefärbt, oft mit dunklen Streifen oder Querbändern.

## Lebensweise

Barrakudas halten sich meist in der Nähe von Riffen auf. Es sind sehr gute räuberische Schwimmer, die sich hauptsächlich von anderen Fischen ernähren.

Meist jagen sie einzeln; sie sind jedoch auch in kleineren oder größeren Schulen, abhängig von Art und Größe, am äußeren Riffabfall anzutreffen. Barrakudas verharren oft regungslos im Wasser oder tarnen sich, indem sie sich zwischen Korallenäste stellen.

## Großer Barrakuda

*Sphyraena barracuda*
Great Barracuda
**Größe:** Bis 2 m.
**Merkmale:** Körper langgestreckt, zylindrisch; länglicher Kopf; Maul oberständig; <u>Zähne groß, oft sichtbar</u>; 2 weit voneinander getrennte Rückenflossen; <u>silbrig gefärbt mit dunklen Flecken an der Körperunterseite</u>.
**Lebensraum:** 1 – 20 m; Riffe bis offener Ozean; Jungtiere oft im Seegras; einzeln; tag- und nachtaktiv.
**Verbreitung:** Zirkumtropisch; Massachusetts bis Brasilien.

## Südlicher Barrakuda

*Sphyraena picudilla*
Southern Sennet
**Größe:** Bis 50 cm.
**Merkmale:** Körper langgestreckt; Maul oberständig; <u>Augen relativ groß</u>; 2 weit voneinander getrennte Rückenflossen; <u>silbrig gefärbt ohne Flecken</u>.
**Lebensraum:** 1 – 15 m; Riffe; oft in Schulen anzutreffen.
**Verbreitung:** Bermudas, Florida, Bahamas bis Uruguay.

Fam. Barrakudas **183**

# Makrelen
## (Scombridae)

### Aussehen
Die Familie der Scombridae umfaßt Makrelen, Königsmakrelen und Thunfische. Diese wurden früher als eigenständige Familien geführt.
Der Körper der Scombridae ist spindelförmig, langgestreckt und seitlich etwas zusammengedrückt. Es handelt sich um mittelgroße bis große Tiere (30 cm – 2 m). Die Rundschuppen sind meist klein oder verkümmert. Bei den Thunfischen sind die Schuppen jedoch im Brustbereich verstärkt und bilden ein sogenanntes Korselett; ansonsten sind die Thunfische oft nackt.
Das Maul ist endständig und mittelgroß, wobei die Mundspalte bis unter die Augen reicht. Die Augen sind relativ groß und besitzen sogenannte Fettlider.
Hinter der zweigeteilten Rückenflosse und der Afterflosse sitzen auf dem Schwanzstiel sogenannte Flössel. Der Schwanzstiel der Königsmakrelen und der Thunfische ist gekielt.
Die Scombridae besitzen die sogenannte »Hochseetracht«, d. h. der Rücken ist blau oder grün, während Flanken und Bauch weißlich-silbrig gefärbt sind.

### Lebensweise
Bei den Scombridae handelt es sich um pelagische Hochseefische. Viele unternehmen auf Nahrungssuche weite Wanderungen. Einige Arten suchen zur Laichzeit küstennahe Gewässer auf, während sich andere nie in flaches Wasser begeben.
Der Körperbau ist optimal an die Lebensbedingungen angepaßt. So können Brust-, Bauch- und Rückenflossen während des Schwimmens in flache Vertiefungen gelegt werden, so daß die Geschwindigkeit nicht herabgesetzt wird. Die Scombridae jagen u. a. Sardinen, Makrelen, Hornhechte.

### Cero
*Scomberomorus regalis*
Cero
**Größe:** Bis 80 cm.
**Merkmale:** Körper länglich, stark zusammengedrückt; Schnauze kürzer als der Rest des Kopfes; vorderes Drittel der Rückenflosse schwarz gefärbt, Schwanzflosse stark gegabelt; 8 – 9 dorsale und 8 – 9 anale Flössel; Seitenlinie leicht geschwungen; überall kleine Schuppen, auch auf den Brustflossen, kein Korselett; Rücken blaugrün bis dunkelblau gefärbt, gelbliche ovale Flecken auf den Seiten, über und unter einem dunkelgelben Mittelstreifen, Unterseite silbrig.
**Lebensraum:** Hochseefisch, auch über Riffen oder im Flachwasser anzutreffen, einzeln oder in kleinen Gruppen.
**Verbreitung:** Massachusetts bis Brasilien, einschließlich Bahamas und Antillen.
**Ernährung:** Sardinen.

### Ähnliche Arten
*Euthynnus alletteratus* (Kleiner Thun/Little Tunny); Verbreitung: Massachusetts, Bermudas bis Brasilien; bis 120 cm; Rücken dunkel- bis stahlblau gefärbt, Unterseite silbrig; dunkle geschwungene Striche über der Seitenlinie; dunkle Flecken zwischen Bauch- und Brustflossen.
*Thunnus albacares* (Gelbflossen-Thun/Yellowfin Tuna); Verbreitung: Nova Scotia bis Brasilien; bis 1,8 m; Brustflosse kurz, reicht nicht bis zur 2. Rückenflosse, 2. Rückenflosse schmal, langausgezogen; Flössel gelb mit schwarzem Rand; Rücken dunkelblau gefärbt, Unterseite grau, Flossen gelb angehaucht.
*Thunnus thynnus* (Roter Thunfisch/Bluefin Tuna); Verbreitung: Labrador bis Brasilien; bis 3 m; 1. Rückenflosse gelb oder bläulich, 2. Rückenflosse rotbraun, Afterflosse gelblich; Flössel gelblich mit schwarzen Kanten; Rücken dunkel, Unterseite silbrigweiß mit blassen Linien und hellen Punkten.

# Butte
*(Bothidae)*

## Aussehen
Die Butte gehören zur Ordnung der Plattfische. Das wesentliche Merkmal dieser Ordnung ist die stark abgeplattete und verbreiterte Körperform. Zur Ausbildung dieser Körperform kam es nicht wie z. B. bei den Rochen durch eine rücken-bauchwärts gerichtete Abplattung, sondern durch eine seitliche. Bei den Butten stehen beide Augen auf der linken Kopfseite. Außerdem sind die Butte an ihrem oberständigen Maul und der weiten Mundspalte, die bis unter die Augen reicht, zu erkennen. Die Oberseite der Butte ist pigmentiert, während die Unterseite hell ist.

## Lebensweise
Durch ihre Körperform und das erstaunliche Farbanpassungsvermögen sind die Butte hervorragend an das Leben auf dem Boden angepaßt. Sie sind in der Lage, ihre Färbung und Musterung in Sekundenschnelle an die Umgebung anzupassen. Bei den Butten handelt es sich um tagaktive Raubfische. Sie erzeugen durch Öffnen des wasserleeren Mundes einen Sog, der das Beutetier in das Maul hineinzieht. Die Fortbewegung erfolgt mittels After-, Rücken- und Schwanzflosse.

## Fortpflanzung
Die aus den pelagischen Eiern schlüpfenden Larven ähneln zunächst völlig den Larven anderer Fische. Sie schwimmen mit normaler Körperhaltung, bis die Formveränderung des Körpers beginnt. Das Auge auf der künftigen Körperunterseite wandert auf die andere Seite und die Mundöffnung verändert sich. Rücken- und Afterflosse dehnen sich bis zum Kopf hin aus. Nach einigen Monaten gehen die Plattfische zum Leben auf dem Boden über.

## Pfauen-Butt
*Bothus lunatus*
Peacock Flounder
**Größe:** Bis 40 cm.
**Merkmale:** Körper stark zusammengedrückt; Augen stehen links am Kopf; Rücken- und Analflossen bilden Flossensaum, Ansatz der Rückenflosse über dem Auge, obere Brustflosse ungewöhnlich lang, oft abgespreizt; Oberseite hellbraun gefärbt, blaue Kreise am gesamten Körper, blaue Punkte auf den Flossen und am Kopf.
**Lebensraum:** 1 – 15 m; Sandgrund, Seegraswiesen.
**Verbreitung:** Florida bis Brasilien, Bermudas.

## Augen-Butt
*Bothus ocellatus*
Eyed Flounder
**Größe:** Bis 18 cm.
**Merkmale:** Körper stark zusammengedrückt; Augen stehen links am Kopf; Rücken- und Analflosse bilden Flossensaum, Rückenflosse beginnt vor dem Auge, Brustflosse auf der Oberseite doppelt so lang wie auf der Unterseite; Seitenlinie über Brustflosse gewölbt; hellbraun bis grau auf der Oberseite, mit braunen Kreisen und Flecken; 2 kleine, schwarze, vertikal angeordnete Flecken auf der Schwanzflosse; Unterseite weiß gefärbt.
**Lebensraum:** 1 – 20 m; Sandgrund, Seegraswiesen.
**Verbreitung:** New York, Bermudas bis Brasilien.

Fam. Butte

# Drückerfische
*(Balistidae)*

## Aussehen
Drückerfische sind mittelgroß mit einem seitlich abgeflachten Körper. Von der Seite betrachtet erscheinen sie rhombusförmig. Sie sind oft auffällig gezeichnet und besitzen große, kräftige Schuppen, die eine Art Panzer bilden. Die 2. Rückenflosse sowie die Afterflosse bilden Flossensäume.
Die Gestaltung der 1. Rückenflosse ist für die Namensgebung der Drückerfische verantwortlich. Sie besteht aus 3 Stachelstrahlen, die durch eine Flossenspannhaut verbunden sind. Normalerweise ist die 1. Rückenflosse in einer Nut versenkt. Der 1. Stachel ist der größte und hat an seiner Basis eine Grube. Wird der 1. Stachel durch einen Muskel aufgerichtet, zieht er gleichzeitig durch die Spannhaut die beiden hinteren Stacheln mit. Dadurch rutscht die Basis des 2. Stachels in eine Vertiefung und bewirkt dadurch eine Sperre, d. h. der 1. Stachel ist nun verkantet. Diese Sperre kann durch den sogenannten Beugemuskel, der am 3. Stachel ansetzt, aufgehoben werden. Die Vorrichtung entspricht etwa der Konstruktion eines Gewehrabzugs (Drücker).
Der Kopf der Drückerfische ist recht groß und kann bis zu einem Drittel der Körperlänge ausmachen. Die Augen stehen hoch am Kopf und können unabhängig voneinander bewegt werden. Das Maul ist relativ klein, jedoch mit kräftigen Zähnen, die teilweise sichtbar sind, bestückt.

## Lebensweise
Drückerfische leben meist einzeln in Küstennähe. Sie sind tagaktiv. Mit ihrem wenig beweglichen Körper sind sie keine guten Schwimmer. Als Hauptantriebsorgan dienen die 2. Rückensowie die Afterflosse. Dabei laufen wellenförmige Bewegung über die

## Königin-Drückerfisch
*Balistes vetula*
Queen Triggerfish
**Größe:** Bis 50 cm.
**Merkmale:** Körper flach, rhombusartig; großer Kopf; kleines Maul; 1. Rückenflosse in Grube versenkbar (Trigger); Unterseite des Kopfes gelblich gefärbt, Körperfarbe variiert von rötlich über blau zu grün; <u>Spitzen der Schwanz- und 2. Rückenflosse sind ausgezogen; 2 blaue Streifen im Kopfbereich; kleine Linien gehen strahlenförmig vom Auge aus.</u>
**Lebensraum:** 3–20 m; Riffdächer, Sand- und Geröllhalden, Grasflächen.
**Verbreitung:** Massachusetts, Bermudas bis Brasilien.

## Schwarzer Drückerfisch
*Melichthys niger*
Black Durgon
**Größe:** Bis 50 cm.
**Merkmale:** Körper flach, rhombusartig; großer Kopf; kleines Maul; 1. Rückenflosse in Grube versenkbar (Trigger); dunkel blau bis grünlich gefärbt; Kopf über dem Auge orit blau, darunter gelblich gefärbt; <u>hellblaue Linien an der Basis der Rücken- und Afterflosse.</u>
**Lebensraum:** 5–50 m; Außenriffe, Sandflächen; in Gruppen oft über Riffen.
**Verbreitung:** Zirkumtropisch; Florida, Bermudas bis Brasilien.
**Ernährung:** Omnivor; Algen, Seescheiden, Krabben, Plankton.

Fam. Drückerfische **189**

Flossen. Die Schwanzflosse wird nur selten, z. B. bei schneller Flucht oder einem Angriff, eingesetzt.
Der besondere Aufbau der 1. Rückenflosse stellt eine Schutzvorrichtung dar. So kann sich der Drückerfisch in einer Felsspalte durch Aufstellen der Rückenflosse und Abspreizen der stachelförmigen Bauchflossen festklemmen und nun nicht mehr von Feinden aus seinem Zufluchtsort herausgezogen werden.
Die Drückerfische ernähren sich hauptsächlich von Krebsen, Korallenpolypen und Stachelhäutern, die sonst kaum Feinde haben. Die oft auf Sandgrund befindliche Beute wird von den Drückern durch einen gezielten Wasserstrahl freigelegt. *Melichthys-* und *Xanthichthys*-Arten nehmen jedoch auch große Mengen an planktonischen Organismen zu sich.

## Fortpflanzung

Zur Brutzeit finden sich die Drückerfische zu Paaren zusammen. Zunächst wird der Platz für das Nest ausgewählt. Dann wird mit einem kräftigen Wasserstrahl der Sand nach außen geblasen, bis eine Mulde entsteht. Korallenbruchstücke und Steine werden an den Rand der Mulde transportiert. Es entsteht ein für den Fisch gut überschaubares Gelände, so daß sich Feinde dem Nest kaum unbemerkt nähern können.
Das Ablaichen findet kurz vor der Dämmerung statt. Hierbei werden die haftenden Eier ins Nest abgelegt. Das Nest wird vom Männchen oder von beiden Elternteilen bewacht.
Während der Brutzeit sind die Drückerfische ausgesprochen aggressiv und greifen jeden an, der sich dem Nest nähert.
Sind die Larven geschlüpft, treiben sie nach oben ins offene Meer.

## Ozean-Drückerfisch

*Canthidermis sufflamen*
Ocean Triggerfish
**Größe:** Bis 60 cm.
**Merkmale:** Körper flach, rhombusartig; großer Kopf; kleines Maul; 1. Rückenflosse in Grube versenkbar (Trigger); grau bis graubraun gefärbt; <u>schwarzer Fleck an der Brustflosse.</u>
**Lebensraum:** 10–40 m; Außenriffe am Drop off; pelagisch; einzeln oder in kleinen Gruppen.
**Verbreitung:** Florida, Bermudas bis Argentinien.

### Ähnliche Arten

*Canthidermis maculatus* (<u>Flocken-Drückerfisch</u>/Rough Triggerfish); pelagisch; selten an tiefen Felsriffen, ab ca. 40 m; Verbreitung: zirkumtropisch, North Carolina bis Argentinien; bis 33 cm; dunkelbraun bis grau gefärbt mit zahlreichen weißen Flecken; Schuppen gekielt; Schwanzflosse abgerundet.

## Grauer Drückerfisch

*Balistes capriscus*
Gray Triggerfish
**Größe:** Bis 30 cm.
**Merkmale:** Körper flach, rhombusartig; großer Kopf; kleines Maul; 1. Rückenflosse in Grube versenkbar (Trigger); hellgrau bis gelbbraun gefärbt, oft mit weißen Punkten an der Unterseite; <u>blaue Punkte und Striche auf der Körperoberseite und den Flossen.</u>
**Lebensraum:** 5–15 m; auf Sand- und Geröllhalden oder treibt mit *Sargassum* an der Oberfläche.
**Verbreitung:** Bermudas, Nova Scotia bis Argentinien; Florida häufig, selten Bahamas und Florida Keys; sehr selten Karibik.

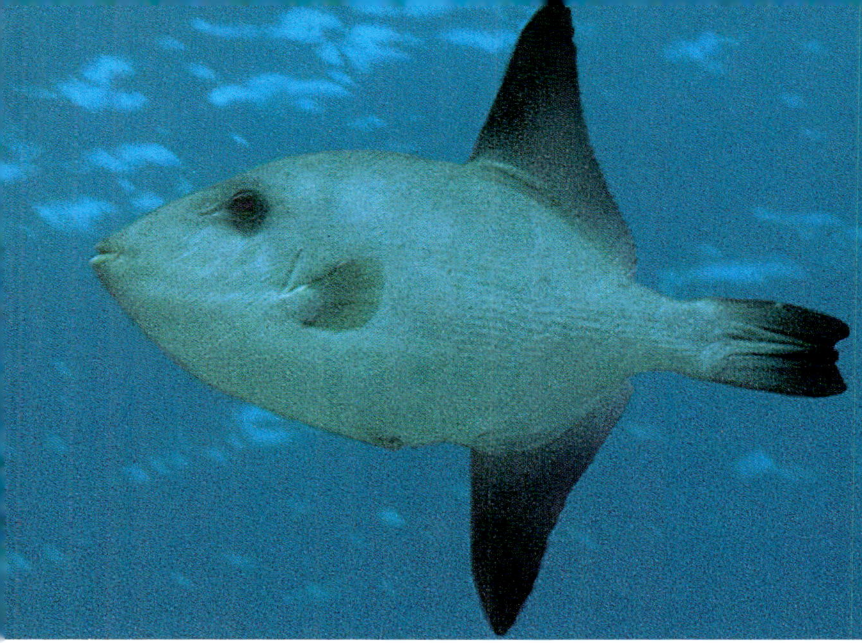

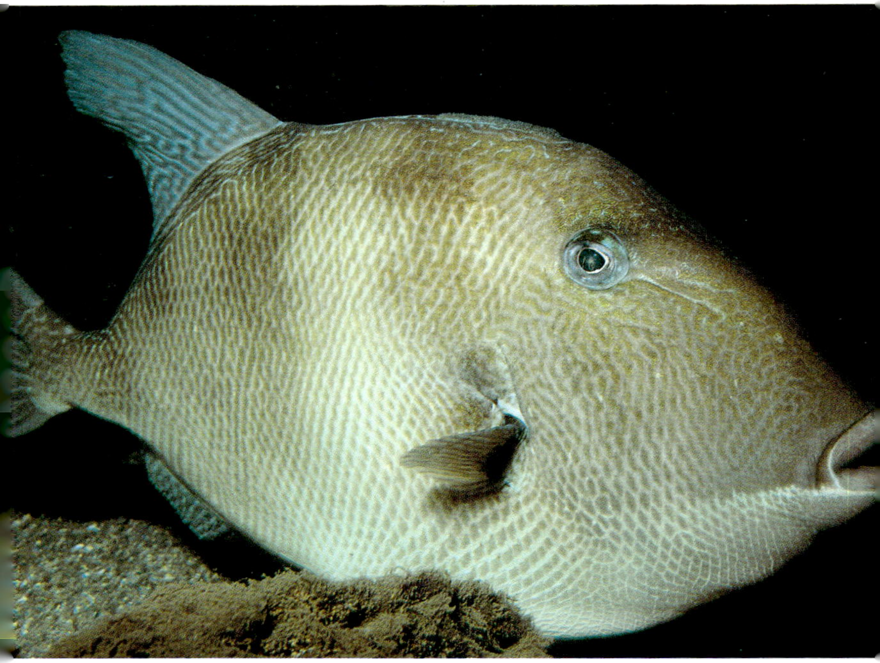

# Feilenfische
*(Monacanthidae)*

## Aussehen

Ihren Namen erhielten die Feilenfische von ihrer z. T. reibeisenartigen Haut. Diese enthält zahlreiche kleine, rauhe Schuppen in unregelmäßiger Anordnung.

Die Feilenfische sind meist unauffällig gefärbt. Ihr Körper ist sehr stark seitlich zusammengedrückt und langgestreckter als der der Drückerfische.

Die 2. Rückenflosse sowie die Afterflosse bilden Flossensäume. Die Bauchflossen fehlen, stattdessen befindet sich an der Bauchseite ein einzelner Stachel, der abgespreizt werden kann.

Die 1. Rückenflosse der Feilenfische ist weit von der 2. Rückenflosse entfernt, d. h. sie sitzt sehr weit vorn, oft direkt über den Augen. Sie wird im Gegensatz zu der der Drückerfische aus 2 Strahlenstacheln gebildet. Der erste dieser Rückenflossenstrahlen ist sehr stark verlängert, während der 2. Stachel, der unter der Haut sitzt, sehr klein und nicht zu sehen ist.

Die Schwanzflosse ist groß, wird aber fast immer flach zusammengefaltet.

Der Kopf der Feilenfische ist recht groß. Die kleinen Augen können unabhängig voneinander bewegt werden. Das Maul ist winzig, jedoch mit kräftigen Zähnen ausgestattet.

## Lebensweise

Die Feilenfische sind tagaktive Fische, die hauptsächlich in flachen Riffgebieten mit gutem Korallenbewuchs oder in Seegraswiesen anzutreffen sind. Sie sind langsame Schwimmer, die sich durch ondulierende (wellenförmige) Bewegungen von 2. Rücken- und Afterflosse vorwärtsbewegen.

Einige der in Seegraswiesen lebenden Arten suchen oft Schutz zwischen den Pflanzen, wobei sie kopfstehend die Bewegungen der Pflanzen mitmachen. Als zusätzlichen Schutzmechanismus

## Schrift-Feilenfisch

*Aluterus scriptus*
Scrawled Filefish
**Fotos:** Oben und unten Farbvariationen.
**Größe:** Bis 90 cm.
**Merkmale:** Abgeflachter, langgestreckter Körper; kleines Maul; von blaßgrau über hellbraun bis dunkelbraun gefärbt; <u>Körper mit bläulichen Punkten und Linien bedeckt; schwarze Punkte; langer Schwanz; Kopfprofil konkav.</u>
**Lebensraum:** 5 – 50 m; Außenriffe, offenes Wasser, Seegraswiesen.
**Verbreitung:** Nova Scotia bis Brasilien; weltweit in wärmeren bis tropischen Gewässern.
**Ernährung:** Omnivor; Algen, Seegras, Gorgonien, Seescheiden, Seeanemonen.

Fam. Feilenfische

besitzen die Feilenfische ein sehr ausgeprägtes Farbanpassungsvermögen. Sie ernähren sich hauptsächlich von Korallenpolypen und kleinen Krebsen.

### Fortpflanzung

Die Feilenfische legen haftende Eier, die vom Männchen oder Weibchen bewacht werden.

### Ähnliche Arten

*Aluterus schoepfi* (<u>Orangener Feilenfisch/</u>Orange Filefish); lebt auf Seegraswiesen und Sandgrund, selten in Korallenriffen; Jungtiere in schwimmendem *Sargassum*-Tang; Verbreitung: Nova Scotia, Bermudas bis Brasilien; bis 60 cm; blaßgrau bis dunkelbraun gefärbt, Körper mit orangenen Punkten bedeckt; Lippen dunkel.

*Monacanthus hispidus* (<u>Flachkopf-Feilenfisch/</u>Planehead Filefish); Verbreitung: Nova Scotia, Bermudas, Golf von Mexiko bis Brasilien; fehlt auf den Bahamas; bis 25 cm; grau bis braun gefärbt mit unregelmäßigen dunklen Flecken; Flossen gelblich.

## Schlanker Feilenfisch

*Monacanthus tuckeri*
Slender Filefish
**Größe:** Bis 10 cm.
**Merkmale:** Abgeflachter Körper; kleines Maul; sehr lang ausgezogene Schnauze; braungrau gefärbt; Oberseite dunkler; Stärke der Färbung kann variieren: heller oder dunkler werden; <u>weißes Netzmuster am ganzen Körper</u>.
**Lebensraum:** 3 – 20 m; flache Riffe, Seegraswiesen; versteckt zwischen Gorgonien.
**Verbreitung:** New York, Bermudas bis Kleine Antillen.
**Ernährung:** Algen, Seegras, kleine Wirbellose.

## Gepunkteter Feilenfisch

*Cantherhines pullus*
Orangespotted Filefish
**Größe:** Bis 20 cm.
**Merkmale:** Abgeflachter Körper; kleines Maul; dunkelbraune und schmale helle Längsstreifen, mit kleinen orangefarbenen Punkten; Stärke der Färbung kann variieren: heller oder dunkler werden; <u>weißer Fleck an der Oberseite der Schwanzwurzel</u>.
**Lebensraum:** 5 – 35 m; Außenriffe, Lagunen.
**Verbreitung:** Massachusetts, Bermudas bis Brasilien.
**Ernährung:** Algen, Schwämme, Seescheiden.

Fam. Feilenfische

195

## Weißflecken-Feilenfisch
*Cantherhines macroceros*
Whitespotted Filefish
**Fotos:** Oben, oben rechts und unten rechts Farbvariationen.
**Größe:** Bis 45 cm.
**Merkmale:** Abgeflachter Körper; kleines Maul; bräunlich bis orange gefärbt (2 Farbphasen); überall mit weißen Punkten bedeckt, die schnell verschwinden können; <u>orangefarbene Stacheln an der Schwanzwurzel</u>, beim Männchen größer als beim Weibchen; <u>großer Bauchanhang</u>.
**Lebensraum:** 5 – 25 m; Riffdächer, Flachwasser; oft in Paaren.
**Verbreitung:** Florida, Bermudas bis Brasilien.

Fam. Feilenfische 197

# Kofferfische
*(Ostraciidae)*

## Aussehen

Bei den Kofferfischen sind Körper und Kopf vollständig von sechseckigen, starren Knochenplatten umhüllt, die durch Umwandlung aus Schuppen entstanden sind. Frei beweglich sind nur der Schwanzstiel, die Ansatzstellen der Flossen sowie die Haut um Augen, Mund und After.

Der Kiemendeckel ist fest mit dem Hautpanzer verwachsen. Um trotzdem einen guten Wasseraustausch in der Kiemenhöhle zu gewährleisten, verfügen die Kofferfische über einen absenkbaren Mundhöhlenboden. Durch ständiges Paddeln mit den kleinen Brustflossen wird außerdem das Ausströmen des Wassers aus der Kiemenhöhle erleichtert.

Die Bauchfläche der Kofferfische ist gerade. Die Gattungen können anhand der Kanten des Außenskeletts unterschieden werden. Die meisten Kofferfische sind viereckig im Querschnitt, einige jedoch auch dreieckig.

Die Kofferfische besitzen keine Bauchflossen. Rücken- und Afterflosse sind gegen das Hinterende des Panzers verlagert. Die Brustflossen stehen unmittelbar hinter der kleinen Kiemenöffnung.

Das Maul ist sehr klein und hat dicke Lippen. Die Augen können unabhängig voneinander bewegt werden.

## Lebensweise

Bei den Kofferfischen handelt es sich um tagaktive Fische, die sich vorwiegend im Flachwasserbereich von Korallenriffen aufhalten. Sie sind langsame, aber sehr manövrierfähige Schwimmer. Den Antrieb liefern durch wellenförmige Bewegungen die Rücken- und Afterflosse, während die Bewegungsrichtung von der Schwanzflosse und den Brustflossen bestimmt

## Waben-Kuhfisch

*Acanthostracion polygonius*
Honeycomb Cowfish
**Größe:** Bis 45 cm.
**Merkmale:** Viereckig im Querschnitt; von starren Knochenplatten umhüllt; keine Bauchflossen; blaugrün bis gelblich gefärbt; unregelmäßiges Muster am Kopf; <u>Bienenwabenmuster am ganzen Körper; Kanten des Panzers an der Bauchseite und am Kopf über den Augen ausgezogen.</u>
**Lebensraum:** 6 – 30 m; Korallenriffe im Flachwasser.
**Verbreitung:** New York, Bermudas bis Brasilien.

## Bekritzelter Kuhfisch

*Acanthostracion quadricornis*
Scrawled Cowfish
**Größe:** Bis 48 cm.
**Merkmale:** Viereckig im Querschnitt; von starren Knochenplatten umhüllt; Bauchflossen fehlen; graubraun bis graugrün gefärbt; <u>Körper mit unregelmäßigen blauen Punkten und Strichen überzogen; blaue Linie vom Maul bis zur Afterflosse; Kanten des Panzers an der Bauchseite und am Kopf über den Augen ausgezogen.</u>
**Lebensraum:** 2 – 25 m; Seegraswiesen im Flachwasser.
**Verbreitung:** New England, Bermudas bis Brasilien.

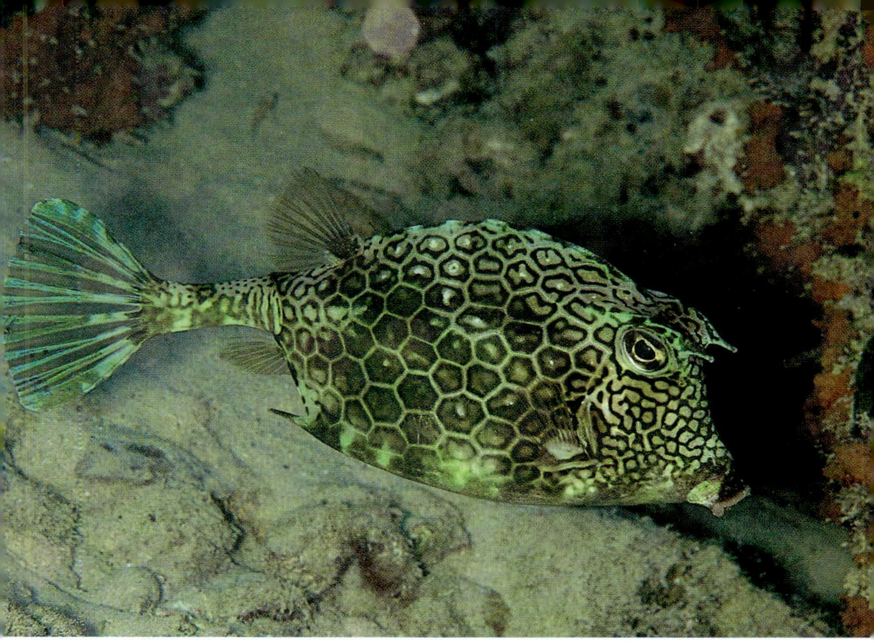

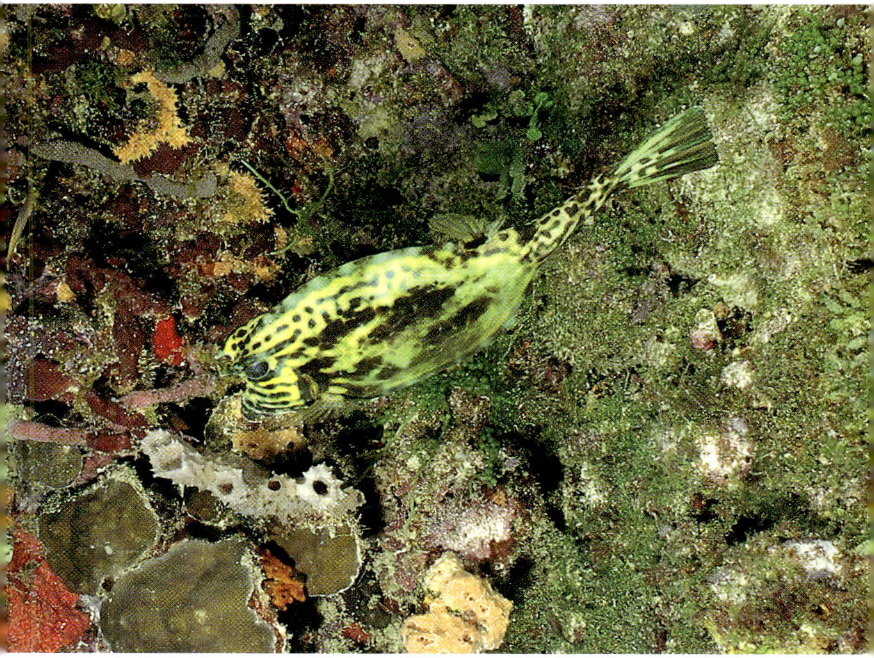

wird, wobei die Brustflossen einer Schaukelbewegung entgegenwirken. Bei der Flucht wird oft die Schwanzflosse eingesetzt und damit die Geschwindigkeit erheblich erhöht. Die Kofferfische sind sehr wendig, können im Stand drehen und schnell in Höhlen und Spalten Schutz finden.

Bei der Nahrungssuche stellen sich die Kofferfische oft diagonal mit dem Kopf nach unten und erzeugen mit ihrem Mundhöhlenboden einen Wasserstrahl, um im Sand befindliche Nahrung freizulegen. Als Hauptnahrung dienen ihnen Schnecken, Borstenwürmer, Seescheiden, Schwämme und Algen.

Die Kofferfische enthalten das Toxin Ostracitoxin, das sie in Streßsituationen absondern und das tödlich auf andere Fische und auch auf sie selbst (bei begrenztem Raum, z. B. im Aquarium) wirken kann.

## Fortpflanzung

Im Laufe der Entwicklung ändern sich bei einigen Arten Körperform und Färbung. Oft sind auch die Geschlechter unterschiedlich gefärbt.

Männliche Tiere halten sich einen Harem von 3 – 4 Weibchen. Zur Paarung werden höher gelegene Plätze im Riff aufgesucht. Von hier schwimmen die Paare nach oben und geben gleichzeitig Eier und Spermien ins Freiwasser ab.

## Ähnliche Arten

*Lactophrys trigonus* (Buffalo-Kofferfisch/Trunkfish); Verbreitung: Massachusetts, Bermudas bis Brasilien; bis 45 cm; grünlich bis bräunlich gefärbt mit 2 dunklen unregelmäßigen Flecken an jeder Seite; Kanten des Panzers an der Bauchseite nach hinten ausgezogen.

## Gepunkteter Kofferfisch

*Lactophrys bicaudalis*
Spotted Trunkfish
**Größe:** Bis 53 cm.
**Merkmale:** Viereckig im Querschnitt; von starren Knochenplatten umhüllt; keine Bauchflossen; Kanten des Panzers am Kopf nicht ausgezogen; cremefarben, mit braunen oder schwärzlichen Punkten; ums Maul heller gefärbt; Schwanzflosse gepunktet; Kanten des Panzers an der Bauchseite ausgezogen.
**Lebensraum:** 3 – 30 m; Korallenriffe, Seegraswiesen im Flachwasser.
**Verbreitung:** Florida Keys, Bahamas, südlicher Golf von Mexiko bis Brasilien.
**Ernährung:** Seeigel, Seegurken, Schwämme, Algen.

## Glatter Kofferfisch

*Lactophrys triqueter*
Smooth Trunkfish
**Fotos:** Mitte adult; unten Jugendform.
**Größe:** Bis 30 cm.
**Merkmale:** Viereckig im Querschnitt; von starren Knochenplatten umhüllt; Bauchflossen fehlen; schwarzbraun gefärbt, mit weißen bis goldgelben Punkten; Lippen und Ansatz der Flossen schwärzlich; Kanten des Panzers nicht ausgezogen;
Jungtier: schwarzbraun mit gelblichen Punkten.
**Lebensraum:** 5 – 25 m; Korallenriffe, Felsen, Sandflächen.
**Verbreitung:** Massachusetts, Bermudas, nördlicher Golf von Mexiko bis Brasilien.

# Kugelfische
*(Tetraodontidae)*

## Aussehen

Kugelfische sind unauffällig gemustert. Die Haut ist lederartig, extrem dehnbar und schuppenlos. Es sind kleine bis mittelgroße Fische (10–90 cm) mit einem rundlichen, plumpen Körper. Das kleine Maul ist endständig. Die Zähne sind zu einem harten Papageienschnabel verwachsen, der im Ober- und Unterkiefer in der Mittelebene je eine Naht trägt.

Die Kiemenöffnung befindet sich direkt vor den Brustflossen, der Kiemendeckel fehlt. Bauchflossen fehlen vollständig. Die After- und die Rückenflosse stehen einander gegenüber und bilden zusammen mit den Brustflossen die Antriebsorgane.

## Lebensweise

Die Kugelfische sind tagaktive Fische mit ausgeprägtem Territorialverhalten, die sich durch eine extreme Wendigkeit im Riff auszeichnen (Rückwärtsschwimmen ist möglich). Ihren Namen verdanken sie der Fähigkeit, sich kugelförmig aufzublasen und somit ihr Volumen erheblich zu vergrößern. Dies dient der Abschreckung von Angreifern und zur Verteidigung des Reviers.

Die Fähigkeit sich aufzublasen, verdanken die Kugelfische einer dehnbaren Ausstülpung des Magens, die durch Schluckbewegungen mit Wasser, an der Oberfläche mit Luft, gefüllt werden kann.

Ihr Hauptnahrung, Schalentiere wie Krebse, Schnecken, Muscheln, kann durch einen gezielten Wasserstrahl freigelegt werden.

Einige Kugelfische sind giftig. Das Gift, Tetrodotoxin, befindet sich hauptsächlich in den Geschlechtsteilen und den Eingeweiden. Blut und Muskelfleisch sind dagegen ungiftig.

In Japan gilt das Fleisch der Kugelfische als Delikatesse: Fugu.

## Spitzkopf-Kugelfisch

*Canthigaster rostrata*
Sharpnose Puffer
**Größe:** Bis 11 cm.
**Merkmale:** Körper plump, langgestreckt; Augen hoch am Kopf stehend; kleines Maul, endständig, vorstehend; Kiemenöffnung besonders klein; Kiel am Rücken vor der Rückenflosse; oberes Körperdrittel orangebraun bis rotbraun gefärbt, untere 2 Drittel des Körpers hell gefärbt; blaue Zeichnung – Punkte und Striche – vom Kopf über den ganzen Körper; blaue Zeichnung um die Augen.
**Lebensraum:** 1–26 m; Riffdächer, Seegraswiesen.
**Verbreitung:** Florida, Bermudas bis Venezuela.

## Gepunkteter Kugelfisch

*Sphoeroides spengleri*
Bandtail Puffer
**Größe:** Bis 18 cm.
**Merkmale:** Körper plump langgestreckt; kleines endständiges Maul; Rücken gelbbraun bis olivgrün, auf der Seite Reihe dunkler Punkte vom Maul bis zum Schwanz, 2 dunkle Streifen am Ansatz und im hinteren Drittel der Schwanzflosse, Bauch weiß gefärbt; Stacheln am Bauch; fleischige Anhänge auf dem Rücken und an den Seiten.
**Lebensraum:** 1–30 m; Seegraswiesen, Korallenbruch, Riffe.
**Verbreitung:** Massachusetts, Bermudas, nördlicher Golf von Mexiko bis Brasilien.

Fam. Kugelfische **203**

# Igelfische
*(Diodontidae)*

## Aussehen

Igelfische sind meist bräunlich gefärbt. Es sind kleine bis mittelgroße Fische (10 – 90 cm) mit einem plumpen Körper. Im Profil betrachtet erscheint der Körper dreieckig. Der Kopf ist abgeplattet, mit großen Augen und endständigem Maul. Die Zähne sind zu einem harten Papageienschnabel verwachsen, der jedoch im Gegensatz zu dem der Kugelfische keine Naht in der Mitte mehr aufweist.

Die Kiemenöffnung befindet sich direkt vor den Brustflossen. Der Kiemendeckel fehlt.

Bauchflossen fehlen. Die After- und die Rückenflosse stehen einander gegenüber und bilden zusammen mit den Brustflossen die Antriebsorgane. Die meist relativ lange Schwanzflosse dient der Änderung der Bewegungsrichtung.

Die Haut der Igelfische ist, wie schon der Name sagt, von Stacheln bedeckt. Bei den kleineren Arten der Gattung *Cyclichthys* stehen die dreifach verankerten Stacheln immer vom Körper ab, bei den größeren Arten der Gattung *Diodon* sind die Stacheln nur mit 2 »Wurzeln« verankert und werden abgespreizt, wenn sich die Fische aufblasen. In Ruhe liegen die Stacheln mit den Spitzen nach hinten dicht am Körper an.

## Lebensweise

Korallenriffe und angrenzende Gebiete bilden den Lebensraum der Igelfische. Sie sind tagaktiv, können jedoch auch nachts Jagd machen, vor allem auf nachtaktive Schalentiere.

Igelfische sind langsame Schwimmer, die sich jedoch durch eine große Wendigkeit im Riff auszeichnen, ähnlich wie die Kugelfische. Hierbei werden die sich gegenüberstehende After- und Rückenflosse gegenläufig bewegt. Das

# Ballon-Igelfisch

*Diodon holocanthus*
Balloonfish
**Fotos:** Oben Jungtiere; unten adult.
**Größe:** Bis 50 cm.
**Merkmale:** Körper plump, dreieckig, mit zahlreichen langen Stacheln, die beim Aufblähen abgespreizt werden; oliv bis braun gefärbt, dunkler Streifen von Auge zu Auge, dunkle Streifen oder Flecken auf dem Körper, schwarze Punkte am Körper, nicht auf den Flossen, längere Stacheln am Kopf; Iris gelb, Pupille mit irisierenden blaugrünen Punkten.
**Lebensraum:** 2 – 20 m; flache Riffe, Seegraswiesen.
**Verbreitung:** Florida, Bermudas bis Brasilien; nahezu weltweit in warmen Gewässern.

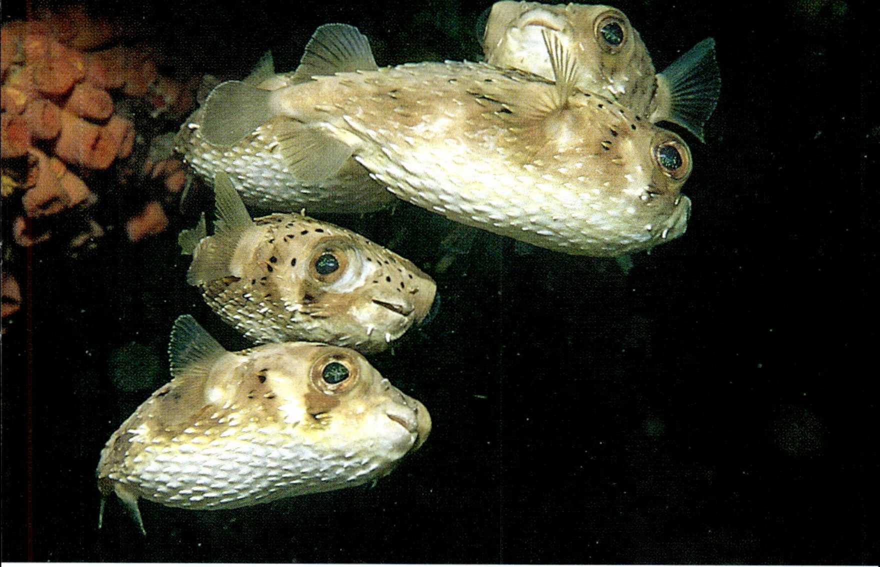

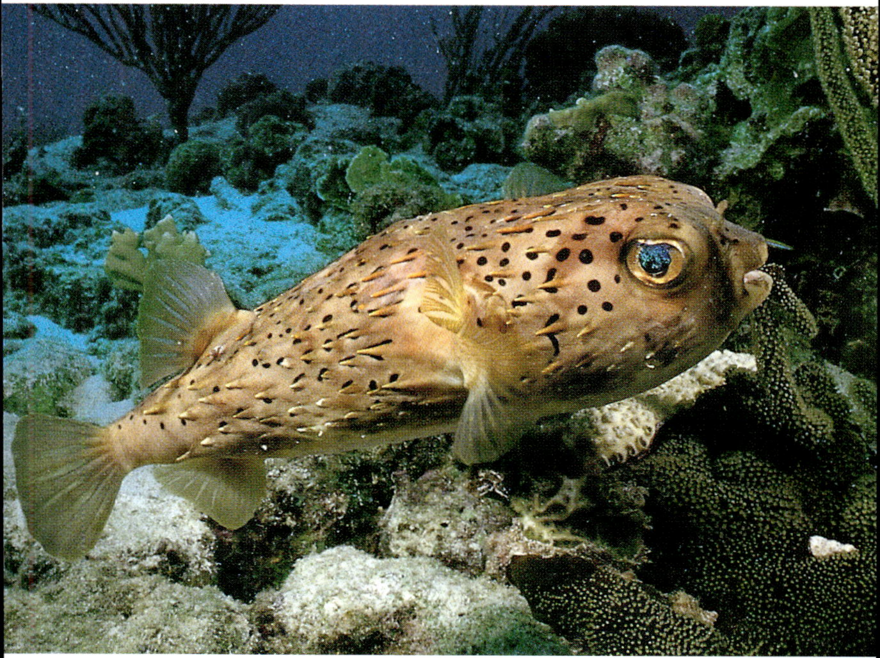

Tempo kann mittels der Schwanzflosse erheblich gesteigert werden.
Die Igelfische halten sich meist in Bodennähe auf und suchen, sobald ein Feind auftaucht, ein Versteck. Sie sind ebenso wie die Kugelfische in der Lage, sich aufzublasen und somit ihr Volumen erheblich zu vergrößern. Bei den Arten der Gattung *Diodon* können die Tiere dabei eine nahezu kugelige Gestalt annehmen; zusätzlich werden auch noch die bisher dicht am Körper anliegenden Stacheln abgespreizt.
Das Aufblähen erfüllt bei den Igelfischen eine Schutzfunktion. Es sollen dadurch Angreifer abgeschreckt werden. Um diese Volumensausdehnung zu erzielen, pumpen sie Wasser auf die gleiche Weise wie die Kugelfische in eine dehnbare Ausstülpung des Magens.
Die Hauptnahrung der Igelfische bilden hartschalige Weichtiere, Krebse und Seegurken, die für die recht langsamen Schwimmer gut erreichbar sind.

## Fortpflanzung
Die Weibchen schwimmen in der Dämmerung mit einem oder mehreren Männchen zur Wasseroberfläche und laichen ins freie Wasser ab.

## Ähnliche Arten
*Cyclichthys antillarium* (Netz-Igelfisch/Web Burrfish); bis 30 cm; Körper mit zahlreichen kurzen abgespreizten Stacheln; hell- bis dunkelbraun gefärbt, gelblicher Bereich unter dem Mund, 3 – 4 größere dunkle Flecken am Körper, netzartiges Muster am Rücken und auf den Seiten; Iris goldfarben, Pupille mit irisierenden blaugrünen Punkten; in 2 – 28 m Tiefe, oft über Seegras; Verbreitung: Florida, Bahamas bis Venezuela.

# Gepunkteter Igelfisch
*Diodon hystrix*
Porcupinefish
**Größe:** Bis 90 cm.
**Merkmale:** Körper plump, dreieckig, mit zahlreichen langen Stacheln, die beim Aufpumpen abgespreizt werden; Rücken gelbbraun bis oliv, Bauchseite weißlich, dunkle Punkte am gesamten Körper und auf den Flossen.
**Lebensraum:** 3 – 20 m; Riffe, Seegraswiesen.
**Verbreitung:** Massachusetts, Bermudas bis Brasilien; weltweit in warmen Gewässern.

# Zügel-Igelfisch
*Cyclichthys antennatus*
Bridled Burrfish
**Größe:** Bis 30 cm.
**Merkmale:** Körper plump, dreieckig, mit zahlreichen kurzen abgespreizten Stacheln, Stacheln im Kopfbereich können länger sein; oliv bis gelbbraun gefärbt, schwarze Punkte am Körper und auf der Schwanzflosse, die anderen Flossen ohne Punkte, schwarzer Fleck über der Brustflosse; Iris goldfarben mit einem Ring von schwarzen Punkten, Pupille mit irisierenden blaugrünen Punkten.
**Lebensraum:** 2 – 14 m; Riffdächer, Seegraswiesen.
**Verbreitung:** Florida, Bahamas bis nördliches Südamerika.

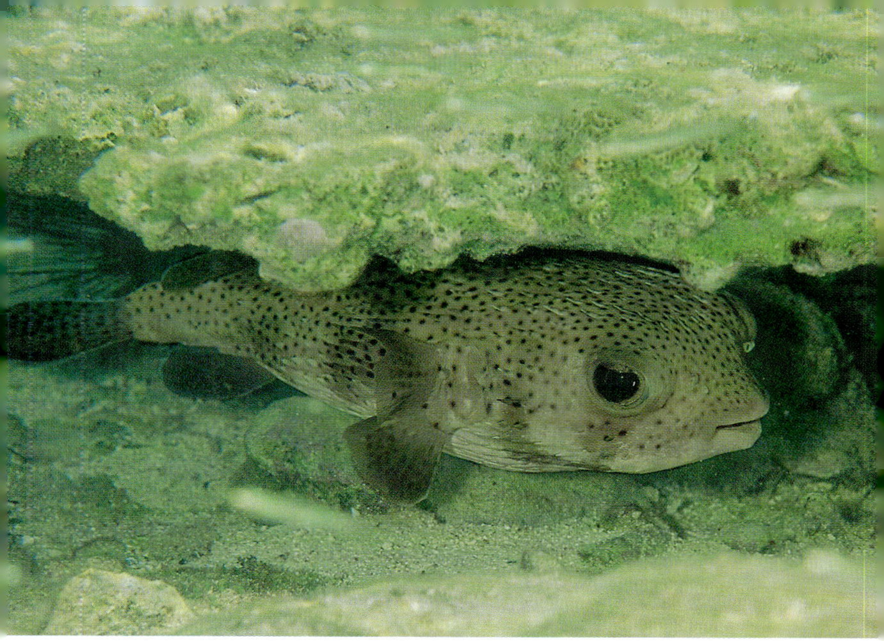

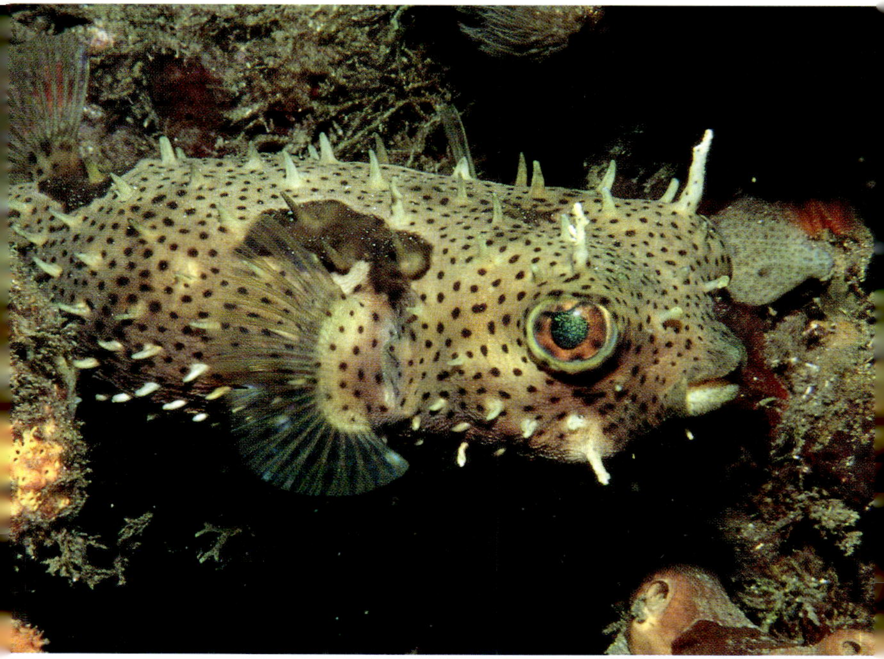

# Unterwasser-
# fotografie

Seit nahezu 2 Jahrzehnten erfreut sich
der Tauchsport weltweit steigender
Beliebtheit. Nicht ohne Grund. Der
Mensch war zu allen Zeiten fasziniert
von Schönheit und Perfektion. In einer
Gesellschaft, in der diesen Attributen
durch Oberflächlichkeit, Schnellebigkeit
und gravierende Veränderungen der
Wertmaßstäbe eine andere Bedeutung
verliehen wird, keimt vielleicht nicht
nur bei Tauchfans die Sehnsucht nach
Ursprünglichkeit.
In der Unterwasserwelt können wir
nicht leben, sondern nur zu Gast sein.
Ein Gast hat aber kein »Hausrecht«. In
meinen Foto-Kursen steht deshalb ein
verantwortungsvolles und umwelt-
gerechtes Verhalten der Tauchsportler
im Vordergrund. Doch bevor wir die
Wunder der Meere bestaunen und
fotografieren können, bedarf es einer
grundsoliden Tauchausbildung.
Der erste Schritt ist das richtige Tarieren. Diese Fertigkeit erfordert ein
intensives Training und eine hohe Zahl
von Tauchgängen. Richtig ausgebildet,
ist der Sportler beim Tauchen im Korallenriff befähigt, Auftrieb, Abtrieb und
Strömungen rechtzeitig zu bemerken
und entsprechend zu reagieren. Ein
schlecht austarierter Sporttaucher wird
auf den Grund sinken und dabei die
äußerst empfindlichen Korallen abbre-
chen. Das ist keine Bagatelle.
Bestimmte Korallenarten benötigen zur
Entfaltung ihrer vollen Größe mehrere
Jahrzehnte. Darüber hinaus bieten
Korallen vielen winzigen Riffbewohnern ein Zuhause und Schutz vor Feinden. Da braucht es nicht viel Phantasie,
um zu begreifen, daß kleinste Unacht-
samkeiten unter Wasser große Folgen
für das ökologische Gleichgewicht
haben können.
Ich empfehle deshalb, mit der Unterwasserfotografie erst dann zu beginnen, wenn eine überdurchschnittliche

Taucherfahrung und ein umfangreiches
Wissen über die Zusammenhänge vor-
handen sind. Hilfreich ist hier auch eine
Beschäftigung mit der einschlägigen
Literatur.
Bei der Anschaffung einer Unterwasser-
Fotoausrüstung kommt es bei der Aus-
wahl neben persönlichen Vorlieben auf
die fotografischen Intentionen an, die
entweder für eine Gehäuse- oder eine
Sucherkamera sprechen.

## Sucherkamera
Weltweiter Marktführer bei Unterwas-
ser-Sucherkameras ist die Nikonos. Die
Vorteile liegen in den kompakten
Abmessungen, einem geringen
Gewicht und den akzeptablen
Anschaffungskosten für die Grundaus-
rüstung.

## Gehäusekamera
Fast alle Wettbewerbsfotografen
arbeiten mit einer Spiegelreflexkamera
im Unterwassergehäuse (SLR). Obwohl
die Anschaffungskosten weit über
denen einer Sucherkamera liegen,
erfreut sich die SLR wegen ihrer
variablen Einsatzmöglichkeiten auch im
semi-professionellen Bereich großer
Beliebtheit. Die Vorteile: genauer
Sucherausschnitt, optische Schärfen-
kontrolle, keine Parallaxenverschiebung
des Suchers, Verwendung von Zoom-
und Makroobjektiven sowie Auto-
fokus-Systemen (AF).

## Blitzgerät
Die Farbenpracht von Unterwasser-
motiven kann nur durch den Einsatz
von Blitzlicht dokumentiert werden.
Wasser absorbiert Licht, insbesondere
im roten Bereich, weshalb die Farben
unter Wasser »blaustichig« wirken.
Auch das Fotografieren in Flachwasserzonen bei grellstem Sonnenschein
erlaubt im Hinblick auf ein hoch-
wertiges Ergebnis keine Ausnahme von
dieser Regel. Je tiefer man taucht, um
so diffuser und dunkler die Lichtver-
hältnisse. Ein hochempfindlicher Film

wird seine Qualitäten nur mit einem leistungsstarken Unterwasser-Blitz entfalten, der wie eine künstliche Sonne wirkt.

Alle elektronisch gesteuerten SLR sind inzwischen serienmäßig mit der TTL-Blitzsteuerung ausgestattet. Sie garantiert die richtige Belichtung bei Einsatz des Blitzlichtes.

Meine Bilder in diesem Buch wurden mit folgender Ausrüstung fotografiert:
– Nikon-F4-Kamera mit AF-Makro-Objektiv 2,8/105 mm im Unterwassergehäuse der Firma Subal
– Nikonos-5-Kamera mit Nikkor-Weitwinkel-Objektiv 2,8/15 mm und Sucher
– Unterwasser-TTL-Blitz SF 3000 der Firma Subtronic mit 2 Blitzbuchsen
– Belichtungsmesser-Seconimeter
– Alu-Blitzarm der Firma Kilgus
– 2 Blitzkabel

Diese Ausrüstung ermöglichte es mir, von jedem Tauchgang 72 belichtete Dias mitzubringen.

Bei gleichzeitigem Einsatz von 2 Unterwasserkameras empfehle ich, möglichst nur »eine« Filmempfindlichkeit zu wählen, am besten ISO 100/21. Durch den Einsatz von 2 Kameras sichert sich der Fotograf 2 Perspektiven: den Weitwinkeleffekt für eine großformatige Betrachtung und den Makrobereich zum Anvisieren eines ausgewählten Objekts. Bei späteren Vorführungen ist es durchaus von Bedeutung, in welchem Umfeld etwa eine Makroaufnahme entstanden ist.

Jeder engagierte Unterwasserfotograf wird nicht einfach »drauflos knipsen«, sondern sich Gedanken machen über Bildaufbau und Aufnahmewinkel. Die Breitseitenaufnahme eines Fisches ist hervorragend zur Bestimmung geeignet; einen nichtwissenschaftlichen Betrachter wird sie eher langweilen. Eine größere Ausdruckskraft des Fotos läßt sich durch das Fotografieren des Fisches schräg von vorn erreichen. Qualität und das Wissen darum, wie

sie zu realisieren ist, sind die Begleiter des Unterwasserfotografen. Glück läßt sich bekanntlich nicht konservieren; gleichwohl bietet die intensive Beschäftigung mit der Unterwasserfotografie die Chance, erlebte Schönheit und Faszination länger als nur für einen Augenblick festzuhalten. Sei es, um die überwältigenden emotionalen Eindrücke, die ein Taucher unter Wasser erlebt, wieder und wieder im Herzen zu bewegen oder um das Bewußtsein für einen verantwortungsvollen Umgang mit der Unterwasserwelt zu schärfen.

Otto Gremblewski-Strate

*Verwendete Unterwasser-Kamera-ausrüstung (genaue Angaben zu den Geräten im Text).*

# Fachwortverzeichnis

**Adult** erwachsen

**Barteln** Bartfäden; fadenförmige Anhänge im Bereich des Maules gelegen, die zur Aufnahme von Geschmacks- und Tastreizen dienen

**Benthos** am Ufer und am Grund von Gewässern lebende Tiere oder Pflanzen

**Carnivor** fleischfressend

**Ciguatera** Vergiftung durch Ciguateratoxin, das in einzelligen Algen (Dinoflagellaten) vorkommt. Die Algen werden von Fischen gefressen, die ihrerseits wieder zur Beute größerer Raubfische werden. So konzentriert sich das Gift im Laufe der Nahrungskette. Das Gift ist nicht wasserlöslich und nicht durch Hitze zerstörbar

**Ctenoidschuppen** Kammschuppen

**Cycloidschuppen** Rundschuppen

**Detritus** frei im Wasser schwebende Sinkstoffe. Es werden organischer und anorganischer Detritus unterschieden. Organischer Detritus besteht aus abgestorbenen, sich zersetzenden Pflanzen und Tieren. Anorganischer Detritus besteht aus mineralischen Sinkstoffen z. B. Ton oder Sand

**Dichte** auch Massendichte genannt, bezeichnet den Quotienten aus der Masse eines Körpers zu seinem Volumen

**Drop Off** Übergang von der Riffkante zum Riffabhang

**Ektoparasiten** Schmarotzer, die dem Wirt außen aufsitzen

**Herbivor** pflanzenfressend

**Hermaphrodismus** Ausbildung von männlichen und weiblichen Geschlechtsorganen an einem Individuum; Zwitter (Hermaphrodit)

**Invertebraten** Wirbellose

**Klasper** Begattungsorgan der Haie und Rochen, das aus dem hinteren Teil der Bauchflossen entstanden ist

**Kloake** Endabschnitt des Darmkanals, in den die Ausführungsgänge der Geschlechts- und der Ausscheidungsorgane einmünden

**Kommensalismus** das Zusammenleben zweier Organismen, bei dem ein Partner profitiert, der andere weder Nutzen noch Schaden zu haben scheint

**kompress** seitlich stark abgeflacht

**Larven** frühes Entwicklungsstadium bei den Tieren, die keine direkte Entwicklung durchmachen, sondern bei denen ein Formwandel erfolgt

**Mollusken** Weichtiere, z. B. Schnecken, Muscheln, Kopffüßer

**omnivor** allesfressend; sowohl tote als auch lebende, pflanzliche wie auch tierische Nahrung wird aufgenommen

**Operculum** Kiemendeckel

**ovipar** Ablage von Eiern

**ovovivipar** die Eier werden im Leib bebrütet

**Parasitismus** Schmarotzertum; das Zusammenleben von Organismen, bei dem ein Partner profitiert, während der andere geschädigt wird

**pelagisch** im Freiwasser lebend

**Phytoplankton** im freien Wasser schwebende pflanzliche Organismen mit fehlender oder geringer Eigenbewegung

**Plakoidschuppen** Schuppen der Haie und Rochen; Hautzähnchen aus Zahnbein (Dentin) aufgebaut

**Plankton** im freien Wasser schwebende Organismen mit fehlender oder geringer Eigenbewegung

**protandrisch** bei einigen zwittrigen Tierformen reifen die männlichen Fortpflanzungsorgane vor den weiblichen

**protogyn** bei einigen zwittrigen Tierformen reifen die weiblichen Fortpflanzungsorgane vor den männlichen

**Sedimente** Stoffe, die sich am Boden eines Gewässers ablagern; abgelagerter Detritus

**sessil** festsitzend

**Simultanhermaphroditen** Zwitter, bei cenen Hoden- und Ovarialgewebe gleichzeitig funktionieren

**Sukzedanhermaphroditen** Zwitter, die entweder zuerst männlich oder weiblich sind

**Symbiose** zeitweilige oder dauerhafte Verbindung zwischen artverschiedenen Organismen, bei der beide Partner profitieren

**Tetrodotoxin** Gift der Kugelfische; das meiste Gift enthalten Leber, Eingeweide, Eierstöcke und Hoden

**Tunikaten** Manteltiere, z. B. Seescheiden

**vivipar** lebendgebärend; die Keimlinge entwickeln sich im Mutterleib und werden vom Dottersack-Mutterkuchen mit Nährstoffen versorgt

**Zooplankton** im freien Wasser schwebende tierische Organismen mit fehlender oder geringer Eigenbewegung

**Zooxanthellen** gelbbraune, einzellige Algen, die in den Zellen bestimmter Korallen leben

# Richtiges Verhalten unter Wasser

Wie bereits im Kapitel über die Ökologie geschildert, handelt es sich bei den Riffen um komplexe Ökosysteme. Der Mensch greift in dieses System auf vielfältige Weise ein; z. B. über Fischerei und über Zufuhr von Düngemitteln oder Pestiziden. Aber nicht nur diese Faktoren wirken auf das System, auch der Tourismus und besonders der Tauchtourismus beeinflussen das Ökosystem Riff. So werden z. B. viele Hotels und Restaurants so dicht wie möglich am Wasser gebaut. Hierdurch wird der Uferbereich der Meere stark beeinträchtigt. Auch ist oft die Abfallentsorgung in den Hotels nur unzureichend (keine Kläranlagen).

Hier soll jedoch kurz darauf eingegangen werden, worauf der Einzelne und speziell der Taucher achten sollte, um das Riff sowenig wie möglich zu schädigen. Denn schon unbedeutende Kleinigkeiten, auf die kaum geachtet wird, können Korallen beeinträchtigen. So wirbelt fast jeder Taucher mit den Flossen Sand und Sedimente auf. Die Korallenpolypen, die für die Nahrungsaufnahme zuständig sind, müssen von diesen Partikeln befreit werden. Die Korallen besitzen einen Reinigungsmechanismus, um z. B. Sandpartikel zu entfernen, jedoch ist diese Kapazität nicht unbegrenzt. So werden z. B. vor der Küste Brasiliens kaum Riffe gefunden, da u. a. die durch den Amazonas herantransportierten Sedimentmassen nicht mehr von den Korallen bewältigt werden.

Die wichtigste taucherische Fähigkeit ist das Tarieren. Wer – egal in welcher Tiefe – gut austariert im Wasser liegt, ist in der Lage, seine Position selbst zu bestimmen und vermeidet so z. B. die Berührung mit dem Riff. So sollte der Taucher mit möglichst wenig Blei tauchen, um nicht zu schnell abzutauchen und Grundberührung zu vermeiden.

Auch sollte man sich nicht unter Wasser festhalten. Beim Festhalten an Steinkorallen wird die weiche Haut der Koralle berührt auf das harte Korallengestein gepreßt und zerstört. Dieses zerstörte Areal ist nun besonders anfällig für Pilze und Bakterien. Es empfiehlt sich daher, keine Handschuhe zu tragen. Denn nun ist man gezwungen, sich genau umzusehen, den Kontakt möglichst zu vermeiden und falls doch nötig, sich das Umfeld genau anzugucken, um nicht etwa einen Drachenkopf oder eine Feuerkoralle zu berühren.

Auch sollte man möglichst keine Tiere unter Wasser anfassen und aus ihrer gewohnten Umgebung herausholen. Dies gilt auch für niedere Tiere, z. B. Nacktschnecken oder Seesterne. Versetzt man Tiere an einen anderen Platz, so finden sie oft ihr Revier nicht wieder. Auch befinden sie sich nun in einer Streßsituation – z. B. ein aufgeblasener Kugelfisch –, die sogar zum Tod führen kann. Ammenhaie reagieren nicht unbedingt sofort auf eine Berührung. Fühlen sie sich aber auf Dauer gestört, verlassen sie ihre gewohnten Gebiete, und der Tauchplatz ist um eine Attraktion ärmer. Dreht man Steine oder andere Gegenstände um, so werden die darunter versteckten Tiere ihren Räubern preisgegeben. Hier müssen die Steine usw. nach dem Betrachten wieder an ihren ursprünglichen Platz und in ihrer ursprünglichen Orientierung verbracht werden. Auch sollten scheinbar tote Muscheln, Schnecken oder Korallen nicht aus dem Meer entfernt werden, da sie oft von vielen Kleinlebewesen bewohnt werden.

Zu diesen für den Taucher wichtigen Maßnahmen kommen noch einige, die allgemein berücksichtigt werden sollten. Keine Plastikartikel oder ähnliche Abfälle ins Meer werfen. Keine Souvenirs aus dem Meer kaufen, denn Muscheln, Schnecken oder Korallen werden hierfür gefangen und getötet.

# Literatur

Allen, G.R. (1991): Riffbarsche der Welt. Mergus Verlag.

Allen, G.R. (1985): Butterfly and Angelfishes of the World, Volume 2. Mergus Verlag.

Audubon Society (1993): Field Guide to North American Fishes, Whales & Dolphins. Alfred A. Knopf.

Burgess's Atlas (1990): Marine Aquarium Fishes. T.F.H.

Coleman, N. (1991): Encyclopedia of Marine Animals. Angus & Robertson.

Doubilet, D. (1989): Light in the Sea. Thomasson-Grant.

Eichler, D. (1995): Tropische Meerestiere. BLV.

Fiedler, K. (1991): Lehrbuch der speziellen Zoologie. Gustav Fischer Verlag.

Fossa, S.A. & Nilsen, A.J. (1993): Korallenriff-Aquarium, Band 3. Birgitt Schmettkamp Verlag.

Friel, B. (1993): Underwater Bahamas. Novelty Publications.

Grzimeks Tierleben (1970), Bände 4 und 5. Kindler Verlag AG.

Habermehl, G. (1976): Gift-Tiere und ihre Waffen. Springer Verlag.

Human, P. (1993): Reef Fish Identification. NWP.

Last, P.R. & Stevens, J.D. (1994): Sharks and Rays of Australia, CSIRO.

Levine, J. S. & Rotman, J.L. (1985): Faszinierende Unterwasserwelten. Birkhäuser.

Lythgoe, J. & Lythgoe G. (1992): Fishes of the Sea. MIT Press.

Mioulane, P. & Raymond, S. (1992): Tauchparadies Karibik. Die 80 schönsten Tauchplätze. BLV.

Nelson, J. (1994): Fishes of the World. John Wiley & Sons, Inc.

Pietsch, T. & Grobecker, D.B. (1987): Frogfishes of the World. Stanford University Press.

Riedl, R. (1983): Fauna und Flora des Mittelmeeres. Paul Parey Verlag.

Robins, C.R., G.C. Ray & J. Douglas (1986), Atlantic Coast Fishes, Houghton Mifflin Company.

Schuhmacher, H. (1991): Korallenriffe. BLV.

Server, L. (1990), Haie. Karl Müller Verlag.

Stafford-Deitsch, J. (1991), Reef, a Safari through the Coral World. Sierra Club.

Tardent, P. (1979), Meeresbiologie. Georg Thieme Verlag.

Wirtz, P. & Nahke, P. (1993), Unterwasserführer Karibik, SN Verlag.

# Register (deutsch)

# Register (latein)

# Register (englisch)

# Bildnachweis

Gremblewski-Strate: 1, 2/3, 9, 11, 12, 13, 15, 16, 17, 18, 19, 20, 21, 23, 24o. 24u, 26, 27, 36, 41o, 43o, 43u, 45(alle), 47o, 47u, 49o, 49u, 51(alle), 53o. 55u, 57M, 61o, 61u, 63u, 65o, 65u. 67o, 67u, 69o, 73o, 73M, 74o, 75o. 75u, 76o, 77(alle), 79u, 80o, 80u, 82, 85u, 87o, 87u, 89o, 89u, 90, 98o, 99o, 101M, 101u, 103, 104, 105, 107u, 109 (alle), 110, 111o, 111u, 115u, 117o, 119o, 119u, 121o, 121u, 123, 125o, 125u, 126, 127, 129(alle), 131, 132u, 133u, 135u, 137o, 139u, 140, 142o, 142u, 145o, 145u, 147o, 147u, 149o, 149u, 150, 151u, 153u, 155o, 155u, 157u, 159o, 159u, 160, 161(alle), 163o, 163u, 165o, 165u, 167o, 167u, 169, 171o, 171M, 173o, 173u, 174o, 174u, 175o, 175u, 179o, 179u, 181u, 187o, 187u, 193o, 193u, 195u, 196, 197u, 199o, 199u, 201M, 201u, 203o, 205o, 205u, 207o, 209

Freund: 33o, 53u, 171u
Genser: 37o, 37u
König: 85M, 93u, 98u, 191u
Lachmann: 5, 35u, 39o, 39u, 41u, 55o, 57o, 57u, 59o, 59u, 63o, 69u, 71o, 71u, 73u, 74u, 81o, 81u, 83o, 83u, 85o, 91o, 91u, 93o, 95o, 95u, 97u, 99u, 101o, 107o, 113o, 113u, 115o, 132o, 133o, 135o, 137u, 139o, 141, 143o, 143u, 151o, 152, 153o, 157o, 158, 181o, 183o, 183u, 185, 189o, 189u, 191o, 195o, 197o, 201o, 203u
Reimer: 33u, 35o, 78o, 79o, 97o, 117u, 177, 207u

# Faszinierende Unterwasserwelt

Helmut Schuhmacher
**Korallenriffe**
Verbreitung, Tierwelt, Ökologie
Riffgebiete der Erde, Rifftypen, Charakterisierung und Lebensweise der Korallen,
Riffbildung und -veränderung, Lebensräume im Korallenriff; Riffbewohner
– Ökologie und Verhalten.

Dieter Eichler
**Tropische Meerestiere**
Bestimmungsbuch für Taucher
und Schnorchler.
Rotes Meer, Seychellen, Komoren,
Mauritius, Malediven, Thailand, Philippinen.
Fische, Schwämme, Quallen, Korallen,
Schnecken, Muscheln, Krebstiere, Seeigel,
Seesterne: Erkennungsmerkmale, Vorkommen, Lebensweise, Nahrung, Fortpflanzung.

Bent J. Muus / Preben Dahlström
**Meeresfische**
der Ostsee, der Nordsee, des Atlantiks.
Biologie, Fang, wirtschaftliche Bedeutung
von 173 Fischarten.

Paddy Ryan
**Schnorchelführer Korallenriff**
Bestimmungsbuch für die Korallenriffe
im Roten Meer, Indischen Ozean, Pazifik.
Wie man richtig schnorchelt und was man
alles sehen kann. Über 200 Farbfotos.
Das erste Bestimmungsbuch speziell für
Schnorchler: die Riffbewohner mit brillanten
Farbfotos und Hinweisen auf Merkmale
und Verhalten.

Patrick Mioulane / Raymond Sahuquet
**Tauchparadies Karibik**
Die 80 schönsten Tauchplätze
Die tropische Unterwasserwelt der Karibik
– von Florida und den Bahamas über die
Großen und Kleinen Antillen bis zur MayaKüste – mit außergewöhnlichen Farbfotos
und Praxistips zur Reiseplanung.

Dennis K. Graver
**Die moderne Tauchschule**
Mit Sicherheit mehr Tauchvergnügen: erstklassiges Lehrbuch mit dem Know-how
für Ausbildung und Praxis – didaktisch
besonders gut aufbereitet, umfassend,
leicht verständlich und aktuell.

---

*Im BLV Verlag* Garten und Zimmerpflanzen • Natur • Heimtiere • Jagd • Angeln • Pferde und
*finden Sie Bücher* Reiten • Sport und Fitneß • Tauchen • Reise • Wandern, Bergsteigen, Alpinismus •
*zu folgenden Themen:* Essen und Trinken • Gesundheit, Wohlbefinden, Medizin

*Wenn Sie ausführliche Informationen wünschen, schreiben Sie bitte an:*
**BLV Verlagsgesellschaft mbH • Postfach 40 03 20 • 80703 München
Telefon 089 / 127 05-0 • Telefax 089 / 127 05-543**